PAUL ERNST RATTELMÜLLER

Auf Weihnachten zua

PAUL ERNST RATTELMÜLLER

Auf Weihnachten zua

Verlagsanstalt »Bayerland« Dachau

Umschlag: Papierkrippe von P. E. Rattelmüller
              (Foto: Studio Sessner, Dachau)

Illustrationen: P. E. Rattelmüller

Die mit P. E. R. gezeichneten Beiträge stammen von Paul Ernst Rattelmüller.
Über die Texte der anderen Autoren wird in den Quellenangaben auf Seite 199 Nachweis geführt.

Die Lieder sind aus der Sammlung »Volkslieder. In Bayern, Tirol und Land Salzburg gesammelt. Erster Band: Volksthümliche Weihnachtslieder« (Leipzig 1884) von August Hartmann und Hyacinth Abele übernommen.
Die Noten mit den unterlegten Strophen wurden in Originalform belassen. Die Liedtexte sind unter Weglassung der phonetischen Zeichen wiedergegeben; zugleich sind sie behutsam einer heute üblichen Schreibweise angeglichen.

Verlag und Gesamtherstellung:
Druckerei und Verlagsanstalt »Bayerland« GmbH
85221 Dachau, Konrad-Adenauer-Straße 19
Alle Rechte der Verbreitung
(einschl. Film, Funk und Fernsehen) sowie der fotomechanischen Wiedergabe und des auszugsweisen Nachdrucks vorbehalten.

Inhalt

Vorwort des Verlages

Einen ganz besonderen Klang hat das Wort Weihnachten, einen Klang, der Plätzerlduft heraufbeschwört, Kerzenschimmer und Advents- und Weihnachtslieder. Da mag sich so mancher zurückbesinnen auf die eigene Kindheit, auf Erzählungen der Eltern oder gar der Großeltern – und den Wunsch verspüren, die Advents- und Weihnachtszeit in althergebrachter Weise zu begehen. Dieses Buch gibt dafür viele Anregungen und Beispiele – für das gemeinsame Musizieren etwa, fürs Plätzerlbacken oder für die Aufführung von kurzen Weihnachtsspielen. Auch der Tradition des abendlichen Vorlesens wird durch den Abdruck von Heiligenlegenden und Schilderungen alpenländischen Brauchtums Rechnung getragen.

Paul Ernst Rattelmüller war es ein Anliegen, eine Zusammenschau teilweise schon vergessenen, teilweise bis heute erhaltenen Brauchtums zusammenzustellen. In den Band, der in erweiterter Form aus einer früheren Veröffentlichung des Süddeutschen Verlages hervorgegangen ist, wurden daher Schilderungen von Klassikern der Volkskunde wie Ludwig von Hörmann, Joseph Schlicht und Max Peinkofer aufgenommen, vor allem aber Texte des Autors selbst. Rattelmüller, als ehemaliger Bezirksheimatpfleger von Oberbayern und durch seine seit 1965 im Bayerischen Rundfunk laufende Sendereihe »Boarischer Hoagascht« jedem volkskundlich Interessierten ein Begriff, setzt sich hier einmal mehr für die Brauchtumspflege ein: Er will seinen Landsleuten bayerisches Brauchtum aufzeigen, das aus alter Tradition herrührt und nicht zum bloßen Gaudium der Zuschauer vorgeführt wird.

Die volkskundlichen Beiträge stehen in schöner Harmonie mit den altehrwürdigen Heiligenlegenden des Paters Martin von Cochem (1630–1712) und den Weihnachtsspielen aus der Sammlung »Weihnachtslied und Weihnachtsspiel in Oberbayern« (1875) von August Hartmann. Der Wunsch nach einer Rückbesinnung auf altes Liedgut wird durch die Aufnahme von vierundzwanzig Weisen aus den »Volksthümlichen Weihnachtsliedern« (1884) von August Hartmann und Hyacinth Abele zum Ausdruck gebracht.

Paul Ernst Rattelmüller, der sich hier einmal mehr als vorzüglicher Kenner der bayerischen Volksseele und ihrem Bedürfnis nach echter Besinnlichkeit beweist, hat den Band mit wunderschönen Zeichnungen selbst illustriert.

So mag das Buch ein Weihnachtsbuch für die ganze Familie werden, in dem jeder etwas finden kann – zum Lesen, Vorlesen, Backen und Singen.

Verkündigung

ENGEL
(mit Krone, weißem Gewand und roter Schärpe,
tritt auf)
Fried, Glück und Heil euch widerfahr
Zum Anfang und zum neuen Jahr!
Ich tritt herein in hohen Ehren;
Glückseliger Tag, so soll euch werden,
Glückseliger Tag, und freudenreiche Zeit
Und wie es uns Gott vom Himmel geit!
Ich bitt, ihr wollt uns nicht für ungut haben,
Ein schönes Weihnachtsspiel euch vorzutragen.
Merket auf und seid all still,
Wie es anfangen und enden will!

MARIA
(tritt auf in rotbraunem Kleid und blauem Mantel)

ENGEL
Gott grüße dich, o Jungfrau rein,
Voll Gnaden und voll Ehren!
Gott – hat gesendet mich,
Daß ich dir soll erklären,
Daß du sein Mutter sollest sein,
Weil er ein Mensch will werden.
So gib nur deinen Willen drein!
Dann kommt er auf die Erden.

MARIA
O Engel, liebster Engel mein,
Sag, wie mag Dies geschehen?
Ein Jungfrau und ein Mutter sein,
Kann nicht zusammengehen.

Mein Jungfrauschaft verlobt ich hab,
Das will ich frei bekennen;
Drum soll auch Nichts bewegen mich,
Daß ich ein Mann erkenne.

ENGEL
O Jungfrau rein, nicht kümmre dich,
Wie dieses mag geschehen!
Bei Gott ja Alles möglich ist,
Das wirst du bald ersehen.
Der heilig Geist, vom Himmel g'sandt,
Der wird dich überschatten;
Eine Mutter und allzumal
Ein Jungfrau bleibst ohn Schaden.

MARIA
O Engel, und wann dieses ist,
Bin eine Magd des Herren.
Mich g'schech nach deinem Wort
Und nicht nach meim Begehren!
(Maria und Engel ab.)

JOSEPH
(in blauem Rock und gelbem Mantel, tritt auf)
Ach ja, ich Joseph hab zwar Freud
In jener Stund genossen,
Da du, Gott! aus Güatigkeit
So wunderlich beschlossen,
Daß Maria wurd zur G'sell (?)
Aus einem Mitconsorten (?)

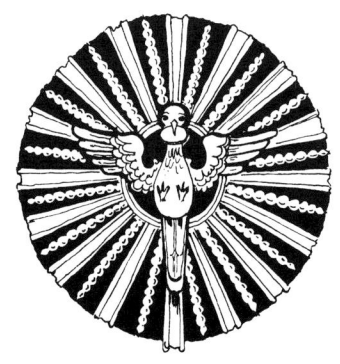

Ja fürwahr eine schwere Sach,
Die ich kann gar nicht fassen.
Ich beseufze mit Weh und Ach (?)
Und will sie hart verlassen (?)
Ach ja, in meiner Angst und Noth
Ruf ich zu dir, mein Herr und Gott!
(schläft am Tische ein)

MARIA (tritt auf)
O heilger Geist, du Bräutigam meines Herzens!
Was soll dieses bedeuten,
Daß mein liebster Ehgemahl
Joseph von mir will scheiden? –
Thu es ihm doch andeuten,
Ehe er von mir wird scheiden!
(ab.)

ENGEL
Joseph, ich bin zu dir gesandt
Von Gott dem Allerhöchsten.
Weil dir die Sach ist unbekannt,
Drum soll ich dich ertrösten.
Joseph gedenke nicht,
Maria zu verlassen!

Ein fröhlichs Herz kannst fassen.
Vor Andern dich Gott auserwählt,
Ihm Ehre zu beweisen,
Als seinen Vater dich bestellt;
Sein Nam soll Jesus heißen.

JOSEPH (erwacht)
Was mich so traurig heut bewegt',
Ist fröhlich schier vergangen
Durch dieses Wort, das ich im Schlaf
Vom Engel hab empfangen.
O Glück, o Freud, o Güatigkeit,
Die mir thut Gott beweisen
Und die ich als ein schlechter Knecht (?)
Nicht g'nugsam kann verpreisen!
Maria! dein Diener hinfüro bleib,
Mich gehorsam dir erzeig.

MARIA (kommt)
O Joseph mein! erfreue dich,
Weil Gott einmal erhöret,

Was die Altväter längst eifrig
Gewunschen und begehret.
Das göttliche himmliche Thau
Ist süßiglich geflossen
Und die Erde hat den Gerechten
Ganz gütig hervorgestoßen.

JOSEPH
August hat ein Gebot gethan,
Schätzen zu lassen Jedermann;
Bei Straf all Häupter insgemein
Tribut zu zahln bereit solln sein.
Kein Geld ist jetzt in meiner Macht;
Das sei dir leider, Gott! geklagt.

MARIA
Ist dann kein andres Mittel zu finden,
Wolln wir das Ochs- und Eslein anbinden
Und mit uns führen in die Stadt,
Wohin uns Augustus beschieden hat.
Kommen wir aber in die Stadt hinein,
Wo stellen wir Ochs und Esel ein?

JOSEPH
Ein Wirth allda, mir wohlbekannt,
Mit Name Rufinus wird er genannt,
Bei demselben wollen wir kehren ein
Und stellen Ochs und Esel ein.
(Joseph und Maria ab.)

Gegrüßt seist du, Maria

1. Gegrüßt seist du, Maria,
Jungfräuliche Zier!
Du bist voll der Gnaden,
Der Herr ist mit dir.
Ein ganz neue Botschaft,
Ein unerhörts Ding
Von der himmlischen Hofstatt
Was dir Gabriel bringt.

2. »Was seind das für Reden?
Was soll dieses sein?
Wer kommt da zu mir in's
Schlafzimmer herein?
Die Tür ist versperret,
Die Fenster seind zue;
Wer ist, der da störet
Die nächtliche Rue?«

3. Erschrick nit, Maria!
Es g'schicht dir kein Leid.
Ich bin nur ein Engel,
Verkündig dir Freud:
Daß du sollst empfangen
Und tragen ein Sohn,
Nach welchem verlangen
Viertausend Jahr schon.

4. »Wie mag das geschehen?
Erkenn keinen Mann;
Wollt lieber zergehen,
Als tragen ein Sohn.
Ich habe geschworen
Die Jungfrauschaft Gott;
Bin ganz rein geboren,
Will's bleibn bis in Tod.«

5. Gott ist alles möglich,
– Auf ihn nur vertrau! –
Auch daß man dich nenne
Muetter und Jungfrau.
Gleichwie die schön' Blumen
Das Tauen benetzt,
Wird Gott zu dir kommen,
Du bleibst unverletzt.

6. »Wann Gott selbst wird kommen
Vom himmlischen Thron
Ein Muetter zu suechen
Für sein liebsten Sohn,
So wird er sie nehmen
Vom Königspalast;
Mein Armuet und Stammen
Taugt nit solchem Gast.«

7. Der Reichist aus Allen
Der fragt nach kein Geld;
Dein Schönheit und Tugend
Ihm also gefällt.
Tue 's nur überlassen
Dem weisisten Gott!
»Bin ein Dien'rin des Herren,
Mir g'scheh nach deim Wort!«

8. Frohlocket, o Himmel!
Frohlocke, o Erd!
Das höllisch Getümmel
Zertrümmert itzt werd.
Maria hat g'funden
Bei Gott allein Gnad;
Den Sünder entbunden
Durch 's Fiat sie hat.

Früchtebrot

250 g getrocknete Zwetschgen	50 g Orangeat
	½ Teelöffel Zimt
250 g getrocknete Birnen	½ Teel. Nelkenblüte
125 g Feigen	½ Eßlöffel Anis
100 g Rosinen	geriebene Schale einer
100 g Sultaninen	halben Zitrone
100 g Datteln	200 g Zucker
100 g Haselnüsse	1 Prise Salz
100 g Mandeln	500 g Mehl
50 g Zitronat	30 g Hefe

Zwetschgen und Birnen werden einige Stunden eingeweicht und im Einweichwasser weich gekocht. Die ebenfalls eingeweichten Feigen gibt man nun dazu und läßt das Ganze über Nacht erkalten. Die abgetropften Früchte werden grob geschnitten, Zwetschgensteine und Dattelkerne entfernt man, Sultaninen und Rosinen werden gewaschen und getrocknet, die Mandeln grob, Zitronat und Orangeat fein geschnitten. Sämtliche Früchte und Gewürze werden in einer Schüssel vermengt und müssen in der warmen Küche stehen bleiben. Nicht kalt in den Hefeteig geben!

Aus dem Mehl, Zucker, etwas Salz, der Hefe und lauwarmem Wasser bereitet man einen Hefeteig, den man gut abarbeitet und dann die ganzen Früchte und Gewürze hineinknetet. Diesen festen Teig läßt man gehen, formt nun kleine Laibe oder Stollen und bäckt sie bei mäßiger Hitze 1½ bis 2 Stunden. Während des Backens kann man sie mit etwas Zuckerwasser oder der Zwetschgen-Birnen-Brühe bestreichen.

Das Engelamt

Diesen anmutigen Namen hat das katholische Bayernvolk seinem lieblichen Adventgottesdienst, dem Rorate, geschöpft. Es belebt ihm aber auch das Engelamt die düstern Dezembernächte mit Morgenfackeln, die das Pfarrland durchziehen und, der traulichen Turmstimme folgend, das Christenvolk in die Kirche führen. Aus jedem Hause eilt wenigstens ein Familienglied ins Engelamt durch Schnee und Eis, Sturm und Regenguß, Pfütze und Letten, von der Kirchhofmauer weg bis zur entferntesten Einöde in der Schlucht.

»Helfts! Helfts!« tönte es ums Jahr 1862 herum im Isargau drunten durch den stürmischen Adventmorgen; es war rabenfinster und die Windstöße löschten die Laternen aus. Als der Kooperator und sein Organist, die selbst beide zum Engelamt auf die Filial hinaus steuerten, zur Unglücksstätte eilten, wer stand bis Mitte Leibs im tiefen mit Schneewasser angeronnenen Wiesengraben? Der alte bußfertige Wirt aus dem nächsten Dörflein. Der peitschende Sturmwind hatte auch ihm seine Unschlittkerze ausgeblasen und jetzt strengte er sich vergeblich an, um aus den Eiswänden herauszuklettern. Aus dem Graben gezogen kehrte er keineswegs um und heimwärts, sondern ruderte tapfer mit Stock und Laterne in die Pfarr hinauf, wo er sich im nächsten befreundeten Hause umkleidete und dann ungesäumt in die Kirche: das Engelamt durfte ihm deswegen nicht auskommen.

Es ist aber auch so wunderschön in demselben. Vom Frauenaltare glänzt das Bildnis der Muttergottes, eingerahmt von einem kunstmäßigen Stabwerke, das seinerseits wiederum mit grünem Waldmoos umwunden und mit Papierrosen weiß und rot ausgeperlt ist: ein anmutiger Adventschmuck aus Jungfrauenhänden zu Lieb und Ehren derjenigen, die uns im Advente den Welterlöser entgegenträgt. Das ausgesetzte Sanktissimum steht zwölfmal vom Kerzenglanze umschimmert. In den Kirchenstühlen reiht sich Lichtlein an Lichtlein und die Orgel geht überaus fröhlich: es ist schon die Morgenröte Christi.

Wo das bayerische Volksleben noch ganz unverdorben pulset, da steht seit grauester Ahnenzeit das Engelamt förmlich im Familienverbande. Jedes Haus zahlt und hat sein Rorate. Und fällt gar der Taufname des bayerischen Bauers in den Advent, so setzt er seinen Glauben, Stolz und Ehre darein, daß das Namenstags-Engelamt ihm allein gehöre.

Im Advent 1869 warf's einen schuhtiefen Holzlandsschnee. Den Abend nun, an welchem die Flocken besonders lang anhaltend und faustgroß fielen, kraute ein Filialbauer vom Isartal gramvoll hinter den Ohren. Die Nacht blickte er oft und oft hinaus und konnte nicht recht schlafen. »Mir scheuzt,« sprach er zu seiner Bäuerin, »da Koprata bleibt margn in dem tiafn Schnee stecka und i kriag mei Englamt nöt. I muaß fredi um ihm nausackern!« Gesagt, getan. Schon in der frühesten Morgenstunde gab's vor dem Pfarrhoftore einen

Lärm: der Kettenhund schlug an, ein Gaul pustete, die Hausglocke schellte. Der größte Bauer aus der Filial war draußen mit seinem starkknochigen Pinzgauer und dem Schneepflug. »So, an schön Gruaß an Herrn Koprata, i hab ihm jetzt scho an Weg ausg'ackert, naus und naus, daß a mei Englamt heunt haltn ko!« Sprach's und sputete sich dann gleich heim mit seinem Grauschimmel, damit auch er rechtzeitig eintraf in der Filialkirche zu seinem Rorate.

In einem Nebental, das auch von nordwärts in den Isargau mündet, wirtschaftet ein Niederbayer, groß und stark wie ein Turm, mit Fäusten, die einen Eichblock zermalmen könnten. Er steht, wie gesagt, seinem Bauernhöfl ganz meisterlich vor; aber er ist wortkarg und verschlossen, »bärntatzi« (wie man auf gut bayerisch solche Leute heißt), und knurrt jeden Mitmenschen an, den Pfarrherrn so gut wie den Hüter. Das hat seinen Grund: sein Hochzeitstag hat ihm ein ganz und gar gefehltes Weib ins Haus gebracht. Seitdem schüttelt er umsonst an diesem Kreuzbalken und macht unter Grinsen und Schmunzeln nur einen einzigen Witz im Jahre. Und der lautet ein wie das andere Mal: »I hab mei Wei zum fress'n gern.

Wenn i 's no glei am Hochzettag schon gfress'n hätt!«

In der Tat, aus dem Bärntätzigen ließe sich ganz gut ein rechtschaffener Eheherr schnitzen; das böse Weib hat ihn auf dem Gewissen. Ihm selbst aber kommt da von Zeit zu Zeit die schwere Bärenpfote aus und dann muß er, verklagt, vor den pfarrherrlichen Richterstuhl. Dabei kann ihm natürlich der Pfarrer auch das ganze Recht niemals zusprechen und so geraten die zwei ebenfalls auf den Kriegsfuß. Ja, wenn ihm der Pfarrer zum Friedenstiften in sein Haus kommt, so zieht der Bärntätzige unmutsvoll-brummend die Zipfelhaube, sieht die Ferse des Pfarrherrn viel lieber als die Zehe und geht knurrend hinauf in den Gsodboden.

Aber das ändert sich gänzlich mit dem Thomastage: da braucht er nämlich sein Namenstags-Engelamt. Um das geht er trotz allem und allem zum Pfarrherrn, und dieser zählt und hält schon auf seinen Bärentätzigen ein; mögen ihn auch die größten Bauern darum bestürmen, den Thomastag vergibt er dem Bärntätzigen niemals.

Und das schmeichelt diesem natürlich. So bringt das Engelamt in jedem Jahre den Pfarrer und sein »urtratziges« Böcklein wiederum einander nahe. Um den Thomastag herum geht es herkömmlich auch im Hause viel friedsamer her. Der Bärntätzige schaufelt auf dem Getreideboden seinen Weizen und dabei grunzt er still-vergnügt in sich hinein: »I bin scho recht, da Pfarra is nöt unrecht, aba mei Wei is da Teufi!« Und wirklich, als sie ihn einmal in solch einem Selbstgespräch verstohlens belauscht hatte, kam sie zum Pfarrer gerannt und wollte ihren Bärntätzigen kurzweg als einen Narren erklären lassen: weil er auf dem Boden allerhand seltsames Zeug mit sich rede. Aber da wusch ihr der Pfarrer von Amts wegen tüchtig den Kopf.

Das freute natürlich den Bärntätzigen auch wie-

derum: der Pfarrer stieg bedeutend in seinem Lobe. Und dennoch, im Jahre 1868, standen Thomastag und Engelamt auf Spitz und Knopf. Der gemarterte Eheherr hatte abermals mit seiner gußeisernen Barenpratze viel zu schwer gefuchtelt und der Pfarrer ihn pflichtmäßig ins Ehegericht genommen: es hatte beiderseits ordentlich geblitzt und eingeschlagen. Das war, als schon die ersten Adventsflocken herunterwirbelten. Diesmal stach nun der grollende Trotz sogar das Engelamt aus. Der Thomastag war vor der Tür; aber der Bärntätzige knurrte und grunzte fuchsteufelswild und ging um Himmel und Erde nicht mehr zum Pfarrer.

Doch siehe, am vierten Adventsonntage, was geschieht? Der Pfarrer verkündet ihm aus freiem Antrieb von der Kanzel herab sein Engelamt. Als jetzt der Bärntätzige seinen Namen und sein Rorate hörte, da ging das Grundeis in ihm: eine daumdicke Freudenzähre klatschte in sein Meßbüchl. Die Kirche aus und er zum Pfarrer hinein, gab ihm ausgesöhnt die Hand und zahlte sein Engelamt mit dem schönsten Guldenstückl. Alsdann schnupfte einer vom andern, zu Hause stand wiederum ein großartiger Friedensschluß in Aussicht und bereits auf der Pfarrhoftürschwelle schmunzelte der Bärntätzige seelenvergnügt in sich hinein:

»Mei Englamt is mei Freud!«

Ein etwas seltsames Adventrorate ereignete sich im altbayerischen Rottland, um die Zeit 1845, und in einer derjenigen Kirchen, bei welchen die Straubing-Altöttinger Straße vorübergeht. In diesem Dorf waren damals drei Lehrer: 1) Der alte, noch geprägt für die Altschule und jetzt im Ruhestand; er versah die Sakristei. 2) Der junge; sein lediger Sohn mit dem Namen Johann und schon auf die Neuschule gebildet; er versah die Schule und Orgel. 3) Der jüngste, der kleine Michel, ein Vetterchen vom Kelheimer Donauland zu Haus, willens, auch einmal den faulen Buben aufzutatzen und die Orgel zu schlagen; daher nun im Rottal »Präparand«, d. h. lerneifrig die allerersten Lehren und Handgriffe abguckend dem alten in der Mesnerei, dem jungen im Schulhalten und Orgelspielen. In dieser Kirche war nun das erste Monatsrorate vom Advent verkündet, um sechs Uhr frühe luden die Turmglocken recht freudig dazu ein, die Sakristeiglocke schellte; der Geistliche trat mit seinem Meßknaben zum Altar. Aber auf der Orgelempore, wo schon ein Jubel aus allen Registern erschallen sollte, war es totenstill und rührte sich kein Stimmchen. Der Orgelmann fehlte. Nun trippelte der alte Lehrer, welcher selbst nicht Orgelschlagen konnte, zum kleinen Michel, nahm ihn beim Ellenbogen und »schuderte« ihn schleunig zur Orgel hinauf: »Steh nur derweil auf die grouß Baßpfeifen und laß sie brummen, der Hans wird gleich kömmen und mit seine zwo Händ dreinfahren«. Der Michel tat, wie ihm befohlen; er stellte sich fest auf die große Baßpfeife und »mmm« brummte diese durch die Kirche.

So ging es den Eingang der Messe durch. Der Geistliche, welcher sein Engelamt wie gewöhnlich sang, stimmte »Gloria« an, aber kein Lehrer kam, um den Michel abzulösen; dieser konnte also nichts anderes tun, als weiterbrummen lassen. Indessen, zum Gloria schien ihm die Baßpfeife allein denn doch zu wenig feierlich; er zog an Orgelregistern, was herausging, und spreizte die beiden Hände auf die Tasten. Nun tat es aber so wild durcheinander, daß der feinohrige Michel entsetzt wieder von den Tasten zurückfuhr mit allen zehn Fingern zugleich; er wäre am liebsten ganz von der Orgel gelaufen, aber das durfte er nicht; er mußte auf seinem Ehren- und Vertrauensposten halten und die brummende Baßpfeife treten. Zum Sanktus sollten alle Mittel- und Kleinpfeifen schallen, das gehört zum Feierlichen: aber dem Michel fehlte schon ganz der Mut, um nochmals in die Tasten zu langen, vielmehr lief ihm der dicke Angstschweiß von der Stirne herab auf die Nase und brennroten Backen. Denn wenn er sich zuweilen scheu umwandte, um in die Kirche hinunterzublicken, so sah er verwunderte Köpfe, welche sich nach ihm emporreckten, als wollten sie sagen: was heut für ein sonderbarer Orgler oben sitze? Allein der Michel war ja noch nicht länger wie seit Kathrein in der Lehr und auf die Orgel noch gar nie gekommen; er konnte also unmöglich etwas Schöneres aus den Kirchenpfeifen bringen. Und so surrte denn der Orgelkasten sein »mmm« vom Introitus bis zum Johannes-Evangelium.

Doch ganz zuletzt, beim Weihbrunnenausgeben, wagte sich der Michel nochmals, setzte seine zwei Pfötchen auf die Tasten und ließ es schreien, bis der Geistliche mit seinen Meßknaben hinter der Sakristeitüre verschwand: so arg, daß ihm selber Hören und Sehen verging und viele Engelamtbesucher ihre Ohren zuhielten. Während der Geistliche seine Meßkleidung ablegte, kam auch der kleine Michel in die Sakristei zurückgemäuselt, sehr kleinlaut wegen seiner Orgelei. Aber der Geistliche war ein braver Herr; er gab dem Michel keine Strafrede, sondern klopfte ihm freundlich auf die Achsel und lobte: »So Michel, du hast so gut georgelt, als du gekonnt, und mehr kann niemand verlangen«. Dagegen fand der alte Lehrer nicht Worte genug, um sich zu entschuldigen, weil sein Sohn heute den Orgelstuhl ganz und gar verschlafen. »Ist er vielleicht unwohl?« meinte der Geistliche. »Dös nöt«, zürnte der weißköpfige Sakristan, und raunte dem Geistlichen den eigentlichen Grund in das Ohr. »Hm, hm«, versetzte der Geistliche kopfwiegend und mahnte: »Ein ander-

mal darf das freilich nicht mehr vorkommen«. Das war nämlich so: Am Sonntag hatte man das allerletzte alte Bier von 1845 gegeben. Dabei geriet nun auch der junge Lehrer so tief in die Krüge und so spät nach Hause, daß ihn am Montag der Alte nicht mehr aus seinem Kanonenschlaf erwecken konnte, mit keinem Schreien und Anpoltern, während des ganzen Rorate, welchem demnach der Kirchengesang und die Orgeltöne fehlten.

Joseph Schlicht

Was eppa mehr muaß g'schecha sei

1. Was eppa mehr muaß g'schecha sei
Heit z' Nacht?
»Ha g'moant, i hör an Engel schrei«,
Ham s' g'sagt.
»Singt 's Gloria in excelsis
So fei,
Sagt, daß der Fried den Menschen is,
Die guaten Willens sein.«

2. O Brüada, wann dös wahr sollt sei,
– Gehts g'schwind! –
So schiabn ma uns an Opfer ei
Für 's Kind!

I nimm halt ge a Lampi schnell,
A zwoa;
Und du in Sackei a weiß Mell,
An Budan und an Oar.

3. Wia mir all drei sand kemma hi
Zun Stall,
Da hörent mir halt musiziern
Recht toll.
Tean singa, geigna, Harpfen schlagn
So rar,
Wia wann halt grad a Kiritag
Oder a Hochzat waar.

4. Wir grüßen dich, o kleines Kind
Im Stall!
Hast uns erlöst von Adams Sünd
Einmal!
Wir danken dir und bitten dich
Zugleich:
Ach nimm doch unser Opfer an
Und schenk uns alln dein Reich!

5. O Bethlehem, o Fürstentum!
Wie blind!
Mei, hast denn g'habt koa laare Stubn
Für 's Kind?
Muaß liegn auf bloßen Stroh und Heu
Im Stall:
Ist kommen von dem Himmelreich
Und hat erlöst uns all!

6. Mei, gehts do mit mir in mei Haus
Nur g'schwind!
I raam enk a kloans Stübi aus
Für 's Kind.
Wenn 's da in kalten Stall müaßts bleibn
All drei,
– Tuat einawahn und einaschneibn –
Da sach eahm gar nix gleich.

7. O allerliebstes Jesulein,
Mein Gott!
Du wollst uns all barmherzig sein
Im Tod!
So bfüat enk Got und lebts fei wohl
Beisamm!
Iaz san ma alli freudenvoll,
Weil mir Gott g'sechn ham!

Kolatschen

70 g Butter
70 g Butterschmalz
70 g Zucker
 2 Eidotter
25 g feine Semmelbrösel
180 g Mehl
das Abgeriebene einer
 halben Zitrone

Butter und Butterschmalz mit den Eidottern schaumig rühren. Dann Zucker zugeben, das Abgeriebene einer halben Zitrone und zuletzt das Mehl daruntermengen. Aus der gut verkneteten Masse kleine Kügelchen drehen, in die man eine kleine Vertiefung drückt, die mit Fruchtgelee oder Marmelade ausgefüllt wird. Besonders gut werden die Kolatschen, wenn man die Kügelchen noch in geriebenen Mandeln wälzt.
Bei mittlerer Hitze hellgelb backen.

Advent und Adventlieder

Das weitverbreitete Sprichwort: »Kathrein stellt Räder und Tanz ein« sagt deutlich genug, daß es mit dem letzten Abschnitt sommerlicher Herrlichkeit und jauchzender Alpenlust zu Ende und daß das bäuerliche Leben an jenem Wendepunkt angelangt sei, wo der Schlitten und der unbehilfliche Holzschuh regieren. Zwar klebt noch als traurige Erinnerung an die schöne Jahreszeit fahlgelber und roter Blätterschmuck an den Bäumen, wie sich etwa eine alternde Schönheit mit verblichenem Flitterwerk aufputzt. Aber eine kurze Frostnacht und der ganze erlogene Frühling liegt zu Hauf unter den kahlen Bäumen oder tanzt flügge im Wirbel der Windsbraut. Noch ein paar stürmische Südwindtage und eines schönen Morgens sind Berg und Tal, Hütten und Wiesen vom Schneeschleier übersponnen und zeigen nur noch das trostlose Einerlei einer Winterlandschaft. Hält auch der erste Schnee selten lange aus, denn die Sonne hat noch Kraft genug, um den Anflug hinwegzuschmelzen, so ist es doch nicht mehr gemütlich heraußen, es sei denn, daß der »St. Katharinensommer« eine zweite Auflage des »Altweibersommers« bringt. Gewöhnlich aber kann man von ihrem Feste den eigentlichen Anfang des Winters datieren mit all den Konsequenzen, die der neue launige Tyrann für das Heim des Bauern mit sich bringt.

Meine lieben Landsleute, die überhaupt fast mehr Bauernfeiertage als Tage im Jahr haben, legten sich gleich das oben angeführte Sprichwort in ihrem Sinne zurecht. Am Katharinentage (25. November)

müssen alle Räder feiern; die Müller dürfen nicht mahlen, die Fuhrleute nicht fahren, die Weiberleute nicht spinnen. So will's der Brauch. Aber noch ein anderes Rad stellt Kathrein ein, nämlich die hopsenden Füße der frischen Dirndlen und Burschen. Indes auch für dieses Verbot ist durch den »Kathreinsonntag«, den letzten Sonntag vor Advent, wenigstens eine Entschädigung geboten. Da dürfen nämlich die letzten lustigen Musiken zu Spiel und Tanz abgehalten werden. Hei! wie noch da »zu guter Letzt« die Paare sich drehen, toller als mitten im Fasching! Was Wunder, wenn da manche Herzensangelegenheit noch schnell vor Torschluß abgemacht wird. Heißt es ja:

Im Advent
Reicht man einander die Händ',
Um Neujahr
Nimmt man sie gar.

Zudem ist ja bald St.-Andreas-Tag (30. November) und der gibt über die getroffene Wahl besseren Aufschluß als die beste Kartenschlägerin. In der Andreasnacht wird nämlich von den Mädchen zwischen elf und zwölf Uhr geschmolzenes Blei in kaltes Wasser gegossen und daraus auf den Stand, beziehungsweise auf das Handwerk des künftigen Mannes geschlossen. Wie wichtig dieser Tag gehalten wird, geht auch daraus hervor, daß nach frommer Meinung derjenige, der an diesem Tage stirbt, »vom Mund auf« in den Himmel kommt. Aber auch für die Armen ist der Andreastag, der, nebenbei bemerkt, ebenfalls als Bauernfeiertag gilt, von Bedeutung. Diese gehen da nämlich um das »Andreas Troad« (Getreide) betteln. Besonders das Wipptal mit seinen Seitentälern ist in dieser Hinsicht arg mitgenommen. Doch gibt der reichere Bauer, der seine Scheunen voll hat, gern, vorzüglich in guten Jahren, und nach Verlauf der Woche kann man diese Bettelscharen mit Säcken voll Gerste, Roggen und Haber herumziehen sehen. Im Unterinntale beginnt dieser herkömmliche Brauch schon um Martini und zieht sich gerne bis in den Advent hinein, da diese Bußzeit die Herzen mildtätiger stimmt. Mit Advent beginnt das eigentliche Leben im Hause, besonders in tieferen Tälern, in denen der Schnee fast jede Verbindung mit der Außenwelt absperrt. Es ist die Zeit der Spinnstuben und des traulichen Heimgartens, durchwirkt von einem Bande sinniger und bedeutungsvoller kirchlicher und weltlicher Bräuche und Festlichkeiten, die die Einleitung zur höchsten Festzeit des Jahres, Weihnachten, bilden.

Den Reigen eröffnet der Adventsonntag, an dem die Roratenmesse oder sogenannten »goldenen Ämter«, auch »Engelmessen« genannt, den Anfang nehmen. Sie werden auf dem Lande schon sehr früh, gegen halb sechs Uhr abgehalten, um jedem Hausbewohner noch vor Antritt der Tagesarbeit den Besuch zu ermöglichen. An den meisten Orten nimmt alles daran Anteil, mit Ausnahme der alten Leute und der Bresthaften; in anderen Täler wechseln die »Ehehalten« (Dienstboten) ab. Da um diese Zeit noch vollständige Dunkelheit herrscht, so nimmt man entweder Kienspäne und »Kenteln« – rohe aus Werg und Pech fabrizierte Kerzen – mit, oder auch große Laternen, welche einer der Andächtigen vorträgt. Hat man die Wahl zwischen den Kirchen zweier Ortschaften, so wählt man gewöhnlich die höher gelegene, um den Rückweg zu Schlitten machen

zu können. Da geht es oft ganz gemütlich zu, wenn bei gutem Schlittweg so ein »Granzgner« (Handschlitten) mit zehn bis zwölf Leuten besetzt nach Hause fährt. Schwerer ist der Gang nun freilich von den hochgelegenen Einödhöfen, wenn tiefer Schnee fällt oder Schneegestöber das Gehen unsicher und gefährlich macht. Daher ruft man gern die heilige Barbara, deren Fest auf den 4. Dezember fällt, mit folgendem Gebet gegen jähen Tod an:

Heilige Barbara,
Du edle Braut,
Seel' und Leib
Ist dir anvertraut.
Schütze mich in jeder Not,
Bewahre mich vor jähem Tod!

Ehvor wir nun zu den weiteren kirchlichen und weltlichen Festtagen des Advents, dem Nikolaus- und Thomastag und den Klöpfelsnächten übergehen, die eine abgesonderte Beschreibung verlangen, müssen wir noch zuvor einer Art von Liedern und Gesängen gedenken, welche als sogenannte Adventlieder die kirchliche Andacht dieser Bußzeit begleiten. Sie hängen gleich den Weihnachtsliedern häufig mit der geistlichen und weltlichen Dichtung früherer Jahrhunderte zusammen und bieten eine Fülle literar- und kulturhistorisch merkwürdigen Stoffes.

Man kann ganz leicht drei Gattungen derselben unterscheiden: die eigentlichen Adventlieder, die Herberglieder und die Klöpfelgesänge. Erstere werden in der Kirche während der sogenannten goldenen Ämter oder Engelmessen gesungen und zwar zwischen »Opfertorium« und Wandlung. Bei bekannteren Texten und »Weisen« singt auch oft die ganze Gemeinde mit. Ein Vortrag der Lieder von Haus zu Haus wie beim »Sternsingen« kommt selten vor. Die meisten derselben haben die »Verkündigung Mariä« zum Inhalte und können als dichterische Umschreibung des englischen Grußes betrachtet werden. Manche beginnen ab ovo und erzählen in epischer Behaglichkeit die ganze Geschichte vom Sündenfalle bis zur erlösenden Engelsbotschaft. Eines der verbreitesten und schönsten ist wohl:

Maria sei gegrüßet
Du lichter Morgenstern etc.

Sehr alt ist das in der Nibelungen-Strophe gedichtete, ebenfalls sehr bekannte Adventlied:

Es flog ein klein Waldvögelein
Aus Himmels Throne –

das noch in vielen Dorfkirchen Tirols und Salzburgs gesungen wird und gleich anderen dieser Art als Umbildung eines weltlichen Originals gelten muß. Daß infolge dieser Einwirkung weltlicher Volkslieder der derbe Ton letzterer oft auch bei den Adventgesängen durchschlägt, ist nicht zu verwundern. Wenn z. B. ein gleichfalls verbreitetes Adventlied beginnt:

In Galilä ein Jungfrau wohnt
Von großen Qualitäten,
In Nazareth gar wohl bekannt,
Von hohen Dignitäten,
Recht englisch ist sie anzuseh'n,
All Engel Gottes nach ihr seh'n,
Mit Lieb' sie zu bereden –

so könnte dies sehr leicht der Verfasser der travestierten »Äneide« gedichtet haben, wenn es nicht erwiesenermaßen schon einige Jahrhunderte vorher entstanden wäre.

Neben solchen von volkstümlicher Wirklichkeit getragenen Liedern erscheinen andere, die an Zartheit und poetischem Schwunge den schönsten Blüten der geistlichen Dichtung beizuzählen sind. Mit Vorliebe ist es die plötzliche Licht-Erscheinung des Engels Gabriel im dämmerigen Kämmerlein der Jungfrau Maria, die wirkungsvolle Behandlung erfährt, wie diese Szene ja auch den Pinsel manches Meisters begeisterte. Außer »Maria-Verkündigung« kommen in diesen Gesängen noch die Klagen der »Altväter« als sogenannte »Rufe« zum Ausdruck sowie Verwertungen des »hohen Liedes«, in denen die Sehnsucht nach dem Welterlöser ausgesprochen wird. Gerade letztgenannte Gattung enthält oft Lieder von hoher dichterischer Schönheit. Dramatische Form besitzen nur wenige dieser eigentlichen Adventlieder, und selbst diese sind wohl aus Adventspielen herübergenommen, so z. B. das allbekannte:

GABRIEL:
Gegrüßt seist du, Maria, du himmlische Zier,
Du bist voll der Gnaden, der Herr ist mit dir,
Ein' ganz neue Botschaft, ein unerhört's Ding
Von der himmlischen Hofstatt ich Gabriel bring.

MARIA:
Was sein das für Reden? Was soll dieses sein?
Wer kommt da zu mir in das Schlafzimmer 'rein?
Die Thür ist versperret, die Fenster sein zue,
Wer ist der da störet die nächtliche Rueh? usf.

Viel bedeutsamer ist jene verwandte Gattung der Adventlieder, welche als sogenannte »Hörbriglieder« im Volke bekannt sind und beim Frühamte des »Heiligen Abend« gesungen werden. Sie erzählen das Herumirren von Joseph und Maria und ihr Flehen um Einlaß vor den Türen der hartherzigen Betlehemiten:

Endlich kommen noch von Weiten
Zwei geliebte Wandersleut;
Hart geschiechet diesen Leuten
Bei so kalter Winterszeit.
Diese Zwei auf rauher Straßen
Seind voll Armuth ganz verlassen
In dem Regen, Wind und Kält',
Auch mit Nahrung schlecht bestellt.

Aber die Einwohner Bethlehems sind hartgesotten und wollen von diesen späten Ankömmlingen, besonders unter solchen Umständen, nichts wissen. Deshalb wendet sich der ganze Grimm dieser Lieder gegen solche Verstocktheit, wobei eine gewisse Gereiztheit gegen die mitleidlosen »Herrenleut« unverkennbar zu Tage tritt. Diese »Her-

berglieder« tragen schon zur Mehrzahl dramatische Form und müssen als Übergang zu den Weihnachtsspielen betrachtet werden. Sie wurden und werden noch wirklich auch außerhalb der Kirche als sogenannte »Herbergspiele« aufgeführt. Gewöhnlich wirkt dann außer Joseph und Maria ein mit der ganzen Fülle bäuerlicher Grobheit ausgestatteter bethlehemitischer Wirt mit, dessen energischer Baß: »Nein, nein, nein« zum flehenden Sopran und Tenor Mariä und Josephs »O laßt uns ein« einen wirksamen Gegensatz bildet. Auffassung und Ausdruck dieser Herberglieder sind oft von einer beinahe erschreckenden Naivität und doch wieder von einer rührenden Innigkeit. Hier nur den Anfang eines solchen Wechselgesanges:

O Joseph mein,
Schau mir um ein kleines Örtelein
Es wird nicht lang mehr währen,
Ein Kind werd' ich gebären,
O Joseph mein.

O Jungfrau rein,
Nach dein' Begehr'n kann's nicht sein,
Die Herberg' ist genommen,
Zu spät sein wir gekommen,
O Jungfrau rein, usf.

Ludwig von Hörmann

Als Kaiser Augustus der Landherrscher war

1. Als Kaiser Augustus der Landherrscher war,
Ein englische Jungfrau ein Kindlein gebar,
Dem heiligen Geist und dem Joseph vertraut,
Ein Jungfrau, ein Mutter und doppelte Braut.

2. Laßt diese Geburt uns ein Wunderding sein!
Ein wahre Kindsmutter bleibt jungfräulich rein;
Der Brautfürst ein Engel, ein himmlischer Bot,
Die Braut eine Englin, das Kindlein ein Gott.

3. Die göttliche Sonne durchscheint den Kristall,
Geht hinein, geht heraus und macht keine Mal;
Der Baum unsers Lebens bringt göttliche Frucht,
Verlieret kein Schönheit und leidet kein Sucht.

4. Maria, die Mutter, und Jesus, das Kind,
Ein Ochs und ein Esel ihr ganzes Gesind,
Ihr B'hausung der Stall und die Krippen ihr Bett,
Wie setzt sich das Gold und das Stroh in's Gewett!

5. O seltsame G'meinschaft des Tags mit der Nacht,
Der uns hat das Licht in die Finster gebracht!
Die englischen Scharen durchwandlen das Feld
Beleuchten die nächtlich verdumperte Welt.

6. O G'sellschaft des Lebens mit unserem Tod!
Das Wort ist Fleisch worden, bleibt dannoch ein Gott;
Unsterblich wird sterblich, der Reichtum wird arm,
Nur daß sich der Arme des Armen erbarm.

7. O süßester Jesu! wie ang'nehm und hold
Vermischt sich mit Kot das arabische Gold!
Du Gott wirst ein Bruder, du Herr wirst ein Knecht,
Nur daß ich soll lieben dich heilig und recht.

8. In mir zu vertilgen die Größe der Sünd,
Macht klein sich dein Großheit, o göttliches Kind!
Wie kunnt doch dein Größe noch kleiner hier sein,
Als du in Windlein dich fatschen laßt ein?

9. Holdseligster Jesu, zieh ein in mein Herz!
ich will 's schon erweitern, zerknirschen mit Schmerz.
Nimm dir statt der Krippen ein Wohnung darin!
Dir schenk ich 's von Herzen zum ewigen G'winn.

Falsches Butterbrot

120 g Butter
140 g Zucker
150 g Mehl
120 g geriebene
    Schokolade (bitter)

140 g Mandeln gerieben
1 Ei
1 Eidotter
1 Päckchen Vanille-
    zucker

Aus diesen Zutaten bereitet man einen festen Teig und stellt ihn kurze Zeit kühl. Nun formt man Rollen und schneidet davon etwa 1 cm dicke Scheiben ab. Diese bäckt man bei mittlerer Hitze auf dem Blech. Etwas auskühlen lassen und mit folgender Glasur bestreichen: Man verrührt 4 Eßlöffel Puderzucker und 3 Eidotter zu einem dicken Brei. Gut trocknen lassen, ehe man die Plätzchen in eine Dose gibt.

Leben und Leiden der heiligen Jungfrau Barbara

Sankt Barbara ist in der Stadt Nicomedia, in Kleinasien am Meer gelegen, von vornehmen edlen Eltern geboren und von Kindheit an zum Götzendienst erzogen worden. Barbara, ein einzig Kind ihrer Eltern, war von einer außerordentlichen Schönheit und einem guten Verstande, deswegen kamen viele heidnische junge Gesellen und Jungfrauen sie zu besuchen. Dioscorus ihr Vater fürchtend, seine Tochter möchte verführt oder gar hinweggeraubt werden, nahm sie von den Augen der Leute hinweg und gab ihr ein schönes ausstaffiertes Zimmer, oben in seinem Schloß im Turm, in welchem silberne Hausgötzen standen, zu ihrer Wohnung. Er befahl ihr, diese seine Götter zu verehren, und ihnen Weihrauch aufzuopfern; auf daß sie seinem Haus Heil und Wohlfahrt bringen möchten. St. Barbara verwünschte und vermaledeite sie, sprechend: Verflucht seid ihr Götzenbilder, und verflucht seien alle, die euch verehren.

Im übrigen war die heilige Jungfrau in ihrer Einsamkeit wohl vergnügt, weil sie die schönste Gelegenheit hatte, ihrem wahren Gott, den sie suchte, zu dienen und sich in Bußwerken zu üben. Sie aber ward von vielen fürnehmen jungen Gesellen zur Ehe begehrt; sie aber bat ihre Eltern noch eine Weil in ihrem ledigen Stand bleiben zu dürfen.

Nach einiger Zeit ließ ihr Vater neben seinem Haus ein Badhaus bauen und mit zwei Fenstern zieren. Als der Vater verreist war, da ging Barbara einmal in selbiges Haus und sagte den Maurern, sie sollten drei Fenster hineinmachen, und wo ihr Vater darüber zürnen würde, wollte sie ihm die Ursach erzählen. Sie machte auch auf den Rand einer marmelsteinernen Schalen, in welche das Badwasser fließen sollte, mit ihrem Daumen rundum vier Kreuzlein, welche so tief hineingedruckt worden, als wann der Rand von weichem Wachs gewesen wäre. Nach seiner Rückkehr fragte der Vater die Maurer, warum sie wider seinen Befehl in das Badhaus drei Fenster gemacht, und vier Kreuzlein auf den Rand der Schalen eingehauen hätten. Die Maurer entschuldigten sich, sagend: Euere Tochter hat uns befohlen drei Fenster zu machen, die vier Kreuzlein aber hat sie selbst zu unserer großen Verwunderung in den Marmelstein gedruckt.

Der erzürnte Vater eilte zu seiner Tochter und fragte sie. Da sagte St. Barbara unerschrocken: Ich habe zu Ehren des Dreifaltigen Gottes drei Fenster lassen machen, und zu Ehren des Kreuzes Christi die vier Kreuzlein in die Schale eingedruckt. Der Vater fragte: Bist du dann eine Christin? Sie sprach: Ich danke dem wahren Gott, daß er mich durch ein Gesicht zum wahren Glauben gebracht, und mir die Falschheit der heidnischen Götzenbilder zu erkennen geben hat. Darum hab ich euere güldenen und silbernen Götzenbilder zerschlagen: auf daß mein Herr Vater sehen soll, was für armselige Götter er habe, welche sich nicht wider ein Mägdlein haben wehren können.

Der Vater ging in das Zimmer, darin seine Götter standen. Als er sie zerstückelt auf dem Boden liegen sah, war er so sehr verbittert, als wenn alle Teufel in ihn gefahren wären. Er lief nach einem Prügel, seiner Tochter Arme und Rippen entzwei zu schlagen. Sie aber floh vor Schrecken, denn der Turm hat sich aufgetan, war geborsten, ihr den Weg frei zu geben. Sie floh auf einen Berg und verkroch sich unter die Hecken und Sträucher. Der ergrimmte Vater lief ihr nach, suchte sie an allen Orten und als er sie endlich fand, warf er sie zur Erden, schlug sie mit Fäusten, trat sie mit Füßen und schleifte sie an ihren Haaren den Berg hinab. Als er sie in diesem Grimm nach Hause brachte, sperrte er sie in ein finsteres Zimmer, legte ihr an Händ und Füß schwere Ketten, tat ihr täglich viel Spott und Schmach an, und peinigte sie mit Hunger und Durst. Hier lag nun die unschuldige Jungfrau von allen Menschen verlassen, und schrie zu Christus dem Herrn, damit er ihr Standhaftigkeit verleihen möge.

All die Zeit sparte der gottlose Vater keine Mühewaltung damit er sie von Christus abwendig und zur Anbetung der Götzen überreden möchte. Als er aber sah, daß er sie weder mit guten noch mit scharfen Worten bereden konnte, verklagte er sie bei dem Richter Martiano. Martianus ließ die heilige Barbara vor seinen Richterstuhl führen und sprach mit freundlichen Worten: Liebe Barbara, was willst du anfangen? Helf dir selbst aus dieser Gefahr, opfere den Göttern, sonst muß ich dich unter der schrecklichsten Marter hinrichten. Die heilige Barbara sprach: Ich will niemand opfern, denn meinem Herrn Jesu Christus, welcher Himmel und Erden erschaffen hat. Von den bösen Geistern aber, so eure Götter sind, spricht der Prophet also: Sie haben Mäuler und reden nicht, sie haben Nasen und riechen nicht. Sie haben Ohren und hören nicht, sie haben Händ und greifen nicht, sie haben Füß und gehen nicht. Über diese Antwort ward der Richter so erzürnt, daß er die keusche Jungfrau nackt und bloß ausziehen und so lang schlagen ließ, bis ihr ganzer Leib verwundet war und ihr heiliges Blut auf die Erden abfloß. Er ließ auch ihren verwundeten Leib mit scharfen Scherben reiben, und sie in einen finsteren Kerker werfen. Als nun die glorwürdige Jungfrau voller Blut und Wunden ihr Herz und Augen zu Gott erhob und all ihre Marter aufopferte, da gedachte Christus ihrer, er erschien ihr um Mitternacht in großer Klarheit, tröstete sie in ihren Schmerzen, und heilte alle ihre Wunden.

Als sie nun am anderen Tag vor Gericht stand und keine Wunde an ihr zu sehen war, sprach der Richter voller Verwunderung: Sieh, o Jungfrau, wie lieb und wert dich unsere Götter haben. So sollst du ihnen dankbar sein und sie anbeten als unsterbliche Götter – Da sprach die heilige Barbara: Du verstockter Richter, wie sollten diese Götter helfen, die sich selbst nicht helfen können? Da sie weder reden, noch hören, noch gehen können?

Jesus Christus aber, der Sohn des lebendigen Gottes, hat mich gesund gemacht. Daher will ich ihn auch all mein Lebtag ehren, und als den einzigen wahren Gott anbeten.

Da ergrimmte der Richter und ließ die heilige Jungfrau abermals nackt ausziehen. Die Henker mußten sie auf seinen Befehl grausam zerreißen, und brennende Fackeln an ihren verwundeten Leib halten. Er befahl auch, ihr das Haupt mit kleinen Hämmerlein zu zerschlagen, und letztlich ihre beiden jungfräulichen Brüst abzuschneiden. Unter dieser schweren Pein erhob die heilige Jungfrau ihre weinenden Augen zum Himmel und seufzte inniglich zu Gott sprechend: O Herr Jesu Christe stehe mir bei. Denn ihre Schmerzen waren groß und ihre Wunden abscheulich und viele von den Zusehern waren hierdurch zu solchem Mitleid bewegt, daß sie mit der heiligen Märtyrerin weinen mußten.

Der gottlose Richter aber war je länger, je mehr verbittert, und befahl, daß man sie durch alle Gassen der Stadt nackt führen und ihrer Jungfernschaft berauben sollte. Da fiel sie auf ihre Knie und bat Gott mit vielen Tränen, daß er diese Schmach von ihr nähme. Sie hatte kaum ihr Gebet getan, siehe, da erschien ihr ein Engel, der sie in ihrer Angst tröstete und stärkte, und mit einem weißen seidenen Kleid bedeckte, daß niemand ihren bloßen, geschundenen Leib anschauen möchte. Sie ward mit gebundenen Händen durch die Stadt geführt, und von den Henkern grausam gestoßen und gepeinigt.

Als sie all die Marter überstanden, führte man sie auf Befehl des Richters zum Tod hinaus. Unterwegs mußte sie von losem Gesindel viel Schmach und Spott ausstehen, welches sie von Herzen gern um Christi Willen litt. Sie ging ganz unerschrocken daher und wandte ihre Augen ohne Unterlaß gen Himmel hinauf. Als sie auf den Gerichtsplatz kam, kniete sie demütig nieder und betete mit erhobenen Augen und Händen zu Christus, sprechend: O, Herr, ich bitt dich demütiglich vor meinem letzten End, du wollest all jene, die deines Namens und meiner Marter eingedenk sind, in ihrem letzten Stündlein erhören, und sie nicht ohne die heiligen Sakramente von dieser Welt scheiden lassen. Als sie dies geredet, da war eine Stimme vom Himmel gehört, so zu ihr sprach: Komme, meine auserwählte Braut, besitze das Reich, so dir bereitet ist, und was du von mir begehret hast, dessen will ich dir gewähren.

Darnach entblößte die heilige Jungfrau ihren Hals, und machte sich bereit, den letzten Streich vom Henker zu empfangen. Als dies ihr grimmiger Vater sah, lief er rachgierig hinzu, riß dem Scharfrichter das Schwert aus der Hand. Er führte blindwütend einen starken Streich, und schlug seiner eigenen Tochter das Haupt ab. Also fuhr der heiligen Barbara Seel gen Himmel, und sie ward von den heiligen Engeln in die ewige Glorie begleitet. Der gottlose Vater zwar bildete sich ein, er hätte eine fromme, tapfere Tat begangen. Gott der Allmächtige aber wollte solches nicht ungerächt lassen, denn als der Böswicht vom Gerichtsplatz nach Hause gehen wollt, überzog sich plötzlich der Himmel mit schwarzgelben Wolken, und es fing an schrecklich zu blitzen und zu wetterleuchten. Ein Donnerstreich brach aus den Wolken, schlug den gottlosen Vater auf dem Platz zu Boden, und seine verfluchte Seele fuhr zur ewigen Verdammnis. Der Leichnam der heiligen Barbara ward aber von einem frommen Mann begraben, und der Herr tat durch ihre Fürbitt große Wunderzeichen.

Im Jahre des Herrn 1448 war ein Mann zu Gorchum in Holland, namens Henrich Koch, der eine sonderliche Andacht zu der heiligen Barbara hatte, sie alle Tage anrief, damit sie ihn nicht ohne die heiligen Sakramente wolle sterben lassen. Einmal also fiel ihm in der Nacht eine brennende

Kerze ins Stroh, wodurch das ganze Haus in Brand gesteckt wurde. Der Mann erwachte gar bald, und lief eilends samt seinem Sohn zum Haus hinaus. Er erinnerte sich aber seines hinterlassenen Geldes, lief wieder hinein und hoffte auch das Geld noch ohne Schaden hinauszubringen. Da fiel das brennende Strohdach ein und bedeckte den armen Mann mit lauter Flammen. In dieser erschrecklichen Pein und Todsgefahr trauerte er am allermeisten, daß er so elend, ohne die Hl. Sakramente sterben mußte. Da erhob er sein Gemüt zu der heiligen Barbara und sprach: O heilige Barbara, komm zu Hilf mir armseligen und in meinen Sünden sterbenden Menschen: Durch deine Fürbitt widerfahre mir anjetzo, welche dir vor deinem Tod von Christus ist versprochen worden. Er, der Herr wolle eingedenk sein des rosenfarbenen Bluts, so du für ihn vergossen, und der inbrünstigen Lieb, so du zu ihm getragen hast, damit meine Seel nicht eher vom Leib scheide, bis sie mit den hl. Sakramenten versehen ist.

Kaum hatte er diese Worte ausgeredet, siehe da stand die heilige Barbara vor ihm und löschte das Feuer mit ihrem Mantel aus. Sie führte den frommen Mann mit ihrer Hand zum Haus hinaus, und

redete ihn also an: Dieweil du mir oft andächtige Dienst geleistet, und jetzt die göttliche Barmherzigkeit durch meine Fürbitt angerufen hast, wisse, daß dir dein Leben bis zur Morgenröt durch meine Fürbitt verlängert ist, auf daß du dich zum Tod bereiten, und die heiligen Sakramente empfangen mögest. Nach diesen Worten verschwand die heilige Barbara und der arme Mann fiel zu Boden. Die Not aber trieb den armen, verbrannten Mann durch zwei lange Gassen zu seiner verheirateten Tochter Haus. Allda legte er sich in ein Bett und liefen schier alle hinzu, dies große Wunder zu sehen. Denn der arme Mann sah einem schwarzen Mohren gleich, nichts mehr war lebend und übrig, denn die Augen und das Herz, welche ihm durch die Fürbitt der heiligen Barbara zum Empfang der heiligen Sakramente übrig blieben. Da lag der geschundene Mann und schrie ohne Unterlaß nach einem Priester. Als nun derselbige gekommen, tat er eine Generalbeicht, und nachdem er die Heilige Kommunion samt der letzten Ölung empfangen, beichtete er noch dreimal. Als nun die Morgenröt nahte, sagte er, daß sein Sterbestündlein abkommen sei und er verrichtete sein Gebet zu Gott, zu der seligen Jungfrauen Maria und zu seiner heiligen Patronin Barbara. Als er sie geredet hatte, gab er seinen Geist auf und fuhr zu den ewigen Freuden. Sein verbrennter Leib ward den ganzen Tag dem zulaufenden Volk vorgestellt, und hernach in der Pfarrkirche neben dem Predig-Stuhl ehrlich begraben. *Martin von Cochem*

O Bethlehem, du Fürstentum

1. O Bethlehem, du Fürstentum!
Woher hast du das Glück?
Es seufzet schon der Aberham
Und kann es haben nit;
Isaak hat erbleichen müeßen;
Jakob mueß die Augen schließen;
David warst sein Wohnungstadt,
Und doch die Gnad nit hat.

2. Dein König kommet in der Still,
Da du in süeßem Schlaf,
Bei Mitternacht einkehren will,
Hat dir das Heil gebracht.
Ist ein Ochs vom Feld hergangen,
Dieses Kindlein zu empfangen,
Steht dem armen Esel bei
Und dienend ihm allzwei.

3. Und du, o blindes Judentum,
Verschließest ihm das Thor!
Ach, deine Väter seufzen drum,
Sie haben 's g'sehen vor.
Kommen blinde Heidenschaften,
Deinem Gott ein Opfer brachten:
Und du, verstocktes Bethlehem,
Du hast ihn nit erkennt.

4. Er liegt vor dir auf einem Stein
Verlassen, ohne Trost;
Er windt sich wie ein Würmelein
Vor lauter Kält und Frost.
Sollt sich dann kein Mensch erbarmen,
Der ihn aufnimmt in die Arme?
Joseph und Maria rein
Die laßt man nirgend ein.

5. Die Engel haben kaum das Herz,
Das Kind zu greifen an;
Doch gaben sie es von der Erd
Der Mueter in die Hand.
Was wurd denn der David sagen,
Wann er tät noch Harpfen schlagen?
Er wurd g'wißlich in dem Stall
Beweinen seinen Fall.

6. Das Kindlein fängt zu weinen an
In seiner Mueter Schoß.
Es siehet, daß ihn jedermann
Aus seinem Reich verstoßt.
Willst du einstmal selig werden,
Christenmensch, tue Bueß auf Erden!
Komm zum Kindlein in den Stall,
Bereu die Sünden all!

Agnesenplätzchen

140 g Butter
70 g Zucker
175 g Mehl

Aus Mehl, Butter und Zucker wird ein fein abgearbeiteter Teig hergestellt. Dieser wird nicht zu dünn ausgewalkt und runde Plätzchen ausgestochen. Man läßt sie kühl ruhen. Bei mäßiger Hitze bäckt man sie hellgelb. Wenn sie kalt sind, legt man immer zwei mit der Backseite zusammen, auf die man vorher Aprikosenmarmelade gestrichen hat.

Das Buttmanndl-Laufen

Nicht jeder Nikolaus kommt am Vorabend seines Namenstages, am 5. Dezember. Von zweien weiß ich es jedenfalls genau, daß sie sich nicht an den Kalender halten. Beide sind im Berchtesgadener Land daheim. Der eine geht schon am Abend des ersten Advents nach Einbruch der Dunkelheit übers Land, der andere am zweiten Advent, wenn es ebenfalls dunkel geworden ist. Der eine gehört ins Loipl, der andere nach Winkel, beide aber sind von einem furchterregenden Zug begleitet.
In manchen Gegenden kommt der heilige Nikolaus als schöne, gleißende Gestalt, als prächtiger Bischof in purpurnem Umhang mit golden schimmernder Mitra und glänzendem Krummstab. In anderen ist er von einem wilden Krampus begleitet, der den bösen Kindern lauthals droht, er werde

sie bestimmt in den Sack stecken. Im Österreichischen heißt man diese Gestalt einen Krampus, im Altbayerischen einen Ganggerl, und gemeint ist in beiden Fällen der Teufel, der Leibhaftige selber.

Nun gibt es aber in Oberbayern nur wenige Plätze, wo der heilige Bischof Nikolaus mit einem ganz großen, furchterregenden Gefolge erscheint. Einer davon ist in der Gnotschaft Loipl im Berchtesgadener Land. Gnotschaft ist die Bezeichnung für ältere Landgemeinden lange vor 1810, als Berchtesgaden noch nicht oberbayerisch war, sondern ein kleines selbständiges Land, in dem der Fürstpropst der Augustiner-Chorherren gleichzeitig geistlicher Oberhirte und dem Kaiser unmittelbar unterstellter Landesherr gewesen ist.

Diese Gnotschaft Loipl besteht nur aus ein paar alten Bauernhöfen, die man Lehen heißt und heute nicht einmal mehr eine Gemeinde bilden. Und hier nun wird am ersten Advent der heilige Bischof Nikolaus vom Nikoloweibl und von einer ganzen Horde von Buttmanndln und Ganggerln begleitet. Woher die Buttmanndl kommen, weiß man eigentlich nicht so recht. Professor Rudolf Kriß, der bekannte Kenner der Bräuche des Berchtesgadener Landes, hat die Buttmanndl einmal so gedeutet: »... anstelle des Krampus treten die zwölf Buttmanndln, wilde Gesellen, die vollständig in langes, ausgedroschenes Stroh gehüllt sind und Masken aus Tierfell über den Kopf gezogen haben. Manchmal, aber nicht immer, sind Hörner aufgenäht. Als Fell wird außer schwarzem Lammfell auch langes zottiges, graues Schaf- oder weißes Hasenfell verwendet. Es handelt sich also um eine ausgesprochene Tiervermummung, keine Teufelsverkleidung wie beim Krampus ...« Dazu muß man allerdings sagen, daß es neben den Buttmanndln natürlich auch die Teufel in diesem Zug gibt, eben die Ganggerl. Das Wort Buttmanndl käme vermutlich von butteln, rütteln, vom Schütteln der Glocken, der kupfergeschmiedeten Kuhglocken,

die ihnen auf den Rücken gebunden werden, meinen gescheite Menschen, die es wissen müßten. Beim Buttmanndllaufen dürfen keine verheirateten Männer mitmachen, sondern nur junge, unverheiratete Burschen, die in geheimer Wahl an einem geheimen Ort aus ihren eigenen Reihen einen eigenen Buttmanndlmeister wählen. Ob das noch immer so ist, weiß ich nicht, aber um 1950 ist es noch so gewesen. Die Buttmanndl müssen ihre Larven selber machen. Es sind, wie gesagt, Larven aus Hasen- oder Katzenbalg, aus Rinder- und Schaffell, mit eingesetzten Rinder-, Kälber- oder Schweinszähnen; einer hat Kuhhörner draufgesetzt und die Fellarve mit roter Farbe bemalt. Blutverschmiert sieht das aus, wild, unheimlich.

Aber jetzt ist erst einmal zu erzählen, wie so ein Buttmanndl zusammengerichtet wird. Die Schwierigkeit fängt eigentlich schon damit an, daß die Loipler mitten im Hochsommer für das Stroh sorgen müssen, das sie im Winter für die Buttmanndl brauchen. Das ist gar nicht so einfach, denn zum einen wird heute im Berchtesgadener Land kaum mehr Getreide angebaut und zum anderen läuft es ja gleich durch die Dreschmaschine. Früher ist es nur gesichelt worden und auf der Tenne gelegen, bis es im Winter gedroschen worden ist. Man darf also wirklich nicht vergessen, das nötige schöne lange Stroh auf die Seite zu tun, damit man so ein Buttmanndl überhaupt noch richtig zusammenpacken kann, so wie es sich seit eh und je gehört. Und zusammengerichtet wird so ein Buttmanndl folgendermaßen: Zunächst wird auf den Tennenboden ein Kälberstrick gelegt, auf diesen Strick kommt fein ausgeputzt, glattgestrichen und sauber der Höhe nach ausgerichtet, ein Packen Stroh. Auf dieses Stroh legt sich einer dieser Burschen, und zwar so, daß sich der Strick unter ihm in Gürtelhöhe befindet. Dann wird er mit drei Bündeln Stroh zugedeckt; das mittlere wird etwas nach oben geschoben,

Und diese geschmiedeten, kupfernen Glocken hört man weit. Im Wald begegnet man schon den ersten wilden Gestalten, und es ist eigenartig, daß der Mensch, wenn er sich eine wilde Larve aufsetzt und wild vermummt, sich dann auch entsprechend benimmt; da ist auf einmal auch der Gutmütigste zum Fürchten. Zwischen den Buttmanndln tauchen auch noch andere wilde Gestalten auf, die Ganggerl, die Teufel. Meist trägt so ein Ganggerl eine Felljacke, einen schwarzen Strumpf über den Kopf gezogen oder eine feuerrote Gugel, Augen und Mund hineingeschnitten und zwei Hörndl aufgesetzt; vielleicht noch einen Kälberschwanz auf den Hintern der Hose genäht. Ketten haben sie dabei und kleine Glocken von den Schlittengeschirren der Rösser.

Auf einmal erscheint der heilige Bischof Nikolaus: feierlich mit rot und golden schimmernder Mitra, mit rotem Umhang über dem weißen Chorhemd. Eine Papplarve hat er auf, einen würdigen weißen Bart hat er um, und vom Nikoloweibl wird er begleitet. Dieses Nikoloweibl ist aber kein Mädel, denn Mädel dürfen ja bei diesem Brauch nicht mitmachen; es ist vielmehr ein halbwüchsiger Bub, in

damit es hinter dem Kopf herausschaut, die beiden rechts und links werden tiefer gesetzt. Dann wird der Strick mit aller Gewalt zusammengezogen; zu zweit und gar zu dritt ziehen sie daran, denn wenn das Buttmanndl steht, darf ja das Stroh nicht herabrutschen. Aber weil so ein Buttmanndl nicht von allein aufstehen kann, muß er von seinen Kameraden aufgestellt werden. Dann werden die beiden Strickenden wie Träger über die Schultern gebunden und mit Stroh umwickelt, damit sie nicht einschneiden; denn schließlich wiegt ja nicht nur das Stroh, das sie halten und tragen müssen, sondern auch die kupfernen, geschmiedeten Kuhglocken, die ihnen auf den Rücken gebunden werden, oftmals gleich drei oder vier.

Das Buttmanndl, dieser große Strohballen, schaut jetzt, im Licht von vorne gesehen, wie eine Kugel aus, wie ein mächtiger Schein, fast wie eine richtige Strohmonstranz. Diese Gestalt stülpt sich noch die wilde Larve auf den Kopf, nimmt die Peitsche, eine Weidenrute, und fertig ist das Ganze. Sie oder vielmehr »das« Buttmanndl schaut dann richtig zum Fürchten aus.

Unterdessen ist draußen die Sonne untergegangen. Es ist dämmrig geworden und von überall her hört man die Glocken kollern, blum – blum – blum.

der Berchtesgadener Mädeltracht, in dem grünen Rock, der schwarzen, rot und grün bordierten Strickjacke, dem mit Adlerflaum geschmückten Scheibling, dem rundum aufgebogenen Hut. Er trägt all die Gaben für die Kinder in einem Henkelkorb mit. Auf dem Gesicht aber trägt er eine Papplarve, und beide, der heilige Nikolaus und das Nikoloweibl, haben den Hinterkopf mit einem weißen Tuch verhüllt, damit man auf keinen Fall erkennen kann, wer nun wirklich hinter der Verkleidung steckt. Sind alle beieinander: der heilige Bischof Nikolaus, das Nikoloweibl, die Buttmanndl, die Ganggerl, dann laufen sie alle auf einem Bichl zusammen und stellen sich in einem Kreis auf, ganz eng. Von außen schaut das aus wie ein Ringwall aus Stroh, an den Kuhglocken gehängt sind. Die Buttmanndl und die Ganggerl nehmen ihre Larven ab, der Nikolaus und das Nikoloweibl aber nicht; dann beten alle miteinander das Vaterunser, und das Gegrüßt seist du Maria … »Heilige Maria Mutter Gottes bitt' für uns Sünder, jetzt und in der Stunde unseres Todes. Amen.« Und das in dieser Aufmachung! Jeder schlägt das Kreuz und laut sprechen sie: »Im Namen des Vaters und des Sohnes und des Heiligen Geistes. Amen.«

Als ich das Buttmanndllaufen das erste Mal gesehen habe, 1951, da war oben am Berg noch kein einziger Zuschauer zu sehen. Drunten in den Häusern waren halt ein paar Einheimische, Nachbarn, ein paar Burschen aus der Umgebung. Als die Buttmanndl damals auf dem Bichl gebetet haben, ist wie eh und je die Wabn mit einem Krügl Weihwasser dabei gewesen und hat diese wilden Gestalten alle mit Weihwasser besprengt. Einmal nämlich, so wird erzählt, zu einer Zeit, in der man das noch nicht getan hat, habe man anstatt der zwölf Buttmanndl, die gelaufen sind, mit einem Mal ein dreizehntes gezählt. Das habe einen Bockshuf gehabt, das habe man deutlich sehen

können, und das sei eben der Leibhaftige, der Teufel selber gewesen. Und seitdem wird gebetet vor dem Laufen und werden die Buttmanndl mit Weihwasser besprengt.

Das Amen ist kaum gesprochen, da stülpen die Ganggerl und die Buttmanndl ihre Larven über die Köpfe, der Zug formiert sich im Gänsemarsch und in kurzem Trab, so daß der Nikolaus und das Nikoloweibl im Schritt mitgehen können, springen sie den Berg hinunter. Dabei kollern die großen geschmiedeten Kuhglocken bei jedem Sprung, blum, blum, blum, blum … Die Ketten der Ganggerl rasseln, die kleinen Schlittengeschirrglöckerl klingeln. Die Buttmanndl und die Ganggerl schreien und knauzen, raunzen zum Fürchten.

Durch den Wald ist der Weg dieses gespenstischen Zuges damals gegangen, hinunter zur Grabenmühle. Die Reihe der Gestalten ist schon etwas auseinandergezogen, Buttmanndl und Ganggerl laufen voraus, andere laufen hinter dem Nikolaus drein. Von weit vorn hört man die Glocken kollern.

In der großen Stube der Grabenmühle ist es schon voll, Kinder, Frauen, Mädchen, Bauernleut, Knechte, Holzer sitzen auf den Bänken oder stehen herum. Alles wartet auf den Nikolaus und seine Begleitung. Die Kinder sitzen mit großen fragenden Augen um den Tisch unter dem Herrgottswinkel, denn draußen hört man schon das Scheppern der Kuhglocken.

Auf einmal stürzt ein junges Mädel in die Stube mit dem lauten Schrei »Jetz kemmas!«. Draußen vor den Fenstern und im Hausgang hört man das Brüllen und Muhen, das Knauzen und Krächzen der wilden Begleiter des Nikolaus; sie stampfen durch den Hausgang mit ihren genagelten Stiefeln, denn damals kannte man noch keine Gummiprofilsohlen. Die Kuhglocken scheppern, kalt zieht es durch die offene Tür in die Stube. Ein paar Weiberleut lachen und kreischen, denn durch die Tür zwängt sich das erste dieser Ungeheuer. Jetzt im Licht sieht man diese wilde Gestalt erst richtig. Blutverschmiert ist die weiße Lammfellarve, eine lange, grellrote Zunge hängt zwischen den scharfen, eingeleimten Zähnen. Aus schwarzem Lammfell sind Schnurrbart, Spitzbart und Haare aufgenäht, blutig verklebte Kuhhörner stehen nach beiden Seiten. Den ganzen Türstock füllt der Strohballen aus. Grunzend schlurft er in die Stube, packt ein junges Mädel und beutelt es recht her. Mit einem heiseren Schrei springt er auf den Tisch zu und schlägt wild mit seiner Rute auf die Platte, daß alles zusammenfährt, vor allem die Kinder.

Wieder zwängt sich ein Buttmanndl durch den Türstock. Zwischen dem borstigen Stroh schaut eine zottige schwarze Larve heraus, gespickt mit krummen Hörnern; aus ihr bleckt weit eine rote Zunge. Jetzt erscheint unter der Tür ein Ganggerl. Wild gestikuliert er mit seiner Peitsche. Giftig orange hat er seine Kaninchenfellarve eingefärbt. Schwarz sind die kleinen Hörner und die Augen, klein und rot die Zunge. Über seine Lammfellweste hat er eine Kuhkette geschlungen. Und immer mehr Buttmanndl, immer mehr Ganggerl drängen und zwängen sich in die Stube. Plötzlich taucht

unter der Tür Sankt Nikolaus auf, mit ihm das Nikoloweibl.

Das Brüllen und Graunzen verstummt, als der Bischof mit seinem Krummstab laut aufstößt, gemessen und würdig wie ein Hofmarschall. Dreimal. Sein ganzes Gefolge, die riesigen Strohballen und die wilden Teufel, gehen wortlos in die Knie. Der Nikolaus bahnt sich seinen Weg vor zu dem Tisch, zu den Kindern im Herrgottswinkel und er fragt, was halt jeder Nikolaus Kinder fragt; ob sie auch immer brav waren und folgsam, ob sie ihre Schulaufgaben immer richtig, vollständig und gewissenhaft gemacht haben, ob sie die Mutter oder den Vater nicht doch geärgert haben. Und ob – und ob – und ob? Danach sagt ein kleiner Bub, die großen braunen Augen auf das rosafarbene Pappgesicht des Bischofs gerichtet, stellvertretend für die anderen, ein Kindergebet auf. Das Nikoloweibl gibt dem heiligen Nikolaus seinen Spankorb, er verteilt an die Kinder die Äpfel und die Nüsse und die Lebkuchen und er ermahnt sie, wie es seine Aufgabe ist, von nun an endlich und endgültig brav und fleißig zu sein, die Schularbeiten ordentlich und den lieben Eltern bestimmt keinen Kummer, auch keinen Ärger zu machen. Dann bahnt er sich, gefolgt vom Nikoloweibl und

33

freundlich nach allen Seiten nickend, mühsam seinen Weg. Kaum aber sind die beiden draußen bei der Tür, da stehen die Buttmanndl brüllend auf, stürzen sich auf Frauen, Mädchen, Kinder, auf Burschen und Männer und werfen alles aus der Stube hinaus, was lebendig ist und nicht freiwillig das Feld räumt, von der Großmutter bis zur Katz. Aber da sind nun welche da, die es ja gerade drauf anlegen, nicht das Feld zu räumen, die vielmehr eine Rauferei suchen. Da kann man sich gut vorstellen, wie es dann in dieser Stube zugeht. Im Nu ist das ein wildes, schreiendes, keuchendes Knäuel. Dazwischen kollern die Kuhschellen, rasseln Ketten, trampeln die genagelten Schuhe. Zwei Buttmanndl zerren einen jungen Burschen aus der Stube hinaus in den Gang. Er rutscht aus, fällt hin, an den Füßen packt ihn der eine, an den Armen der andere, und mag er auch noch so strampeln, mit einem lauten »Ho-ruck« fliegt er hinaus in die Dunkelheit, über den Denglstock, und mit einem Plumpser landet er in einem Schneehaufen.

Damit ist die Auseinandersetzung in der Stube aber noch lange nicht zu Ende. Denn diese Strohmänner sind natürlich nur schwer zu packen; man kriegt immer nur Stroh zu fassen, und wenn sich einer losreißt, hat man höchstens ein Büschl davon in der Hand. Die Kinder sausen unterdessen wie die Wiesel zwischen den Buttmanndl hindurch, hinaus aus dem Haus, hinaus in die Dunkelheit und warten gespannt, wer jetzt als Nächster aus der Haustür fliegt. Allmählich wird es leer drinnen in der Stube; nur drei junge Burschen halten noch die Stellung, keuchend und lachend stehen sie in der Stubenecke. Vor ihnen vier Buttmanndl und ein Ganggerl. Auch sie atmen schwer unter ihren Larven. Schwerfällig stampfen drei weitere Strohmänner in die Stube. Sie sehen eigentlich alle schon recht ramponiert aus, zerrupft, aus den aufgeplusterten Strohballen sind schon magere, zerzauste Gestalten geworden. Und entsprechend schaut es auch in der Stube aus, knöcheltief liegt das Stroh herum, wie in einem frisch aufgeschütteten Roßstall. Es ist still in der Stube, nur atmen hört man die Gegner, die ihre Kräfte messen. Und an der Wand hört man die Uhr ticken.

Blitzartig greift einer der jungen Burschen ein Buttmanndl buchstäblich bei den Hörnern, um ihm die Larve herunterzureißen. Aber das hätte er nicht tun sollen, das bekommt ihm schlecht. Zu dritt fallen sie über ihn her, reißen ihn aus dem Eck heraus, werfen ihn hinaus in den Flötz, hinaus aus dem Haus. – In der Stube ist noch die schönste Rauferei im Gang. Mühsam können die letzten beiden ihre Stellung halten; aber als die drei Buttmanndl zum Kampfplatz zurückkehren, da ist es auch um diese beiden endgültig geschehen. Auf Unterstützung brauchen sie nicht zu hoffen, denn ist einmal einer aus dem Haus hinausgedrängt, -gerissen oder -geworfen, dann ist dieses Spiel für ihn aus, und daran hält sich jeder.

Einige Stunden sind seitdem vergangen. Die Ganggerl und die Buttmanndl haben in so manche Häuser das Fürchten und Gruseln gebracht, der Nikolaus aber die Kinder mit Äpfeln, Nüssen und Lebkuchen beschenkt; im Thannlehen zum Beispiel oder beim Oberfödler. Und am Ende sind sie dann zum Helliel gelaufen. Da war damals eine Wirtschaft und dort hat dieser Gespensterzug noch einkehren dürfen. »Dürfen« muß man schon sagen, weil diese Gestalten auch Dreck mitgebracht und verstreut haben; vor allem Stroh zum Verlieren haben sie noch genug an sich gehabt. Gemeinsam sind sie damals in die Wirtschaft eingezogen. Vor dem Haus haben sie sich vorher noch gesammelt. Drinnen wartet längstens die Musik, eine richtige, handfeste Dorfmusik spielt sie mit einem Marsch herein. Dann aber spielt die Musik einen Landler auf, die Buttmanndl und die Ganggerl holen ein paar Mädel von Stühlen und Bänken und wild drehen sich die Paare. Dann fliegt eine Larve um die andere ins Eck, es verschwinden Kuhglocken und Stroh, denn den Burschen wird es zu heiß und den Mädchen zu kratzig, stachelig. Eigentlich heißt es ja »Kathrein stellt den Tanz ein« – und Kathrein ist am 25. November. Aber hier, in dem einen Haus, in dem die Buttmanndl nach ihrem Lauf einkehren, darf getanzt werden. Nur hier, und auch nur in dieser einen Nacht. Heut ist, wie überall, so auch beim Buttmanndl-lauf manches anders geworden. Die Formen mögen sich gelockert haben. Vor allem aber gibt es heute so viele Zuschauer, daß sie nur noch lästig sind und man die Buttmanndl kaum noch sieht. Aber muß man nicht fast froh sein, daß es den Brauch überhaupt noch gibt, daß die Buttmanndl immer noch laufen, nicht nur im Loipl, sondern auch am Abend des zweiten Advents in Winkel, wo seit den dreißiger Jahren der Nikolaus allerdings nicht mehr vom Nikoloweibl begleitet wird, sondern von einem Engel? Doch nicht nur dort laufen in diesen Nächten die Buttmanndl im Berchtesgadener Land.

P. E. R.

Tochter Sion, deine Porten

1. Tochter Sion, deine Porten
Öffne heut! An allen Orten
Benedeit im Freudenton!
Secht das größte Wunder an!

2. Laßt, ihr Himmel, heut nur tauen,
Auf den viel Altväter bauen!
Es ist bei viertausend Jahr,
Daß schon ihr Verlangen war.

3. Nun ist Jakobs Stern aufgangen,
So da stillet das Verlangen;

Secht! von Davids Stammenhaus
Geht das Heil der Welt heraus.

4. Secht, ihr Hirten, heut nur alle:
Von dem schönen Himmelssaale
Kommt anheut der Heiland an,
Daß der Sünder leben kann.

5. Zu eim Opfer wir euch geben
Unsre Herzen, Leib und Leben,
Joseph und Maria rein!
Auch dir, liebstes Jesulein!

6. O mein Sünder, nit verzage,
Mit den Hirten eines wage!
Sieh dein Jesulein im Stall!
Ihm mit Reu zu Füeßen fall!

7. Nun zuletzt wir euch noch bitten
Hier in eurer armen Hütten:
Steht uns bei in letzter Not!
Führt mein arme Seel zu Gott!

Weißer Punsch

1 Liter Weißwein herb
½ Liter Arrak
1 Liter Tee
Saft von 4–5 Orangen
Saft von 1 Zitrone
1 Stange Vanille
Zucker

Die der Länge nach aufgeschnittene Vanillestange gibt man in einen Topf und überbrüht sie mit kochendem Wasser (ca. ½–1 Liter) und läßt sie 10 Minuten ziehen. Man stellt das Ganze auf das Feuer und erwärmt es und gibt den Saft der Orangen und der Zitrone sowie den frisch aufgebrühten (nicht zu dünnen!), schwarzen Tee dazu. Zuletzt schüttet man den Wein und den Arrak hinzu und schmeckt den Punsch nach Geschmack mit Zucker ab. Er darf nicht kochen! Man kann ihn heiß und kalt trinken.

Das Leben des heiligen Bischofs Nicolai

Sanct Nicolaus ist in der Stadt Patara, in der Landschaft Lyria, von alten Eltern unter viel Beten, Almosen und Wallfahrten empfangen worden. Von seines Vaters Bruder, welcher Nicolaus hieß, und ein heiliger Bischof war, ward er über die Taufe gehoben, und nach dessen Namen Nicolaus genannt. Von seiner Kindheit an war dies Knäblein zu allem Guten geneigt und allem Kinderspiel und Ausgelassenheit abhold. Im Lernen und Studieren ging er all seinen Mitschülern vor, und war ihnen Beispiel und Antrieb in der Verehrung des allmächtigen Gottes. Als sein Herr Vater diese Frömmigkeit sah, bat er seinen Bruder, daß er seinen Sohn sollte geistlich werden lassen. Die Eltern, welche ihr Kind von Gott empfangen hatten, gaben es ihm gern wieder und ließen es von dem heiligen Bischof Nicolaus weihen. Da dieser St. Nicolaus zum Priester weihte, schrie er laut auf: Ich sehe, daß der Welt ein neue Sonn aufgehe. Ein glückseliges Volk, welches diesen Priester zum Hirten haben wird. Der Bischof Nicolaus hatte ein Kloster erbaut, Syon genannt, und er bat den Priester Nicolaus, die Sorg für dies Kloster auf sich zu nehmen. Dies tat St. Nicolaus mit großem Fleiß. Da entstand eine giftige Pest im ganzen Land, welche viel tausend Menschen und in drei Tagen dem hl. Nicolaus seine beiden Eltern hinwegnahm. Durch diesen Tod fiel dem St. Nicolaus ein reiches Erbe zu, welches er nicht für sich behielt, sondern heimlich den Armen austeilen ließ, daß es niemand erfahren konnte. Damals war zu Patara ein adeliger Herr, welcher drei mannbare Töchter hatte, wegen seiner Armut sie aber nicht ernähren, viel weniger verheiraten konnte. So wollte er, daß sie sich der Unzucht ergeben, und durch dies schändliche Mittel ernähren sollten. Die Jungfrauen wollten durchaus nicht willfahren und riefen Gott den Herrn an. Als St. Nicolaus dies erfuhr, entschloß er sich, den armen Töchtern zu Hilf zu kommen, Er nahm einen Beutel voller Goldes zu sich, ging allein zu Nachts zu dieses Edel-Manns-Haus, warf den Beutel zum Fenster der Schlafkammer und ging heimlich davon. Der Vater vermeinte, Gott hätte ihm dies Gold beschert und verheiratete seine älteste Tochter an einen Edelmann. Über eine Weil warf St. Nicolaus abermals so viel Golds in die Kammer, durch welches die zweite Tochter verheiratet wurde. Als er aber zum drittenmal ebenso viel Golds hinein warf, und heimlich davonschlich, eilte ihm der Vater der drei Töchter nach, fiel vor ihm nieder und dankte ihm herzlich, dieweil er durch sein Almosen ihn vor der Sünd und seine Töchter vor der Schand bewahrt hatte. Der Heilige bat ihn, dies niemand zu sagen, der Junker aber konnte dies nicht verschweigen, sondern machte es in der ganzen Stadt kund.

Dieweil St. Nicolaus von allen sehr gerühmt und von der eitlen Ehr angefochten wurde, entschloß er zu fliehen in die ägyptische Wildnis. Er setzte sich bei gutem Wetter in ein Schiff gen Ägypten zu fahren, sah unterdessen den Teufel, dem die Reis sehr zuwider war, in das Schiff kommen und ihm mit zornigem Gesicht und einem bloßen Schwert in der Hand drohen. Mit diesem Schwert haute er auf die Taue des Mastbaums und der Segel, und hätte selbige allesamt durchgehackt, wenn St. Nicolaus ihn nicht beschworen und vertrieben hätte. Alsdann weissagte St. Nicolaus den Schiffleuten, daß gar bald ein Ungewitter entstehen würde. Die Schiffleute, des Windes wohl erfahren, wollten ihm nicht glauben, erfuhren aber bald darnach, daß der Teufel wider allem Brauch des Ostwindes ein solches Ungewitter erweckte, daß das Schiff samt den Leuten in Gefahr des Untergangs war. Alle hielten St. Nicolaus für einen prophetischen und heiligen Mann, und baten ihn kniefällig, daß er für sie bitten wolle. Er tröstete sie, rief Gott an, beschwor das Meer und Ungewitter, und vertrieb dasselbe in kurzer Weil.

Der Schiff-Patron stieg auf den Mastbaum, die zerhackten Strick und Seile an der Zwerchstange oben am Segelbaum anzubinden. Er fiel aber hinunter und war auf einmal tot. Da waren die Matrosen gar sehr betrübt, und weil sie kein anderes Mittel wußten, baten sie den heiligen Nicolaus mit jämmerlichem Geschrei, daß er ihrem Schiffspatron von Gott das Leben erbitten wolle. Dieser hatte großes Mitleid, hieß alle Matrosen mit ihm zu beten, bezeichnete den toten Körper mit dem heiligen Kreuz und befahl ihm im Namen Jesu Christi wieder aufzustehen. Dies geschah in geschwinder Eil und alle erkannten aus diesem großen Mirakel die Heiligkeit des Nicolaus. Und als sie nach Ägypten kamen, erzählten sie allen Leuten, was für einen heiligen Mann sie in ihrem Schiff gebracht haben. Und da war der Zulauf zu dem Heiligen groß. Der liebe Gott verlieh ihm auch die Gnad, allerhand Kranke zu heilen, allerhand Presthafte gesund zu machen, viele Teufel auszutreiben, und etliche Sterbende aus dem Rachen des Todes zu reißen.

Der Heilige hielt sich nicht lang in Ägypten auf, sondern segelte in das heilige Land, ging von Joppe zu Fuß bis nach Jerusalem, besuchte alle heiligen Örter. Als St. Nicolaus bereit war, in die Wüsten zu gehen, wie St. Johannes der Täufer, siehe da hörte er eine Stimme des Nachts im Gebet: Kehre wieder zu den Schafen, die du im Kloster Syon verlassen hast. Dieser göttliche Befehl kam seiner Natur sehr hart vor, weil er lieber in fremden Orten unbekannt, als unter den Seinigen in Gefahr der eitlen Ehr gewesen wär. Dennoch ergab er sich dem Willen Gottes.

Was er in seinem Klosterleben sonderlich gewirkt, findet man nicht in Schriften. Als er einmal in seinem nächtlichen Gebet war, hörte er eine himmlische Stimme, sprechend: Nicolaus, dies ist nicht der Acker, auf welchem du die Früchte, so ich von dir verlange, bringen sollst. Der Heilige fragte: Was willst du dann, o Herr, daß ich tue? Kehre zurück zu deinen Leuten, sprach Gott und gehe zu der Stadt Myra. Da nahm er von seinen weinenden Brüdern traurigen Abschied.

Damals regierten zwei heidnische Kaiser, Diocletianus und Maximinianus, zu welcher Zeit das Heidentum noch ganz im Flor war, und die armen Christen erbärmlich leiden und sich tucken mußten. Sie durften keine Kirchen bauen, noch öffentlich Gottesdienst halten, sondern mußten sich in den Häusern und Scheunen oder Stadeln behelfen und ihren Gottesdienst heimlich verrichten. In allen Orten aber war der Tempel der Göttin Diana, gar künstlich gebaut und köstlich geziert.

Als St. Nicolaus nach Myra kam, erforschte er, an welchem Ort die Christen ihre Zusammenkunft hatten. Eben da waren die umliegenden Bischöf versammelt, einen neuen Bischof für die Stadt Myra zu erwählen. Dieweil sie aber nicht einig werden konnten, stellten sie einen gemeinen Fast- und Bettag an, um einen guten Bischof von Gott zu erwerben. Unter diesem Beten hört ein frommer alter Bischof die Stimm eines Engels: Welchen du morgen früh finden wirst zum ersten in die Kirchen gehn, und Nicolaus heißen, diesen hat Gott zum Bischof von Myra auserwählt. Da ging dieser Bischof früh zu der Kirchen, fand St. Nicolaus vor der Tür knieend beten. Er fragte ihn, wer er sei. Jener sprach: Ich bin ein armer Sünder und unnützer Knecht, und heiße Nicolaus. Zur Zeit führte dieser Alte Nicolaus zu den Bischöfen, offenbarte ihnen die gehörte englische Stimm, und stellte ihnen St. Nicolaus zum Bischof vor. Da stimmten alle zu, der demütige Nicolaus aber widersetzte sich mit allem Ernst. Als Nicolaus aber die Worte des Engels hörte, untergab er sich dem Willen Gottes, und ließ sich mit großer Freud allen Volks zum Bischof weihen.

Zur selbigen Zeit regierten die zwei tyrannischen Kaiser Diocletianus und Maximinianus, welche zwanzig Jahre lang regiert und allzeit die Christen verfolgt und umgebracht hatten. Da sie sahen, daß das Christentum nicht ab, sondern zu nahm, schickten sie im Jahr Christi 300 in alle Landschaften grausame Landpfleger mit ernstem Befehl, alle und jede Christen ohn all Barmherzigkeit zu martern und umzubringen. Diese ungerechten Decrete wurden auch in Myra vorgelesen und verursachten ein unbeschreibliches Herzeleid unter allen frommen Christen. St. Nicolaus ward auch von Herzen betrübt. Viele flohen in die Wildnis, viele wurden in die Gefängnisse geworfen, und viele wurden vor Gericht gestellt und gemartert. St. Nicolaus stand allen und jedem bei.

Auf daß er aber diesen Märtyrern nicht mehr zusprechen konnte, befahl der Landpfleger seinen Soldaten, daß sie den Bischof gefangennehmen, und weit weg, außer seinem Bistum in ein Gefängnis verschließen sollten. Wohin der betrübte Vater geführt worden, meldet die lateinische Legend nicht, sondern sagt nur, daß er weit hinweg geführt wurde, in einen großen Kerker, in welchem viele Gefangene aus allen Städten verschlossen lagen. Ein Jeder war an Ketten geschmiedet,

hatte einen eisernen Ring am Hals und eiserne Band an seinen Füßen. Zu ihrer Nahrung war ihnen nichts mehr als ein wenig Brot und Wasser gegeben. Ihr Nachtlager war auf den harten, rauhen, kalten Felsen.

Nach verflossenen sechs Jahren, als der christliche Kaiser Constantinus Magnus an die Regierung kam, befahl er, daß alle und jeder Gefangene losgelassen, und in ihr Vatterland geschickt werden sollten. Er erlaubte auch, christliche Kirchen zu bauen, und die heidnischen Götzen-Tempel, samt allen Götzen-Bildern und Altären nieder zu reißen. O was für Freud war dies allen gefangenen Christen, und wie herzlich preiseten sie Gott.

Mit was für Freuden zog St. Nicolaus wieder nach Myra. Da fing er an, alle Götzen-Tempel in und außer der Stadt niederzureißen und zu schleifen. Erschrecklich war es anzuhören, wie die leidigen Teufel schrien, heulten und klagten. Und St. Nicolaus wendete allen Fleiß an, alle Heiden zu bekehren.

Sanct Nicolaus wirkte auch in seinem Leben sehr viele Mirakeln. Als einmal in der Landschaft Lycia große Teuerung und Hungersnot war, schrie er zu Gott um Hilf, und ließ nicht nach zu bitten, bis er erhört war. Damals hatte ein reicher Kaufmann in Sicilien ein großes Schiff voller Früchte geladen, und wollte selbige in Spanien zu verkaufen führen. St. Nicolaus aber erschien ihm im Schlaf und sprach: Führe deine Früchte nach Myra in Lycia, so wirst du großen Gewinn davon tragen. Alsdann gab er ihm drei Goldgulden auf die Hand, und verschwand augenblicklich. Der Kaufmann erwachte, fand das Gold in seiner Hand, und sein Zimmer verschlossen, darum glaubte er, es sei ihm ein Engel erschienen. Er führte seine Früchte eilends nach Myra, und schöpfte großen Gewinn daraus. Als er St. Nicolaus in der Kirche sah, erkannte er ihn, offenbarte den Leuten die Erscheinung und verursachte, daß dieselbigen ihren Bischof in größern Ehren hielten. Einmal waren einige Schiffleut in großer Gefahr. Da riefen sie St. Nicolaus an, den sie zwar niemals gesehen, dennoch von ihm gehört hatten. Da erschien ihnen St. Nicolaus und sprach: Ich bin derjenige, welchen ihr anrufet. Trauet auf Gott, dessen Diener ich bin. Er stellte sich an statt des Schiffmanns an das Ruder, beschwor die Wind mächtig. Das Ungewitter legte sich, und er verschwand vor ihren Augen. Sobald sie zum Land kommen, verlobten sie sich nach Myra zu gehen, und ihrem Erlöser Dank zu sagen. Da fanden sie ihn in dem Chor mit dem Geistlichen die Vesper singend, kannten ihn alsbald, fielen vor ihm nieder, und schrien einhellig: Dieser ist unser Erlöser, dieser ist auf dem Schiff gewesen und hat uns bei dem Leben erhalten. Dieses große Mirakel ward bald weit und breit kundbar.

Diese und unzählbare andere Mirakel hat St. Nicolaus bei seinem Leben gewirkt, und aller Welt kund gemacht. Da er nun zu seinem hohen Alter gekommen, vermehrte sich der Wunsch zu Himmel so gewaltig, daß er erkrankte. Bei Zeit empfing er die Heiligen Sacramente, beurlaubte sich von seinen lieben Kindern, und kurz vor seinem End wendet er seine Augen gegen den Himmel, sprechend: Ich sehe den Himmel offen und die lieben Engel zu mir herabkommen. Alsdann betete er den Psalm: Auf dich, o Herr hab ich gehofft, und im letzten Vers: Herr in deine Hände befehle ich meinen Geist. Dann gab er seinen seligen Geist auf. Den 6. Christmonat im Jahr 343. Sein heiliger Leichnam ward in großen Ehren in der vornehmsten Kirchen über der Erden in einem steinernen Sarg beigesetzt; bei welchem gar viele Mirakel geschahen. Unter welchen das vornehmste, daß aus seinem Heiligen Leib ein wohlriechendes Öl floß, durch dessen Anstreichung allerhand Kranke geheilt wurden. Dies heilige Öl fließet noch zu jetziger Zeit aus seinem heiligen Leib, welcher jetzt zu Bari in Apulia ruhet, und von den Pilgern fleißig besucht und verehrt wird.

Martin von Cochem

Wie der Prophet Balaam geweissaget hat

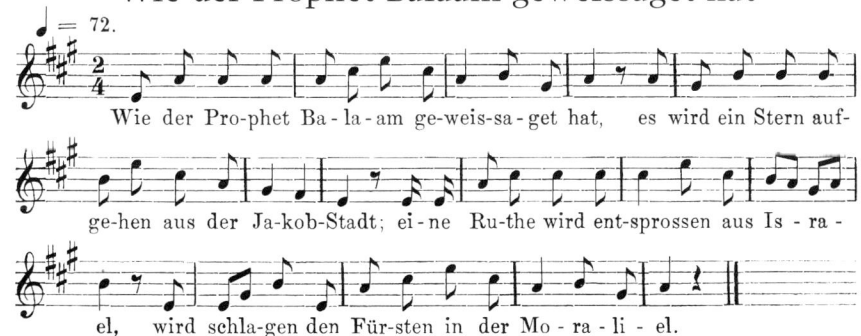

Wie der Pro-phet Ba-la-am ge-weis-sa-get hat, es wird ein Stern auf-
ge-hen aus der Ja-kob-Stadt; ei-ne Ru-the wird ent-sprossen aus Is-ra-
el, wird schla-gen den Für-sten in der Mo-ra-li-el.

1. Wie der Prophet Balaam geweissaget hat,
Es wird ein Stern aufgehen aus der Jakob-Stadt;
Eine Rute wird entsprossen aus Israel,
Wird schlagen den Fürsten in der Moraliel.

2. So viel hundert Jahr auf den Stern haben g'wart'
Auf dem Berg Victori so lang bei der Nacht.
Jetzt ist einmal kommen die gnadenvolle Zeit,
Die Himmel und Erden auf Alles erfreut.

3. Sobald Gottes Sohn geborn in dem Stall,
Geschehen große Wunder, zu sehen überall:
Der Weinberg so schön blühet, der längst abgedorrt;
Drei Sonnen man siehet in Spanien alldort.

4. Ein Engel singt den Hirten das Gloria auf dem Feld:
»Ehr sei Gott in der Höhe und Frieden auf der Welt!
Der Heiland ist geborn als Gott und Mensch zugleich;
Aus Bethlehem verstoßen dort liegt er auf dem Heu.«

5. Gehn wir mit den Hirten, das Kind zu beten an,
Und fallen zu Füßen dem wahren Gottessohn,
Weil er wegn unser leidet die große Kält und Not!
Ach tu uns verzeihen, o gütigster Gott!

6. Wir bitten die Mutter und Jungfrau zugleich,
Daß sie beim Sohn anhalte um's ewige Reich.
Dein Sohn ist barmherzig, er litt gar so viel!
Ein jedes find't Verzeihung, wenn nur der Sünder will.

Rosa Plätzchen

200 g Butter	70 g Mondamin
200 g Butterschmalz	3 Eigelb
250 g Zucker	4 Eßlöffel Arrak
600 g Mehl	Saft einer kleinen halben Zitrone

Butter und Schmalz rührt man gut schaumig und langsam Zucker und Eigelb dazu. Nachdem man Arrak und Zitronensaft eingerührt hat, gibt man das Mehl dazu und arbeitet es gut darunter. Nun läßt man den Teig an einem kühlen Ort ruhen. Aus dem nicht zu dünn ausgewalkten Teig sticht man runde Plätzchen und bäckt diese hellgelb. Vorsichtig vom Blech nehmen, damit sie nicht brechen. Nachdem sie etwas ausgekühlt sind, bestreicht man sie mit folgendem Guß:
Puderzucker wird vorsichtig (nicht zu viel Flüssigkeit auf einmal zugeben!) mit Johannisbeersaft zu einem dicken rosa Brei verrührt.
Gut trocknen lassen.

St. Nikolaus, Nikolausspiele, Nikolauslieder und Sagen

Im Winter sieht es in den Alpen gar traurig aus. Schwer lastet der Eispanzer dieses kalten Tyrannen auf den Bergen und herrlichen Almen, über dem prangenden Hochwald, wie auf den saftigen Wiesengründen im Tale, wo noch vor einigen Wochen das Alpenvieh sich ätzend herumtummelte. Und erst die freundlichen Dörfer! Tief gehüllt in den weichen Schneemantel stehen sie da, eingeschneit bis über die Ohren. Alles trägt weiße Kugelkappen, die Brunnensäule wie der Zaunpfahl; selbst der ehrwürdige Kirchturmhahn hat seine Mütze und schaut erfroren herab auf die lieben Dorfkinder und auf die Spatzen, die als echte Tagdiebe sich auf den schneeigen Wegen bettelnd und stehlend herumstreiten. Desto traulicher sieht es drinnen in den warmen Bauernstuben aus. Besonders, wenn der Abend kommt, und jung und alt sich zum gemütlichen Heimgarten versammeln, da würde mancher, der in einen solchen Kreis hineinlugen könnte, sagen, daß diesen glücklichen Leutchen der grobe Winter nicht sehr wehe tut. Gerade die Zeit um Nikolaus herum ist im Dorfleben eine äußerst bewegte und entbehrt nicht jener harmlosen ernstheitern Freuden, die wie Blumen das bäuerliche Jahr durchwirken.
Da kommt vorerst der »heilige Mann«, jener begabende Kinderfreund, den das sinnige Gemüt des Älplers mit allem poetischen und unpoetischen Zauber ausgestattet hat. Er vertritt das Christkind des Städters und besucht in höchst eigener Person die Dorfstuben und erhöht so den Reiz und die Bedeutung seiner Gaben. Darum beten die Kinder, wenn es gegen die Nikolauszeit geht, inbrünstig vor dem Schlafengehen:

Heiliger Nikolaus, du goldener Mann,
Bring uns allerhand Sachen zusamm',
Allerhand »Guttaten«, kräftige Sachen,
Wirst mir heute die Schüssel voll machen.

Sie stellen wohl auch im frommen Glauben eine Schüssel oder einen Schuh mit Hafer oder Heu gefüllt vor's Fenster, für den Schimmel des »heiligen Mannes«. Man denkt sich nämlich denselben auf einem Schimmel reitend, weshalb er auch an manchen Orten geradezu »Schimmelreiter« heißt. Sogar ein Gläschen Schnaps »für seinen Bedienten« wird häufig hinzugefügt. Er braucht es auch, denn er kommt ja in der kalten Dezembernacht weit weit »über's Gebirge her«, und daß solche Leute, die mit dem Vieh umgehen, gern etwas Gebranntes lieben, hat sich das kleine Seppele schon vom »Fütterer« seines Vaters abgeguckt. Und welche Freude, wenn nun am andern Morgen Hafer und Schnaps fort sind! Denn nun hat es so

ein Kinderherz schwarz auf weiß, daß abends der »heilige Mann« kommen wird.

Und er kommt auch. Nicht als unsichtbares Wesen, das sich wie das Christkind der Städter nur durch den strahlenden Lichterbaum und die daran hängenden Gaben verrät, sondern er kommt als leibhaftige Erscheinung in aller Pracht und Herrlichkeit, wie er auf dem Hochaltar so liebreich dargestellt ist, und wie ihn die »Nahnl« beim Kaminfeuer den zuhorchenden Kindern haarklein beschrieben hat. Um die Spannung zu erhöhen, tritt oft vor ihm so eine Art Herold ein, der sich in der Stube nach echter Bedientenmanier allerhand zu tun macht, den Tisch abfegt, den Boden kehrt und schließlich wieder abzieht, Schritt für Schritt verfolgt von den Augen der in banger Erwartung mäuschenstill dastehenden Kinder. Wie klopfen die kleinen unschuldigen Herzen unter den Kleidchen, wie schauen die Blicke unverwandt nach der Türe, ob sie sich nicht bald öffne. Jetzt – schwere Tritte – sie tut sich auf, und herein tritt der »heilige Mann«, ein ehrwürdiger Greis in weitem, goldverbrämtem Bischofsmantel, mit wogendem

Haar und weit herabwallendem Flachsbart, auf dem Haupte die strahlende Inful, in der Hand den glänzenden Goldstab. Er legt den Kindern Fragen aus dem Katechismus vor, belobt die Fleißigen und beschenkt sie mit Gaben, Äpfeln, Nüssen, Lebzelten, Bildchen und ähnlichem, die der »Bediente« neben ihm in einem Korbe trägt. Die Unwissenden und Unfolgsamen ermahnt er und zeigt bedeutungsvoll auf den hinter ihm stehenden »Klaubauf«, der schon lange auf eine Gelegenheit gepaßt hat, auch seine schreckeinflößende Aufgabe kund zu tun. Er ist dementsprechend auch herausgeputzt. Pelzwerk und rasselnde Ketten umhüllen ringsum die Zottelgestalt; auf dem Kopfe sitzen Bockshörner, aus der geschwärzten Larve glotzen zwei Feueraugen und aus dem Maul hängt eine schuhlange, feuerrote Zunge. In den Klauen hält er eine mächtige Rute, auf dem Rücken hängt ein Sack, über dessen schauerliche Bestimmung er von Zeit zu Zeit durch unzweideutige Handbewegungen Aufschluß gibt, was in der Regel ein allgemeines Geheul und schleunige Flucht der Kinder hinter den großen Eßtisch zur

Folge hat. Nachdem so beide Teile, der »heilige Mann« und sein höllischer Begleiter, samt dem »Bedienten« ihre Schuldigkeit getan, entfernen sie sich mit einem guttirolischen »Schlaft's g'sund allerseits«, um an einem andern Ort dieselbe kinderbeglückende Tätigkeit fortzusetzen.

Im Lechtal vereinigt der »Saneklos« beide Rollen in einer Person. Er erscheint in Pelzwerk und kettengegürtet und sagt einen Spruch auf. Die Paznauner, die überhaupt ein seltsames Völklein sind, gesellen dem Bischof Nikolaus sogar ein schöngekleidetes Weib bei, die Klasa, welche aus ihrem Korb die Geschenke verteilt. An anderen Orten hingegen wird dem Klaubauf mehr Aufmerksamkeit zugewendet als dem Nikolaus selber; so von den Vinschgauern. In diesem Tale ziehen die Kinder am Vorabend des Nikolausfestes mit Schellen behangen auf einen nahegelegenen Hügel. Dort hüpfen sie nach dem Takt fortwährend in die Höhe und verursachen so einen wahren Heidenlärm. Man nennt diesen sonderbaren Gebrauch »Klaubauf-Wecken«. Nachts erscheint dann auch der also Eingeladene in der ganzen oben beschriebenen Pracht seines höllischen Anzuges. Im Pitztal und an einigen Orten des Oberinntales laufen am Nikolaustage mehrere sogenannte »Santiklausen« und »Klaubaufe« herum, die in die Häuser gehen und wechselseitig Reime aufsagen.

Freundlich und in vieler Beziehung interessant sind die in Tirol häufigen »Nikolausspiele«, welche die Erscheinung des »heiligen Mannes« in dramatischer Weise vorführen. Man unterscheidet eigentliche »Nikolausspiele« und sogenannte »Unterkomödien«. Letztere sind fast in allen größeren Ortschaften Tirols im Schwunge und können als Vorstufe zu den ersteren angesehen werden. Die Hauptfigur bildet ein als – Esel verkleideter Mann, der, die Stimme des Tieres nachahmend, die Stuben besucht und, ähnlich dem Nikolaus, die Kinder befragt und beschenkt. In

seiner Gesellschaft befinden sich Hirten, Jäger und Musikanten, vor allem aber der unentbehrliche »Duxerfranzl« mit seinem Schnapsfäßchen auf dem Rücken. Er ist ein Geschöpf des tirolischen Volkshumors und ungefähr dasselbe, was auf größeren Bühnen der »Kasperl« oder der »Hanswurst« ist. Er bildet daher den Brennpunkt des ganzen »Spieles«, und helles Gelächter erschallt, wenn er nach dem examinierenden Esel endlich auftritt, und, begleitet von allerlei komischen Grimassen und Späßen, sein Leiblied singt:

»Duidum! Frisch in die Welt,
Ich bin der Duxerfranzl,
Heut' lös' ih wacker Geld
Hun Branntwein in mein' Panzl (Fäßlein) usw.«

Nach Absingung des Liedes tanzt er mit den Begleitern einigemal in der Stube herum, dann entfernen sich alle, um im nächsten Hause dieselbe Komödie aufzuführen. Die Darsteller sind

gewöhnlich arme Talleute, die sich mit diesem Spaß ein paar Kreuzer herausschlagen.

Von größerer Bedeutung, weil sich aus ihnen zum Teil das geistliche Drama entwickelt hat, sind die eigentlichen »Nikolausspiele«, vollständig in Wechselgespräch gehaltene Bauernkomödien, die von bestimmten Gesellschaften ausgeführt werden und sich durch köstlichen Humor und Witz, freilich auch durch große Plattheit im Ausdruck auszeichnen. Die Truppe, oft dreißig bis vierzig Mann stark, zieht von Ort zu Ort; der Schauplatz der Darstellung ist gewöhnlich der Dorfplatz. Der Stoff ist der Legende entlehnt, aber von allem möglichen nicht geistlichen Beiwerk überwuchert. Leider gestattet es der Raum nicht, den oft wirklich kräftig wirkenden, mit Urkomik gewürzten Inhalt eines solchen Spieles auch nur der Anlage nach anzuführen, ich muß mich daher mit der bloßen Vorstellung des Personals begnügen. Dieses ist allerdings bunt genug zusammengewürfelt. Voraus erscheint auf einem Schimmel, überladen mit Gold und Flitterwerk, der heilige Nikolaus. Er kündet seine Ankunft in hochtönenden Knittelversen feierlich an. Hinter ihm kommt zu Roß und zu Fuß ein abenteuerliches Gefolge von Hirten, Jägern, Einsiedlern, Mohren, Türken, Ölträgern, den »heiligen drei Königen«, Hexen, Zigeunern, Dörchern; dazu kommen Quacksalber, Klaubaufe, Engel, Teufel und – versteht sich auch – der lustige »Duxerfranzl«.

Daß ein solcher Aufzug das mit einem derartigen Spektakel beglückte Dorf in vollen Aufruhr bringt und auch die Nachbargemeinden herbeilockt, ist leicht zu begreifen; weniger faßbar dürfte es scheinen, wie ein solches Kunterbunt von Rollen auch nur in einen losen Zusammenhang gebracht werden kann. Eine Probe. Ein alter und ein junger Einsiedler treten auf. Der alte mit brauner Kutte und weißem Barte betet laut das »Vaterunser« und die »offene Schuld«, beides auf die derbste Weise lächerlich umgestaltet. Unterdessen schlägt der junge Einsiedler mit dem Weihrauchfasse Rad und Purzelbäume, worauf folgender Wechselgesang beginnt:

Junger: 's Einsiedlersein ist halt nit mei' Freud!
Alter: Du mußt dir halt denken, 's gibt mehr solche Leut'!
Junger: Wär' i nit ins Kloster gangen! Hätt i a schön's Madel g'nommen. Mi ruit's, mi ruit's (Mich reut's, mich reut's).
Alter: Mi aa, mi aa. (Mich auch, mich auch.)

Dann schlagen sie ihre Kutten in die Höhe und springen unter Absingung travestierter Gebetsformeln davon. Moral wird in diesen Stücken gerade nicht gepredigt. Doch darf man solche Ausartungen des Volkshumors nicht als Gradmesser der Sittlichkeit gelten lassen; das Volk trägt eben keine Glacéhandschuhe und findet einmal die Travestierung der eigenen Überzeugung mit seinem sonstigen religiösen Bewußtsein ganz gut vereinbar.

Im Anschlusse an diese dramatischen Aufführungen will ich einige der bezeichnendsten Spielarten von Nikolaus-Liedchen aus meiner Sammlung mitteilen, sei es auch nur deshalb, um diese spärlichen Reste der im Absterben begriffenen Nikolausfeier der Vergessenheit zu entreißen. Denn dieser volkstümliche Nikolaus-Kult, der früher in ganz Deutschland und besonders in den österreichischen Landen fast ausschließlich im Schwange war, weicht vor dem poetischer begabenden »Christkind« mit seinem lichtstrahlenden Bäumchen immer mehr zurück, so daß der »heilige Mann« in den Städten fast ganz verschwunden ist und bald nur mehr in den abgelegenen Talwinkeln noch die Kinderherzen beglücken wird. Sind nun auch diese Nikolaus-Reime nicht von hohem, lyrischem Schwung, sondern mehr Ausfluß kindlich gläubiger und naiver Denkweise, so enthalten sie doch mitunter Züge, welche teils den Vorgang der Feier beleuchten, teils Streiflichter auf den mythologischen Gehalt derselben werfen. Eines der ältesten dürfte wohl das Tegernseer Liedchen sein, das uns der Codex germanicus Monacensis aus dem fünfzehnten Jahrhundert überliefert hat:

Heiliger sanct Nicolas
In meiner not mich nit verlas,
Komb heint zu mir und leg mir ein
In mein kleines schiffelein,
Darbey ich Ewr (Euer) gedenkhen kan,
Das ir seit ein frommer Man.

Wir ersehen daraus, daß die ursprüngliche Sitte darin bestand, Schiffchen aus Papier vor das Fenster zu stellen, damit sie während der Nacht St. Nikolaus mit all den süßen Geschenken fülle, nach denen das Kind verlangt und welche es unzählige Male im Verslein mit nachfolgendem Vaterunser vor dem Schlafengehen hergezählt hat:

Heiliger Nikolaus, leg' mir ein
Äpfel, Birnen, Nüsselein,
Strümpf' und Schuhe muß ich haben,
Kann ich den Winter Schlitten fahren.

oder:
Nikolaus fahr' fort
In ein unbekanntes Ort,
Fahr nicht zu hoch und nicht zu nieder,
Bring' eine frühe Botschaft wieder.
Bring' Äpfel, Birnen, Nuß,
Das macht mir kein' Verdruß,
Und sollt' es etwas mehrer sein,
So will ich desto braver sein.

Diese unverblümte Andeutung, mit den Gaben ja
nicht zu karg zu sein, wird indes durch zwei
andere bescheidenere aus Vorarlberg und Meran
gemildert:

Heiliger Niklaus, leg' uns ein,
Was dein guter Will' mag sein,
Äpfel, Bira (Birnen), Schnitz' und Nuß',
Mach uns nur doch kein' Verdruß.

Das zweite recht kindliche aus Meran lautet:

Heiliger Niklaus mit grauem Bart
Setz' dich nieder, du stehst so hart,
Ich will nit viel begehren,
Daß du nicht sollst unwillig wer'n.
Vaterunser . . .

Wie oben bemerkt, war es früher sicher überall
üblich, daß die Kinder ein Schiffchen hinausstell-
ten. Erst später trat an dessen Stelle der ihm
ähnelnde Schuh, der mit Hafer gefüllt für das
Rößlein des »heiligen Mannes« vor's Fenster
gestellt wurde, und schließlich die Schüssel, welche nur mehr teilweise an die Schiff-Form erinnerte. Erhalten hat sich meines Wissens das
Schiffchen als Gefäß für die zu empfangenden
Gaben nur noch im Ennstale, doch trägt sie da
merkwürdigerweise einen vom gewöhnlichen
Brauche abweichenden Charakter.
Während nämlich überall das Niklausfest ein Tag
der Freude für die Kinder ist, nehmen oder, besser
gesagt, nahmen im Ennstale auch die Erwachsenen daran Anteil und zwar in sehr lärmender
Weise. Es zogen nämlich die Darsteller, Niklo und
sein Geselle Barthel, unter Vorantritt einer lustig
aufspielenden Musikbande, begleitet von rot, gelb,
schwarz, kurz in allen Farben geschmückten
Nebenpersonen und gefolgt von einer lärmenden
und johlenden Jugend, durch die Gassen und warfen durch die geöffneten Fenster Obst, Lebzelten
und Ähnliches hinein. Dann ging es ins Wirtshaus. Da wurde mit den Dorfschönen getanzt und

geschäkert. Zugleich wurden Spottlieder auf den Barthel gesungen, welche dieser selbstverständlich in ebenso derber Weise erwiderte. Plötzlich erloschen auf einen Augenblick die Lichter, und beim Wiederanzünden sah man auf manchem weiblichen Wangenpaare rote, gelbe, schwarze Male, während manches Männergesicht scharfe »Kratzer« aufwies.

Überhaupt besitzt das Ennstal, vorzüglich die Seitengegend von Maria-Zell und Weichselboden eine ganz eigene Form der Nikolaus-Begabung, die entschieden sehr alt ist und als Bestätigung des eingangs Gesagten dienen mag. In dieser Gegend ist nämlich am Nikolaus-Abend das sogenannte »Schiffsetzen« üblich. Die Kinder und auch Erwachsene kommen mit ihren aus Papier oder Holz verfertigten Schiffchen, die oft mit Blumen und Bändern und einem Verslein geziert sind, zu den Häusern ihrer Paten oder Verwandten sowie wohlhabender Leute und suchen diese eigentümlichen Behälter unbemerkt durch die Tür oder durch's Fenster hineinzuschmuggeln. Die also Bedachten müssen nun diese Schiffchen mit Obst und Naschwerk füllen. Am folgenden Tage werden sie von den kleinen »Schiffsherren« wieder abgeholt. Da diese »Schiffsetzer« sehr zahlreich sind und sogar fünf bis sechs Stunden weit herum wandern, um auf diese Art zu einem Nikolaus-Geschenk zu kommen, haben besserstehende Leute oft ihre liebe Not, um die kleinen und großen Dränger zu befriedigen. Die Verse, welche an der Außenseite des Schiffchens mit Namensfertigung angebracht sind, zeigen eine sehr moderne Form, welche mit der naiven Fassung der alten Nikolaus-Liedchen wenig mehr gemein hat. So lautet eines:

Ich fahr' mit meinem Schifflein aus
Und fahre her und fahre hin
Und komme endlich vor Ihr Haus,

Da dacht' ich so in meinem Sinn:
In diesem Hause kehr' ich ein,
Da werd' ich g'wiß willkommen sein.

Manche zeichnen sich, wenn sie anders echt sind, durch einen sehr derben Ton aus:

Daß 's Schifflein jetzt leer ist, ist ohne Zweifel,
Wenn's morgen nicht voll ist, hol' Euch der Teufel.

Dieses »Schiffsetzen« wird aber auch benützt, um gewisse Herzenswünsche Liebender an die rechte Adresse zu bringen. Da nun solche auf dem Wasser zugeführte Liebesboten oft ohne Namensunterschrift sind, so befindet sich der Empfänger in Verlegenheit, wie er das Schifflein entsprechend dem Wunsche des Absenders füllen soll. In solch zweifelhaften Fällen hilft man sich durch Hineinlegen eines ausgeschnittenen Herzens aus kirschroter Rübe, welches dem heißblütigen ungenannten Schiffsetzer die richtige symbolische Deutung gibt, für den Spender aber unter keinen Umständen verfänglich werden kann.

Von eigentlichen Nikolaus-Sagen hat sich, wenn wir von den Legenden absehen, wenig erhalten. Es sind mir in den Alpen nur zwei bekannt, welche beide in Vorarlberg, wo der Nikolaus bei dem Volke in hohen Ehren steht, vorkommen. Die eine knüpft sich, wie Vonbun in seinen »Beiträgen zur deutschen Mythologie« berichtet, an das Dorf Braz im Klostertale. Vor vielen Jahren, wird erzählt, schwoll bei einem heftigen Ungewitter der Bach furchtbar an und riß hoch oben im Gebirge eine gewaltige Rüfe (Muhr) los, die unaufhaltsam gegen die unten gelagerte Häusergruppe losstürzte. Ein schadenfroher Mann sah dies und rief dem tosenden, ofengroße Steinblöcke mit sich reißenden Wildbach zu: »Laß nu wacker laufen!« Da scholl ihm aber aus der Rüfe die Stimme entgegen: »Der Saniklos (St. Nikolaus) hebt.« Und sieh, der Muhrbruch kam zum Stehen und verschonte das Dorf. Zum Danke erwählten die Brazer, als sie die neue Kirche erbauten, den heiligen Nikolaus zum Kirchenpatron und stellten sein Bildnis, zierlich gemalt, am Hochaltar auf.

Einen humoristischen Anflug hat die zweite Sage, die mir ein alter Silbertaler Bauer vor wenigen Jahren erzählte und die meines Wissens noch nirgends gedruckt ist. Das uralte Silbertaler Kirchlein, das dem vom Kristberg ins Montafon Absteigenden freundlich entgegenschimmert, gehört auch zu den zwölf Vorarlberger Kirchen, die den heiligen Nikolaus zum Patron haben. Wie in allen katholischen Gotteshäusern brennt auch hier die ganze Nacht das »ewige Licht«. Da bestand nun in früherer Zeit der Brauch, daß die Leute von den Gehöften des Tales Butter brachten, um das Licht in der Lampe zu nähren. Es war aber einmal, erzählt die Sage, ein eigennütziger Mesner angestellt. So oft nun der um fünf Uhr früh zum Morgengebet läuten ging, nahm er sich immer ein Stück Brot mit und tunkte es in die flüssige Butter der Lampe ein. Zuvor aber wendete er sich stets zum heiligen Nikolaus auf dem Hochaltar und sagte: »Nikolaus, darf ich tunken?« Da nun der Heilige nichts entgegnete, so tunkte er getrost zu. Einmal aber, als er wieder fragte: »Nikolaus, darf ich tunken?« sagte der Heilige: »Nein!« Der habgierige Mesner jedoch tunkte trotzdem seine Schnitte ein und fiel zur Strafe tot nieder.

Ludwig von Hörmann

Was werdn s' denn in Lüften

1. Was werdn s' denn in Lüften
Für a Naredei astelln?
Wern s' g'wiß mehr Händel stiften?
Geh, laßts uns nur dazelln!

Budawinzi kloa Buama
Han i in Wolknan g'sehn,
Sie hupfen hurti umma;
Es muaß ja sei was g'schehn.

2. Und oana gar a kloana
Singt allwei Gloria;
Mit Singen und mit Geigen
Stehn s' nach 'm Dutzad da.
Es muaß da himmlisch Vadda
Ja sei wohl nöt dahoam,
Weil d' Engel all sand doda
Und suachent d' Hirten hoam.

3. Da Himmel is voll Feua,
I woaß net, was 's bedeut'.
I glaab, es gibt no heua
A kalte Wintaszeit,
Weil d' Engel heit und nachten
Den Himmel ham akent'.
Es braucht ja net viel Brachten;
Da Himmel is vobrennt.

4. Und oana fangt a springa
Zu uns da gradaus her
Und hörscht net auf zu singa
Dem Höchsten seine Ehr.
Messias ist gekommen
Zu Bethlehem in Stall,
Hat Fleisch und Bluat ang'nommen.
Fallts eahm zu Füaßen all!

5. Und du, mei Bruada Nachba Lenz,
Geh, stell di muatig keck
Und mach a tiafe Reverenz!
Von uns kann's koana net.
Buck di schee und biag die Knia
Und mach 's als wiar a Herr!
Gib acht, daß du net fallen tuast!
Sonst hebn mar auf koan Ehr.

Mandel-Häufchen

500 g Mandeln
250 g Zucker
3 Eiweiß

40 g Mehl
etwas abgeriebene Zitrone
etwas Zimt

Die Eiweiß werden mit dem Zucker schaumig gerührt. Nun rührt man vorsichtig die stiftförmig geschnittenen (natürlich bereits abgezogenen) Mandeln darunter und gibt etwas Zimt, abgeriebene Zitronenschale und das Mehl dazu. Von dieser Masse setzt man auf ein mit Mehl bestäubtes Blech kleine Häufchen und bäckt diese bei schwacher Hitze. Nachdem man sie aus dem Ofen genommen hat, bestreicht man sie mit Zitronenguß. Dazu wird Puderzucker mit Zitronensaft zu einem dicken Brei verrührt.
Gut trocknen lassen.

8

Der Nikolaus in der herzoglichen Residenz zu München

Der Tag des heiligen Nikolaus war noch vor dem Ersten Weltkrieg um einiges wichtiger als heute. Denn um die Jahrhundertwende war in vielen Gegenden auf dem Land nicht das Christkind der Gabenbringer, sondern der heilige Nikolaus. Das hat sich in bürgerlichen Häusern schon zu Beginn, spätestens aber um die Mitte des vorigen Jahrhunderts geändert. Und so ist es langsam allgemeiner Brauch geworden, sich nicht mehr am Nikolaustag, sondern am Heiligen Abend zu beschenken. Das Einzige, was der Nikolaus heute noch bringt in Stadt und Land, das sind Äpfel und Nüsse, Lebkuchen, jetzt auch Orangen – und immer noch eine Rute.

Wie in den Bauern- und Bürgerhäusern war ursprünglich auch bei der herzoglichen und kurfürstlichen Familie in der Münchner Residenz Sankt Nikolaus der Gabenbringer. Alois Mitterwieser, dem wir aus der Zeit zwischen den beiden Weltkriegen so viele gute, zuverlässige volkskundliche Arbeiten verdanken, hat einmal die Akten der Hofhaltung der Münchner Residenz durchgesehen, nur auf der Suche nach dem Nikolaus am bayerischen Hof. Da hat er zum Beispiel in den Hofzahlamtsrechnungen von 1557 an bis über das Jahr 1600 hinaus entdeckt, daß Jahr für Jahr den Schülern der beiden Pfarrkirchen von St. Peter und Unserer Lieben Frau »... altem gebrauch nach am Tag Nicolai« zwei Gulden für ihren Gesang geschenkt worden sind. Die Residenz ist auch immer gleich von zwei »Nikoläusen« besucht worden, eben von dem Nikolaus von St. Peter und

dem von der Frauenpfarrei. Auch das läßt sich an diesen alten Rechnungen ablesen. Im Jahre 1598 jedenfalls macht der Hofküchenschreiber seinen Eintrag, »den zwen pischof von unser lieben Frauen und St. Peter, so am tag Nicolai vor der Neuevest gesungen jedem altem gebrauch nach verehrt 10 kr., thuet 20 kr«. Dabei darf man sich vorstellen, daß die Kinder des Herzogs von den Fenstern der Münchner Residenz aus genauso neugierig Ausschau gehalten haben nach dem heiligen Nikolaus wie die Kinder der Bürger und Bauern.

Mitterwieser fand auch Briefe des Kronprinzen, des späteren Herzogs Wilhelm V., an seinen Vater, den regierenden Herzog, und an seine in Graz verheiratete Lieblingsschwester Maria, denen man entnehmen kann, daß spätestens von seinem Vater der Brauch der Nikolausbescherung in der Münchner Residenz eingeführt worden ist. Dieser Vater war Albrecht V., jener Herzog, der als Begründer der bedeutenden Kunstkammer und damit der Schatzkammer der Residenz, der Staatsbibliothek und der heutigen Staatsgemäldesammlungen gilt. So schreibt Wilhelm V. an seinen Vater im Oktober 1572, daß er seinem Steinschneider ein »Schittel« angeschafft habe, woran dieser noch fünf Wochen Arbeit habe, und fährt dann fort, »... dieweil ich im den gern arbeit auf den Niclas göb fier mein weib, daran er schon ein wenig angefangen ...«. Gute fünf Jahre später, im Dezember 1577, schreibt seine Schwester Maria aus Graz, sie möchte genau wissen »... was man dir und deiner gemahel überal als zum Nicklas hatt ingelegt«, und fragt dann ihren Bruder weiter, was er wiederum anderen eingelegt habe.

Drei Jahre vorher, 1574, findet sich auch ein netter Hinweis auf den Nikolaustag am Hof in Graz. Wir wissen dabei allerdings nicht, war der Nikolaus dort längst Brauch oder hat ihn die Wittelsbacherin nach Graz mitgebracht. Sie schreibt ihrem Bruder am 1. September 1574, daß sie ihm ein Futteral schicken werde. Er solle es hübsch überziehen lassen, mit schwarzem Samt sei es wohl am schönsten, und mit Gold soll er es ausbeschlagen, in der Mitte mit den Initialen C und M (Carl und Maria) schmücken und dabei das C und M »ineinander machen« lassen. Sie verläßt sich dabei ganz auf den Geschmack ihres Bruders. Es dürfe nur nicht mehr als zweihundert Gulden kosten und müsse »... gewis auf den Nickl fertig« werden. Wenn er antworte, solle es aber ihrem Gemahl nicht in die Hände fallen, damit die Überraschung nicht vereitelt werde.

Herzog Wilhelm V. schreibt fleißig seiner Schwester in Graz und ebenso fleißig schreibt sie ihm, und sie bestellt auch immer wieder Geschenke für den Nikolaustag. So schickt sie ihrem Bruder einmal 16 Perlen, damit er ihrer Schwester ein Agnus Dei, ein Lamm Gottes, machen lasse, genau so wie der Papst ihrer Tochter eines geschickt habe. Ein andermal bestellt sie bei ihm ein silbernes Tuch zu einem »Marderbild«, das eine Elle hoch ist; zu einem Marterbild also, zu einer Figur von Christus in der Marter, im rotsamtenen Spottmantel. Auch dieses silberne Tuch möchte sie ihrem »Gemahl ... zum Nicklas einlegen« und nie vergißt sie ihren Bruder zu bitten, auf keinen Fall etwas zu sagen, denn alle diese Dinge sollen ja eine Überraschung sein. Ein Brief aus Graz vom 20. Dezember 1578 an den Bruder ist besonders interessant, denn darin heißt es, sie könne sich nicht genug verwundern, daß der Herr Vater den »Nickl« abgeschafft habe. Aber dabei ist es auf die Dauer doch nicht geblieben. Daß der heilige Nikolaus auch weiterhin am Hof der Herzöge von Bayern seinen obligaten Besuch gemacht hat, können wir in dem Beitrag Mitterwiesers nachlesen: Als 1586 und 1587 die zum geistlichen Stand bestimmten Söhne Wilhelms V. des Frommen zum Studium in Salzburg weilten, kam im Dezember 1587 »das Niclas Presendt von München« wieder dorthin; im Jahre zuvor war ein solches durch den Jesuitenrektor übermittelt worden. Als 1634 wegen des Krieges – es ist der Dreißigjährige Krieg – der Kurfürst Maximilian und sein Bruder Albrecht fern der Hauptstadt weilten, mußte ein Kammerdiener Maximilians eigens von Ranshofen nach Laufen an die Söhne seines Bruders den Nikolaus überbringen, was wegen der »Sterbensläufte einige Schwierigkeiten hatte«. In diesem Jahr war ja die Pest im Land. Und weiter heißt es von einem Nikolausgeschenk: Als am 5. Dezember 1655 die Kurfürstin Maria Anna mit ihrem jüngeren Sohne auf der Reise nach Wien begriffen war, wurden »zu Crayburg zu handen Ihrer Churfstl. Durchlaucht für Ihre Durchlaucht Herzog Maximilian Philipps zum Nicola 100 Ducaten« überreicht. Hundert Ducaten aber waren 300 Gulden. Ein ganz schöner Batzen Geld. Gerade bei der Hofhaltung des schon erwähnten Herzogs Albrecht, des Bruders des Kurfürsten Maximilian, finden sich immer wieder Hinweise auf Nikolausgeschenke. So macht 1620 der Weilheimer Bildhauer Bartelme Steinle für die Kinder des Herzogs ein »Rößl und Hündtl«; für »die jung fstl. Herrschaft« wie es heißt. Zum gleichen Nikolausfest kauft die herzogliche Oberkindsfrau Barbara Unfrüdin »Dockenzeug zum Einlegen auf s. Nicolai«. Und Dockenzeug, das ist Zeug für die Docken, für die Puppen. Drei Jahre später, 1623, erhält die älteste Tochter ein »Dockeng'schür«, also ein Puppengeschirr, vielleicht könnten wir auch sagen eine Puppenküche. Unter diesen Geschenken tauchen Schreibfedern auf, von einem Wolfen Hainmüller eigens geschnitten »zum Nicolaieinlegung«. Dann ein gemaltes Bild von U. L. Frau, »3 clain Lauten« vom Lautenmacher Hans Körpf für die »junge Herrschaft« eigens angefertigt, dann Bücher, und wie es im Ausgabenbuch heißt, »etliche von Zugger gemachte Sachen« für die »junge fstl. Herrschaft auf s. Nicolaitag«.

Dann spielen natürlich auch immer wieder Puppen für die Mädel und Rößl für die Buben eine große Rolle. Immer wieder findet man in den Rechnungen »ain geschnites hülzenes Roß auf st. Nicolai« oder ein »Heutlein mit deme ein hülzenes Rößl« überzogen worden ist. Und wie jedes Kind auf der Welt, das so »ain Rößl« oder »Gütschl« geschenkt gekriegt hat, haben die kleinen Wittelsbachischen Prinzen am Vorabend des Nikolaustages nach der Bescherung Kutscher und Fuhrmann gespielt.

Einmal hat der Nikolaus gar eine richtige kleine Kutsche gebracht. 1671 ist nämlich der Kurprinz Max Emanuel neun Jahre alt, und in diesem Jahr steht im Ausgabenbuch der Residenz, daß der kurfürstliche Leibkutscher drei Gulden extra erhält, weil er »mit dem Gütschel, welches Ihro Durchlaucht dem Churprinz, an dem vöst des hl. Nicolai ist verehrt worden, vielfeltig bemieht gewest«. Und weil wir gerade beim Bubenspielsach sind: Der fünfzehnjährige Max Emanuel bekommt eine »Compagnia klaine Reutter Harnisch«. Der Hofspengler Dietrich stellt sie her. Ein Maler muß »Cornet und Fahnen«   Cornet ist die Standarte – und die Stangen dazu fassen, d. h. bemalen. Und ein Polierer muß kleine Partisanen für den Prinzen »palieren«. Eine Partisane ist eine Art Hellebarde. Daneben gibt es aber auch »... ain gemachte Schwaig zu dem Niclas«. Diese Schwaig, ein Gutshof, muß beachtlich bestückt gewesen sein,

denn er hat immerhin den stolzen Preis von 50 Gulden gekostet. Auch eine kleine Orgel taucht unter dem Spielzeug auf und dann natürlich immer wieder Puppen. Eine »Clara Träuerin, Comediantin« darf 1677 zwei Puppen auf französische und holländische »Manier« kleiden, ein Perückenmacher fertigt für diese Puppen Perücken an.

Diese Bescherungen am Vorabend des Nikolaustages sind natürlich mit einer gewissen Festlichkeit verbunden gewesen. Von den singenden Schülern der beiden Pfarreien St. Peter und Unsere Liebe Frau haben wir schon berichtet, ebenso von den zwei Heiligen Nikolaus der beiden Pfarreien. Leider gibt es keine Schilderung dieses Festtages. Die einzigen Informationen liefern uns auch hier die Ausgabebücher. So wissen wir, daß dem Hofkapelldiener Enderes, »weilen dieser schon 2 Jahr den Nicolas praesentirt«, vier Goldgulden ausbezahlt worden sind. Der hl. Nikolaus ist also ohne Frage »höchstpersönlich« erschienen, denn zwei Hofministranten, »welliche bei dem Nicolas aufgewartet«, haben eigens zwei Reichsthaler gekriegt.

Wenn also der heilige Nikolaus am Vorabend seines Tages vor allem in die Häuser geht, in denen Kinder daheim sind; wenn er Äpfel, Nüsse und Lebkuchen bringt; in Häuser, in denen man noch nicht ganz antiautoritär denkt, vielleicht sogar noch eine Rute, dann erinnert das an eine Zeit, in der man sich am Nikolaustag beschenkt hat und nicht am Heiligen Abend, im Bauern- und im Bürgerhaus genauso wie unter dem Dach der Münchner Residenz.

P. E. R.

Buama, nur auf vom Schlaf!

1. Buama, nur auf vom Schlaf!
Was wird 's bedeuten?
Es gibt ein hellen Schein
Auf dieser Weiden.
Ist ja die Sonn schon auf;
Was wird 's bedeuten?
Es singen Vögel schon
Mit größter Freude.

2. Die Weinberg blühen schon;
Bei Winterszeiten
Ist alles schön geziert
Und voller Freude.
Der Heiland ist geborn,
O Menschenkinder,
Der nun erlösen wird
Die armen Sünder.

3. Sünder, nur nicht verweil,
Fall ihm zu Füßen!
Mit einer wahren Reu
Tu die Sünd büßen!
Gott Vater schickt sein Sohn
Für uns zu leiden;
Er nimmt die Sünder an
Mit größter Freude.

4. O liebes Jesulein!
Wir dich schön bitten:
Stell dein Barmherzigkeit
Doch in die Mitten,
Wann wir von dieser Welt
Werden abreisen,
Daß wir im Himmel dich
Loben und preisen!

54

Spritzgebäck

500 g Mehl   250 g Mandeln
300 g Zucker   1 Päckchen Vanillezucker
350 g Butter   1 Ei

Mehl, Zucker und Butter sowie Vanillezucker und das Ei arbeitet man zu einem weichen Teig gut ab und gibt dann die feingeriebenen Mandeln dazu.

Wenn alles gut vermengt ist, formt man mit der Spritze kleine Ringe oder S auf ein bemehltes Blech und bäckt sie sehr langsam hellgelb. Man kann auch unter die Hälfte des Teiges einen oder zwei Löffel Kakao geben, um helle und dunkle Ringe zu bekommen.

Spielzeug aus Oberammergau

Gerade in den Tagen vor Weihnachten ist es die rechte Zeit, von kleinen Dingen zu erzählen, die ehedem einmal in alle Welt gegangen sind und die man vor hundert bis hundertfünfzig Jahren auf vielen Gabentischen hat finden können. Es ist das Kinderspielzeug aus Oberammergau, das man heute zu einem guten Teil noch im Oberammergauer Heimatmuseum sehen kann. Der Grundstock dieses Museums ist ja die ehemalige Sammlung des Verlagshauses Lang und die hat vor allem eben in Spielzeug bestanden.

Es gibt eine Schilderung des Magazins im Verlagshaus Lang, das geradezu überläuft vor Spielzeug. Geschrieben hat sie Ludwig Steub um 1840, der große Wanderer und Schilderer der Alpen, vor allem auch der oberbayerischen Berge und ihrer Bewohner, und einer der Mitentdecker des Oberammergauer Passionsspiels. »Den Vertrieb ihrer Holzwaren«, so schreibt er, »haben die Ammergauer in die Hände eines ›Verlegers‹ (Georg Lang sel. Erben) gegeben, der ein großes Magazin unter-

hält, das man nicht unbesucht lassen darf. Da ist ein freundliches Wiedersehen all der Wonnen unserer Kinderjahre, die hier in strahlender Verherrlichung auf langen Rahmen funkeln. Hier liegen die gelenkigen Hanswurste, die noch in der Kinderstube ein Leben fristen, das ihnen die Bühne grausam absprach; da stehen Steckenpferde zu vollen Schwadronen, dort hängen ganze Pensionate von braven Puppen; so ist alles hier zu sehen, was den Knaben freut und das Mädchen ergötzt, alles nagelneu und glänzend in farbreichem Wechsel ...«

Nun hat Ludwig Steub nicht nur über Kinderspielzeug geschrieben, sondern auch von Geschenken für Erwachsene, die in diesen Regalen zu finden waren, von Souvenirs zum Beispiel, aber auch von Geschenken für den weihnachtlichen Gabentisch. »Das Kostbarste was das Warenlager aufzuweisen hat, sind kleine, drey bis vier Zoll hohe Schnitzereien aus feinerem Holze und ohne Farbenanstrich, theils Conterfey neuerer Momente, theils

Abbilder berühmter Lebender und Todter. So sieht man Schiller, Gutenberg und Albrecht Dürer, nach ihren ehernen Statuen getreu geschnitzt. Friedrich von Preußen scheint noch eben so wohl seine Käufer zu finden als Napoleon, und neben anderen gekrönten Häuptern steht da für reisende Engländer das Bildnis der Königin von Großbritannien im vollen Krönungsornate, wahrscheinlich nicht nach dem Porträt gemacht, aber doch mit Benützung des Winkels, den die Zeitungen gaben, denn die Bildung des Oberleibes läßt an schöner Fülle nichts zu wünschen übrig. Solche Bildchen stehen im Werte zwischen sechs bis zwölf Gulden; einzelne Kunstwerke mögen wohl auch noch theurer verkauft werden«.

Die Schnitzkunst der Oberammergauer hat den Namen dieses kleinen Ortes schon zu einer Zeit in aller Welt bekannt gemacht, als vom Passionsspiel noch niemand gesprochen hat.

Seit wann aber ist die Kunst des Schnitzens in Oberammergau daheim? Der Chronist des Dorfes, Pfarrer Joseph Daisenberger, hat sich natürlich auch mit der Geschichte der Oberammergauer Hauskunst befaßt und er ist der festen Überzeugung, daß bereits im Jahr 1111 der Augustiner-Chorherr Eberwein aus dem Kloster Rottenbuch die heimische Schnitzkunst hinüber nach Berchtesgaden verpflanzt hat. Dieser Gedanke bietet sich an, nachdem das Chorherrnstift Berchtesgaden von Rottenbuch aus gegründet worden ist. Im Berchtesgadener Land waren die Bauern so arm wie im oberen Ammertal und sicher war man von seiten der hohen Obrigkeit her bemüht, ihnen die Möglichkeit zu geben, etwas mehr zu verdienen. Aber dieser Gedanke bleibt bis zum heutigen Tag eine vage Vermutung, denn es gibt keine Urkunde, die die Oberammergauer Hauskunst schon im frühen 12. Jahrhundert belegt. Es ist vielmehr so gut wie sicher, daß sie erst seit dem späten Mittelalter eine ernsthafte Rolle spielt. Gerade in dieser Zeit nämlich werden überall in Stadt und Land zahlreiche Kirchen und Kapellen gebaut. Die Heiligenfiguren, mit denen sie ausgestattet werden, dienen den Schnitzern religiöser Volkskunst als Vorbild und so bereiten gerade die Figuren in den Kirchen den Boden für eine derartige Volkskunst. Die weite Verbreitung, die sie bald findet, wird durch den Umstand gefördert, daß Ammergau an der »Rott« liegt, jener wichtigen Handelsstraße von Italien herauf nach Deutschland. Und der Verkehr auf dieser Straße nimmt gerade im ausgehenden 15. Jahrhundert einen Umfang an, den wir uns heute kaum mehr vorstellen können.

Um 1520 schreibt ein Andreas Althammer eine Geschichte des nahen Klosters Ettal, in der er ganz nebenbei erwähnt, in Oberammergau seien unerhört kunstfertige Schnitzer beheimatet gewesen, die das Leiden Christi so fein und so winzig klein hätten schnitzen können, daß es in einer Nußschale gut hätte Platz gehabt. Und wenn man das hört, kann man mit Sicherheit vermuten, daß das Schnitzen nicht erst seit dieser Zeit in Oberammergau daheim war. Schließlich setzen solche Arbeiten eigentlich schon eine beachtliche Tradition voraus, eine Kunstfertigkeit, die nicht von heute auf morgen zu erreichen ist. Andreas Althammer versteigt sich übrigens auch zu der Behauptung, in ganz Deutschland, ja nicht einmal in Europa hätte es Schnitzer gegeben, die sich in ihrer Kunstfertigkeit mit denen von Oberammergau hätten messen konnen. Und das Kloster Ettal scheint vom nahen Oberammergau auch immer wieder einmal Arbeiten bestellt zu haben. In den Rechnungsbüchern des Klosters finden sich jedenfalls Hinweise auf solche Arbeiten; zwischen 1522 und 1529 zum Beispiel kleine und große »geschnitzte Nuß«. Mit guten Grund können wir annehmen, daß mit »geschnitzte Nuß« Miniaturschnitzereien in Nüssen gemeint sind. Das sagt eigentlich der Preis schon. Für acht große geschnitzte Nüsse werden 42 Kreuzer bezahlt. Andererseits läßt aber der gleiche, im Grunde doch niedere Preis vermuten, daß diese Nüsse damals schon eine Art Massenartikel waren. Daneben hat man ohne Zweifel aber auch reiche Schnitzereien für Nüsse gemacht, denn in den gleichen Klosterrechnungen sind im Jahr 1520 vier solche geschnitzte Nüsse verzeichnet, die immerhin zusammen einen Gulden gekostet haben.

Bis 1563 scheinen die Ammergauer Schnitzer keine geschriebene Handwerkerordnung besessen zu haben. Als sich nämlich zwei Männer, die nicht aus dem Handwerk stammen, eindrängen wollen, richten die Ammergauer Schnitzer eine Beschwerde sozusagen an ihren »Vorgesetzten«, und das ist Seine Gnaden, der Hochwürdigste Herr Abt von Ettal. Dabei berufen sie sich auf uraltes Herkommen. Um nun solche Streitigkeiten zu vermeiden, gibt Abt Placidus den Oberammergauer Schnitzern eine eigene Handwerkerordnung. Darin wird vom Abt in seiner Eigenschaft als Gerichtsvogt und Lehensherr unter anderem festgelegt, »daß khainer handwerchsgenöß yemandt andern Lernen soll, dann allein sein Eheleibtliche Khinder der ursach halber, daß soliches Handt-

werch zu vbersetzen nit gedulten mag. Wöllicher aber daß yber faren wurde, derselbig soll Seinem versprechen nach von vns vnnd dem handtwerch gestrafft werden …«. So geschrieben »… zu Ettal am Rechttag nach Erhartti, alß Man zelt nach Christi geburt funfzechen hundert vnnd Im Drevvnndsechsigisten Jarr.« Nicht die Begabung hat also zunächst entschieden, sondern die eheliche Geburt.

Solche Handwerkerordnungen haben den Sinn gehabt, die jeweiligen Handwerker vor allzuviel Konkurrenz abzuschirmen. Die Folge war, daß in den Listen der alten Handwerker immer die gleichen Familiennamen erscheinen, daß diese vermehrt auftauchen und zahlenmäßig überwiegen, wenn ein Meister Söhne hat, daß sie aber verschwinden, wenn nur Töchter in der Familie sind. Alte Akten geben davon Zeugnis. Allein im 17. Jahrhundert sind zehn Schnitzer mit dem Familiennamen Ruetz bekannt, um nur ein Beispiel zu nennen. Im 18. Jahrhundert entwickelt sich der Handel mit den liebenswerten Erzeugnis-

sen der Oberammergauer Hauskunst vor allem mit Spielzeug, weit über Bayerns Grenzen hinaus. Überall im alten Europa entstehen Handelshäuser, die Oberammergauer Ware vertreiben. In dem Königlich-bayerischen Intelligenzblatt des Illerkreises von 1816 sind sie aufgezählt: In St. Petersburg das Handelshaus Hett und Daser, in Kopenhagen Lindner und Hohenleutner, in Göteburg und Drontheim Veicht und Echtler, in Bremen die Vilshofer und in Holland die Faistenmantel. Und das sind nur einige. Kistenweise ist das schöne Spielzeug auf Fuhrwerken verladen und in alle Welt geschickt worden. Daneben aber hat es auch die kleinen Hausierer gegeben, die mit der Kraxn auf dem Buckel durch das Land gezogen sind, um all die Schätze unter die Leute zu bringen, um das köstliche buntscheckige Spielzeug zu verhausieren und zu verhandeln. Postlagernd haben sie den Bedarf nachschicken lassen und damit unterwegs ihren Bestand jeweils aufgefrischt.

Im wöchentlichen »Anzeiger für Kunst und Kunstgewerbe« vom Jahr 1816 steht ein Bericht über die Heimindustrie der Oberammergauer Spielzeugschnitzer. Genau sind sie aufgezählt: »… die vorzüglichsten Künstler, welche nach besserem Geschmack arbeiten, sind: der Tischler Corbinian Unhoch, die Bildhauer Michael Unhoch, Josef Reiner, Nikolaus und Josef Lang, der Vergolder Sebastian Mayer, die Faßmaler Martin, Georg und Michael Lang, der Glasmaler Josef Anton Lang …« Hier ist also auch von der Dynastie Lang die Rede. Im übrigen ist die Hinterglasmalerei genannt, und Oberammergauer Hinterglasbilder sind heute sehr gesucht. Weiter sind »die Schnitzler Franz Frankl, Rochus und Aloys Lang« genannt und der »Mechanikus Aloys Lechner«, der etwas ganz Besonderes gemacht hat.

Zum Spielzeug haben natürlich für die Buben auch Burgen, Festungen und Soldaten gehört. Aber Lechner hat nicht etwa einfache Burgen gebaut,

sondern hat sich etwas Besonderes einfallen lassen. In dem »Anzeiger für Kunst und Kunstgewerbe« von 1816 können wir es lesen: »Durch einen besonderen Mechanismus hat der oben angeführte Aloys Lechner die Einnahme von mehreren Festungen, feierlichen Einzügen und Schlachten vorzustellen getrachtet. Das Ganze hat gewöhnlich die Größe eines mittelmäßigen Tisches; viele hundert Figuren kommen durch einen Zug in Bewegung, einzelne Abteilungen von Soldaten marschieren zu Fuß und zu Pferd, man hört die Trommeln und Trompeten und Kanonen. Auf diese Art ist die Belagerung von Ulm und die Einnahme der Festung Scharnitz gearbeitet, welche Se. Kgl. Majestät um 400 Gulden gekauft haben …« Das ist aber nicht das einzige, was der Lechner Aloys gemacht hat. Die Schlacht von Austerlitz, die er in die Schweiz, und die Völkerschlacht von Leipzig, die er im Sommer 1814 in den Wiener Prater verkauft hat, sind hier besonders zu nennen. Aber so große Werke waren natürlich eine Seltenheit. Im allgemeinen war es das einfache Spielzeug, das hinausgegangen ist in alle Welt; die Reiter und Soldaten, die Puppen und

Fuhrwerke, die Kasperl und Hampelmänner, mit denen die Kinder ihre Freude gehabt haben.

Mit dem Spielzeug von damals kann man Kindern von heute keinen großen Eindruck, geschweige denn eine Freude machen. Was hat ein Pferdefuhrwerk in einem Kinderzimmer zu suchen, in dem der Lebensstandard auch schon an den Pferdestärken der Autos abgelesen wird? Was soll eine hölzerne Puppe unter dem Christbaum, die nicht wenigstens die Augen auf und zu machen, Papa und Mama sagen und vielleicht gar noch ganz andere Sachen machen kann. Wenn heute altes Oberammergauer Spielzeug auf dem Weihnachtstisch liegt, dann ist es für das große Kind, den erwachsenen Sammler, von der Tante »ererbt« – oder teuer bezahlt; Kinderspielzeug von einst, Sammelobjekt von heute beileibe nicht zum Spielen, sondern Köstlichkeit für die Vitrine. *P. E. R.*

Hol mi da Binkel! Was g'schiecht denn mehr heua?

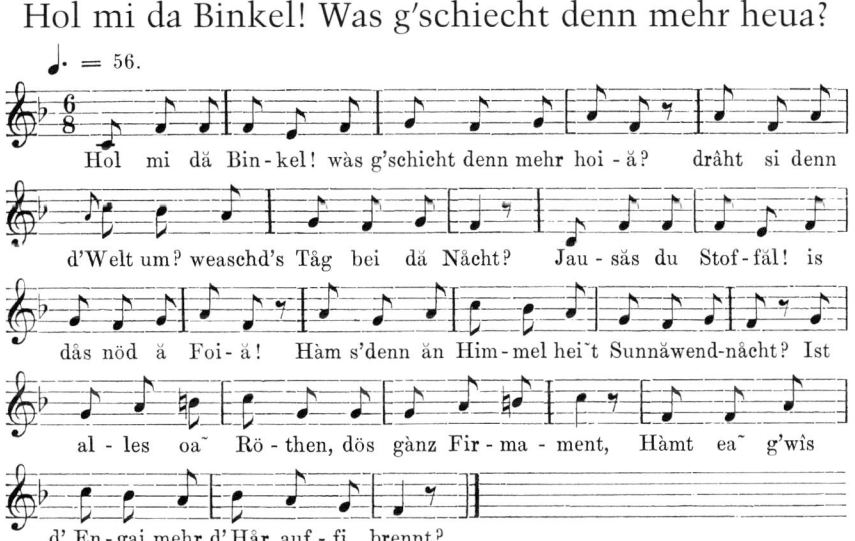

1. Hol mi da Binkel! Was g'schiecht denn mehr heua?
Draht si denn d' Welt um? Wird 's Tag bei da Nacht?
Jessas, du Stoffel! Is das net a Feua?
Ham 's denn im Himmel heit Sunnawendnacht?
Alles is oa Röten, des ganz Firmament!
Hamt si g'wiß d' Engel mehr d' Haar auffibrennt?

2. Sackra! Mein Oadling; i hab 's scho daraten;
Losts na den Engel dort außt, wiar a schreit!
Hamt eahm die Zotten und 's G'nack kloa vobraten
Und alsa g'sengta auf d' Welt obakeit.
Aba da tausend! Er singt wolta schö';
Losts und seids staad! I möcht'n vosteh'.

3. »Ehret Gott!« sagt a, zoagt himmelweit auffi,
Macht mit'n Fingar an ewinga Kroas.
I glaab, er woaß 'n Weg z'ruck neama auffi:
Mir wiss'n an aa net – iaz geht 's uns meinoas!
Engel, i bitt di schee: fopp uns net lang!
Tua 's uns vadeutschen: wia hoaßt denn dei' G'sang?

4. »Ihr lieben Hirten, alls Glück soll euch werden!
Heut ist der Heiland der Welt euch geborn.
Seid guten Willens und fröhlich auf Erden!
Ihr seid zum ewigen Glück auserkorn.
Eilet nach Bethlehem! Dort werdt ihr sehn,
Daß, was ich g'sagt hab, auf 's Haar ist geschehn.«

5. Ei, ei, du Sackra, kannst 's Mai oan wohl macha!
Gelt, obn in Himmel, dort loaden s' di net?
Bist wohl an abgrichta sackrischa Sprecha;
Aba bist sicha: mir glaaben da 's net!
Wurd si g'wiß Gott net an Kaisa z'erscht zoagn!
Zapf di! Sunst is da mei Stecken ludoagn.

6. »Rüapi, du Stoknar! Du mögst di vasünden.
Moanst denn, der Engel liagt aa als wia du?
Eh i 's net glaabat, eh liaß i mi schinten.
Is dös da Dank, daß d' eahm Schlög a'foalst, du?
Mag denn Gott net, wiar a will, mit uns toa?
I brauch koan Kaisa, i suach ma 'n alloa.

7. Buama! Gott werd 's ma wegn oamal net roaten.
Bitt enk um Gotts willn, geh, laßts mi net hint!
Teats ma grad desmal a kloans bissel woaten!
I pack mei Sachl g'schwind zamm, was i find.
Wia ma beinanda sand, gehn ma all fort
Aus lauta Liebe zum göttlichen Wort.

Anislaiberl

250 g Zucker (nicht zu grob)
250 g Mehl
4 Eier
35 g Anis

Eier und Zucker werden sehr dick und schaumig gerührt. Man gibt dann den zerkleinerten Anis und das Mehl dazu. Am besten füllt man die Masse in eine Spritze und setzt auf das mit Wachs bestrichene Blech kleine runde Laibchen. Wenn nicht über Nacht, so mindestens 4 Stunden trocknen lassen und dann erst bei schwacher Hitze hellgelb backen.

Die Flachskollektur

Sie gehört dem bayerischen Kooperator und ist dem Advente einverleibt. Um diese Zeit ist nämlich der Flachs eine fertiggestellte Ware. Die »Wehrwoche« vor Weihnachten bringt seit Menschengedenken den Kooperator und seinen Flachsträger ins Haus. Das fußt auf ganz natürlichen Gründen. Es muß eine volle Werkwoche sein und kein Feiertag, weder Liebfrau noch Apostel dürfen darein fallen: damit der Kollekturgang nicht ein Rennen wird, sondern in breiter bayerischer Gemütlichkeit abgemacht werden kann von Dorf zu Dorf, von Haus zu Haus. Da möchte der Kooperator mit den Kindern kurzweilen, dort ein wenig ins Spiel sitzen, mit den Bauern einen Schnitz Geselchtes tafeln und daneben eine Meinung austauschen.

Der altbayerische Kaplan sammelt eine Bodenfrucht: im Wald den Flachs, im Gäuboden den Weizen (welcher drei Flächse erträgt); in der Hallertau den Hopfen (der sechs Flächse abwirft). Doch ist der Flachs die eigentliche Urspende und unter sämtlichen altbayerischen Kaplänen der »Flachskönig«: der »Kobrater vo Blaiba« (Kooperator von Blaibach).

Dieser Pfarrsitz mit einem ehemaligen Schloß liegt malerisch und mittagssonnig an einem Berg im Mittelregental, und der dortige Kaplan hat das uralte Herkommensrecht: seinen Flachs einzusammeln in neun bayerischen Waldpfarreien (nämlich Blaibach, Moosbach, Prackenbach, Unterviechtach, Wettzell, Arnbruck, Kötzting, Runding, Chamerau). Diese weitreichende Flachs-

spende entspringt aus der Wallfahrt Weißenregen; dessen schöne Liebfrauenkirche gehört zum Pfarrsprengel Blaibach, wurde erbaut vor dem Einbruch der Schweden (unseligen Andenkens), liegt wunderlieb und im Lindenschatten auf der Anhöhe zwischen Blaibach und Kötzting, und enthält ein wahres Meisterwerk des Holzschnittes: der reiche Fischzug der apostolischen Zwölfboten umzieht den ganzen Predigtstuhl. Eben auf dieser kunstschönen Kanzel sowie auch im Beichtstuhl leistet der Blaibacher Kaplan den Wäldlern, welche ausnehmend gern wallfahren, seine geistlichen Dienste, d. h. er verkündet ihnen die Gottesgebote und nimmt ihnen (bei Reue, Beicht und Buße) ihre Sünden ab; er schickt sie mit heiteren Seelen zurück in ihre Heimat und sie spenden ihm dafür den Sammelflachs. Volle vierzehn Tage in jedem Advent durchzieht der Blaibacher Kaplan sein bayerwäldlerisches Flachskönigreich, wozu seine Ausrüstung die folgende: 1. Um die Lenden eine geräumige Ledertasche; darin hat er seine Siebensachen zu Gegengeschenken (hauptsächlich geistlichen Gepräges, z. B. Rosenkränze, Heiligenbildchen, aber auch weltlichen Tand, z. B. färbige Bleiringelchen). 2. Die allerbesten Juchtenstiefel um die Beine, denn es geht durch Schnee und Geträtsch, Berge auf und ab, über Stock und Stein. 3. Ein fester Wanderknüppel in der Hand, weil böse Einödhunde aus den Hütten fahren. 4. Ein eigener Flachsträger, ebenfalls mit einem Knotenstock in der Faust, dazu die Spitzkürbe auf dem Buckel und den Sammelsack über dem Arm. Von

den vierzehn Nachtlagern sind zwölf geistlich, d. h. in den umliegenden Pfarrhöfen, und zwei weltlich: die Mühle zu Wiesing und das Bräuhaus von Drachselried. Freundlich überläßt der Pfarrer von Blaibach seinem Kaplan den sogenannten »Kapitelsaal«, um darin seinen Flachs aufzuspeichern. Und nun kommt, nach dem sauren Verdienen und Einsammeln, die süße Arbeit: das Mustern, Sortieren, Versilbern der »Rästel« (Bündel, deren je drei ein Pfund wiegen und etwa eine Dreiviertelmark einbringen). Den feinen Flachs läßt nun der Kaplan für sich spinnen und weben; dagegen die rauhe Ware wandert auf den Markt.

Die Sonntags vermeldete Flachskollektur wirkt wie ein Signalhorn in die ganze Pfarrei hinaus: die Hausfrauen fegen und scheuern, waschen, kämmen und stellen die Kinder in Feiertagsstaat; jede will den »Herrn« mit dem saubersten Hause ehren.

Tag um Tag ziehen die zwei anderswohin aus: der Kooperator mit seinen Siebensachen im Ränzlein voran, der Träger hinter ihm darein mit seinem Plumpsack. Bereits lugen die Kinder zu allen Fenstern aus. »Jetzt kimmt a! Jetzt kimmt a!« schallt es. Der größte von den Kleinen geht dem Kooperator entgegen und gibt ihm die Patschhand im Namen auch aller übrigen Brüderln und Schwesterln, die wohl gebügelt und geschniegelt und freudenaugig um den Tisch sitzen und dem eingetretenen Kooperator wie auf Kommando die Ringfingerlein entgegenstrecken. Zufrieden lächelt die mütterliche Zeremonienmeisterin: gerade so hat sie nämlich die Empfangsfeierlichkeit geordnet. Allein, wie eben der blinde Zufall waltet, dann und wann bereitet ein unvorhergesehenes Elementarereignis dem bayerischen Mutterstolze eine recht empfindliche Schlappe. Gerade im letzten entscheidendsten feierlichsten Augenblicke muß nämlich ein Kinderl noch niesen: der Kooperator tritt in die Stube und überrascht lächelnd die Mut-

ter, wie sie zum Kindsnäserl springt und zwei hochfröhliche Speckschnecken verräumt.

Der Träger macht sich nun an die Flachsrastln, die wie in Parade bereit liegen, und vergräbt sie eins nach dem andern in seinen Plumpsack. Der Kooperator seinerseits amtiert unter den Kinderln: er steckt jedem der Reihe nach ein malerisches Bleiringl an den Finger, ist es auch nicht von eitel Gold, es fängt doch das kindliche Herz ganz und gar mit seinem Farbenspiel. Jenen Geschwistern, die um diese Stunde in der Pfarruniversität dem Lesen, Schreiben und Rechnen obliegen, werden Heiligenbildlein hinterlegt. Aber wehe, der pausbackige Thronfolger, welchen die Mutter im Diskurs mit dem Kooperator ein wenig aus den Augen gelassen, hat seinen Dutzl von sich geschleudert, mit stürmender Hand den heiligen Antonius erobert und ist mit ihm ins Maul gefahren.

Der Kooperator, nachdem er mit einem freundlichsten »Macht nichts! Macht gar nichts!« die tausendmal verlegene Mutter beschwichtigt und ein anderes Bildl hinterlassen hat, greift jetzt nach der Türe; der Stubenboden blinkt, die roten Flurziegel leuchten. Er spricht seine Dankformel und spendet scheidend der reinlichen Hausfrau ein gerechtes, wohl verdientes Lob. Sie sagt beim Kooperator Geltsgott für die Ringln und Bildln und drückt dem Träger ein Extrarastl in die Hand: das gehört ihm eigen. »Sag ma's fei, wann's kömmts!« hat sie ihm auf der Kirchenschwelle ins Ohr geraunt, um allen Zufällen aus Tierreich und

Kinderwelt vorzubeugen und das reinliche Haus frisch aus der Pfanne zu haben. Er hat ihr nun aber auch Tag und Stunde aufs genaueste kund und zu wissen getan: dafür ist das Flachsrastl der Sold. Es trägt ihm mehr solche Sporteln.

Grundregel: die Kuh ist frei, aber der Ochs macht bereits pflichtig zur Flachskollektur. Das Anwesen, in welchem ein Pflug geht, gibt zwei Rastln, der Großhof den Doppelgulden oder ein volles Dutzend Flachsrastln, von denen drei ein Pfund ausweigen.

Der Kollekturgang hat seine heiklen Situationen. »Zum Schmied gehn wir heuer nicht mehr hinein. Er hat ein gar so großes Herdl Kinder und ist arm wie eine Kirchenmaus!« sprach der Kooperator zum Träger. Er meinte es gut; allein wie tief schnitt er dem rußigen Amboßmeister in seine Hausehre, er wollte ihms gar nicht mehr verzeihen! Der Träger muß natürlich ein Mann von tadelfreiem Leumund sein; am liebsten der alte Vizemesner. Dem spielt nun sein Gedächtnis einen Possen, der Kooperator aber ist noch ein Neuling in der Pfarrei; sie übersehen und übergehen die zweitgrößte Bäuerin des Filialdorfs. Der ganze Hof ist aus Rand und Band. »Warum kimmt jetzt der Koprata zu uns nöt?« fragt die Bäuerin, die ihr Haus aufs prächtigste ausgefegt hat, und sie wettert schon auf diese und jene »Dorfpritschn«, die möglicherweise einen »Wasch« gemacht haben könnte. Mit großer Ostentation müssen beide noch eigens ins Bauernhaus gehen und der alte Träger muß sein mea culpa sagen: dafür fällt aber nun auch die Flachsspende vornehm aus. Das Nebenhaus, welches sich die Bäuerin nach Verkauf ihres Hofes kürzlich neugebaut hat, umgingen sie auch. Es wurde ihnen die gemessene Ordre: »No, mag ebba da Koprata mei Guldnstückl nöt?« So rückt für jedes untergegangene Haus ein frisches in die Lücke: dadurch bleibt die Flachskollektur in ihrem Erträgnis.

Auch ländlich »Bös und Gewogen« spielt in die Adventkollektur hinein. Dem Kooperator, welchen die Kinder von der Schule her überaus lieben, verdoppelt die Mutter den Flachs. Und sie freut sich ordentlich auf den Kollekturgang, um ihr großmütiges Wort einlösen zu können. »Alle andern Koprata hab i sched vier Rastln gebn, sagt sie, aba dem gib i jetzt nochmal so viel und vo mein allabestn Flachs!« Doch die Kehrseite fehlt auch nicht. Daheim bei Sichtung der Ware kommt nacheinander ein volles dreiviertel Dutzend Rastln, die eine trügerisches Hülle auerlesenen goldgelben Flachses tragen und der ganze Kern ist schnödes grobes Werg. Der Träger blickt den Kooperator verständnisvoll an.

Dieser nickt und lächelt: »Das ist von der Schermbäuerin, mit der ich auf dem Kriegsfuß stehe. Ich habe pflichtgemäß ihrem lockern Töchterl die Leviten gelesen und die Mutter zahlt mich dafür mit Werg aus. Weiberrache, macht nichts!« Jener Kooperator, der noch jung ist und schwach ausgesteuert, erhält den meisten Flachs. »Dös jung Herrl hat no koa rechte Wäsch nöt!« sagen die bayerischen Hausfrauen. Es macht das ihrem ver-

ständigen und menschenfreundlichen Sinn alle Ehre.

Sogar lebensgefährliche Abenteuer verweben sich in den Kollekturgang. Als die zwei einmal, ums Jahr 1865 herum, in einen großen Einödhof einbogen, stieg gerade zum angelweit offenen Tore der höchst kriegerisch gestimmte Schweinsbär unter verdächtigem Grunzen heraus und griff ohne weiteres an. Der Kollekturherr schlug mit seinem Knüppelstock die Bestie tapfer in die Flucht; allein der Träger, nur mit seinem Plumpsacke bewaffnet, mußte sich retten so gut er konnte. Er ließ seinen ganzen Kram fahren und lief zum nächsten Straßenbaum. Unglaubliche Behendigkeit war in die alten Beine gekommen; wie ein Turner schwang er sich an den untersten Ast, da hing er zwischen Himmel und Erde und schrie aus Leibeskräften: »Helfts! Helfts!« Der Bär konnte ihn gerade noch beim Joppenflügel fassen; an dem zauste er ganz kannibalisch grimmig, bis ihn Knechte aus dem Hofe zum Rückzug zwangen. Nach der glücklichen Rettung lachten freilich alle dergestalt, daß ihnen die Tränen aus den Augen liefen.

Es hat sich auch schon getroffen, daß Kooperator, Schinder und Hüter sich in ihren Kollekturgängen kreuzten. Den ersten Tag war der Schinder voraus, der Kooperator inmitten, der Hüter hinterdrein; den zweiten Tag ging's umgekehrt und den dritten wiederum anders. Der Schinder lüpfte schalkhaften Humors seinen Hut und lachte, der Hüter zog verlegen seine Mütze und schmunzelte, der Kooperator grüßte seine beiden Kollegen freundlich und weinte natürlich auch nicht. Der Schinder sammelte sein rechtskräftiges Eheschaftsstroh ein, der Hüter sein Stiftskorn, der Kooperator seinen Sammelflachs, den er katastermäßig vereinnahmt und versteuert: jeder von den dreien ein ehrenwerter Mann.

Der Kollekturflachs füllt dem Kooperator seine Schränke mit blendender, dauerhafter Wäsche und das ist auch ein schätzenswerter Vorsprung für seine späteren Finanzen. Mit den Kollekturgulden läßt sich die junge, schmale Bücherei in vornehmeren Stand bringen. Die Kollektur des bayerischen Kooperators in den Bergen, auf den Hügeln und im Flachlande dreht sich um Flachs, Weizen und Hopfen; sie wechselt wohl im Erträgnis, aber nicht in den Volksbräuchen. Der Hopfen, wenn er nicht ein heimtückisches Lauskraut macht, gibt die geldschwerste Kollektur.

Sogar der Bauer zählt mit einem Anliegen auf die Kollekturstunde ein: sein Leibrosenkranz ist ihm nämlich unter seinen derben Fingern in Stücke gegangen und zwar gerade als der Pfarrer im Hochamt aufwandelte. Krebsrot ist er geworden vor Verlegenheit, als beim Geräusch der purzelnden Rosenkranzbeterln alles die Hälse nach ihm streckte. Nun braucht er wiederum ein festes Handwerkszeug in die Kirche; und den bittet er sich durch die Bäuerin vom Kooperator aus.

Würden die bayerischen Adventkollekturen in Geldzinsen umgewandelt, so wäre wohl vielen Kooperatoren ein Dienst erwiesen, allein im ländlichen Bayernhause ginge eine große Kinderfreude zu Grabe.

Joseph Schlicht

Liebster Freund, tue dich erbarmen

MARIA
Liebster Freund, tue dich erbarmen
Und eröffne doch dein Herz
Über uns verlaßne Arme
Und erlindre meinen Schmerz!
Ganz demüetig wir dich bitten,
Laß mich ein in deine Hütten!
Ganz und gar verstoß uns nit
Und erhöre meine Bitt!

WIRT
Wer ist denn verhanden?
Wer ist vor mein Haus,
Daß ich bei eitler Nacht
Machen sollt auf?

Weißt du dann nit,
Daß all Häuser seind zu,
Und du getraust dir
Zu erstören die Ruh?

MARIA
Liebster Freund, nur dies verzeihe!
Zwar ich hab's nit gern getan;
Ich den Tag herum schon reise
Und kein Herberg finden kann.
Sollt ich denn auf offner Gassen
Meinen Jesum liegen lassen,
Wo's beständig schneibt und weht
Und die Kält niemals vergeht?

WIRT

Ich sag dir 's noch einmal:
Geh, pack dich bald fort!
In meiner Behausung
Für dich ist kein Ort.
Wer weiß, was du bei dir
Führst für ein List,
Weil du bei der Nacht
Auf der Gaß so spät bist!

MARIA

Ach, was Trauren, ach, was Schmerze,
Ach, was Qualen, ach, was Pein
Überfallet mir mein Herze,
Weil ich mueß verlassen sein!
All meine matte Glieder
Sinken schier zur Erden nieder;
Kann vor lauter Frost kaum stehn
Und sollt jetzt noch weiter gehn!

WIRT

Weils d' gar aso wein' tuest
Und gar aso klagn,
So will ich dir endlich
Ein Herberg ansagn:
Draußten im Stall wanns d'
Zufrieden willst sein –
In meine Behausung
Laß ich dich nit ein.

MARIA

Nun so sei dir Dank gesprochen
Jetzt von mir, herzliebster Freund,
Weil du mich nit gar verstoßen
Und ein Örtlein gebest heint,
Daß ich meine matte Glieder
Auf das Stroh kann legen nieder
Und die Augn in gueter Ruh
Sänftiglich kann schließen zu.

Quittenbrot

Reife Quitten
Zucker
etwas Zimt
etwas gestoßene Nelken

Reife Quitten werden in Wasser in einem Topf gekocht, bis sie einem Fingerdruck nachgeben. Dann läßt man die Früchte abtropfen, schält sie und entfernt das Kernhaus. Das Fruchtfleisch püriert man nun im Mixer.
1 Pfund Quittenmark wird mit
1 Pfund Zucker
unter ständigem Rühren eingekocht, bis sich die Masse vom Topf ablöst und sehr dick ist. Nun gibt man eine Messerspitze Zimt und eine ganz kleine Menge Nelken (höchstens ein Drittel der Zimtmenge) dazu, rührt alles noch einmal gut durch und füllt die Masse entweder in kleine Blechförmchen oder streicht sie zwei Zentimeter dick auf ein kaltes Backblech. Das Ganze läßt man über Nacht trocknen. Die Förmchen können gestürzt und das Quittentörtchen nochmals getrocknet werden. Die trockene Masse auf dem Blech schneidet man in Streifen oder Dreiecke und wälzt diese in Hagelzucker. Auf einem Butterbrotpapier läßt man sie nochmals trocknen.

Klöckeln im Sarntal

Das Klöpfeln ist ein weitverbreiteter Brauch, den man nicht nur in Ober- oder Niederbayern kennt oder gekannt hat. Es gibt ihn auch im Tirolischen und mit am großartigsten habe ich ihn in Südtirol erlebt, im Sarntal, einem Tal, in dem sich Brauch und Tracht am längsten erhalten haben und in dem die Lebensordnung von 1800, 1850 noch vor fünfzig Jahren ihre Gültigkeit gehabt hat. Bald fünfzig Jahre ist es nämlich her, daß ich dort das Klöpfeln erlebt habe, das man da aber Klöckeln nennt, wohl von den Glocken, die die Klöckler tragen: die Kupferblechglocken, die geschmiedeten, die sie an ihren Rucksack hängen, die kleinen Glocken von den Schlittengeschirren der Pferde, bis zu den ganz kleinen Glöckerln, die bei uns den zuckrigen Osterlampeln beim Bäcker und Konditor umgebunden werden und die einmal ein Sarner Klöckler oben in seine Fell-Larve gebunden hat.

Auch in Südtirol gehen die Klöckler nur an den drei Donnerstagen zwischen dem ersten und dem vierten Adventssonntag; wenn zwischen dem vierten Advent und dem Heiligen Abend noch einmal ein Donnerstag fällt, so wird an diesem Donnerstag nicht gelaufen. Klöckeln gehen vor allem die armen Leute, die an diesen drei Donnerstagen Gelegenheit kriegen sollen, ihre Vorräte für Weihnachten etwas zu füllen. Sie gehen in kleinen Gruppen zu zweit, zu dritt, zu viert und singen das Klöckellied, das zwei Teile hat, das eigentliche Klöckellied und anschließend das sogenannte Danklied.

In Südtirol sind das Bauernhaus, also Wohnhaus, Stall und Stadl, nicht unter einem Dach vereinigt wie bei uns, sondern das Wohnhaus steht allein, Stall und Stadel bilden einen eigenen Bau. Beide Bauten stehen mit dem Giebel zum Tal, und was beim Wohnhaus vorne sozusagen Erdgeschoß ist, wird nach rückwärts, dem Hang zu, Keller; was vorne erster Stock ist, wird hangaufwärts Erdgeschoß. Und vorne nun, auf der Giebelseite, stellen sich die Klöckler unter die Stube, um ihr Lied zu singen. Dieser Brauch beginnt erst nach Einbruch der Dunkelheit und endet mit Schlag Mitternacht. Wenn ich vorhin erwähnt habe, daß vor allem die armen Leute Klöckeln gehen, dann muß man gleich dazu sagen, daß die anderen Bergbauern wahrlich auch nicht reich sind. Dazu ist das Leben dort droben zu mühsam und zu hart. Aber zu etwas Mehl oder Schmalz, einem kleinen Stückchen Speck oder Fleisch für die Armen reicht es doch.

Neben kleinen gibt es aber auch große Gruppen, junge Burschen, die Klöckeln gehen, weil es ihnen halt einfach Freude macht. Ein Verheirateter, und mag er noch so jung sein, hat dabei nichts zu suchen. Sie sammeln und suchen vor allem Speckseiten und Würste für das große Fest am Stephanitag, bei dem dann alles gemeinsam, zusammen mit den Gitschen, den Mädchen, in einem rauschenden Fest, mit Verlaub, verfressen wird. Und für diese Menschen, die so einfach und bescheiden, ja armselig leben müssen, ist so ein Fest schon etwas ganz Besonderes.

Als ich damals das Klöckelngehen der Burschen

im Sarntal miterlebt habe, habe ich sogar dabeisein dürfen, wie sich welche »oglegt«, wie sie sich vermummt haben. Da war zum Beispiel der Paul, der älteste Sohn des Bauern. Seine Larve war aus einem Hasenfell, einem weißen Balg, den er sich so umgebunden hat, daß das Hasenschwanzl die Nase war, und damit man dieses Hasenschwanzl auch als eine Nase empfunden hat, hat er es in rote Ölfarbe getaucht. Drauf ein alter, speckiger, schäbiger, arg verbeulter und löchriger Lodenhut, eine verschlissene braune Joppe, wie sie zur Sarner Tracht gehört, und eine alte lange, starrige schwarze Lodenhose, mit Flicken benäht. Schließlich muß ein Klöckler ja zeigen, daß er ein ganz armer Mensch ist, dem man unbedingt etwas schenken muß. Eine mannshohe lange Latte hat er in der Hand gehabt, unten eine alte blaue, angerostete Heringsbüchse draufgenagelt und drei dicke Drähte als Saiten wie auf einer Baßgeige darüber gespannt. Darauf hat er wie ein Wilder gezupft und scheppernd dieses »Instrument« auf den Boden gestoßen. Das war aber nur einer von zwölf, fünfzehn jungen Burschen. Ein anderer hat sich einen ganzen Fuchsbalg über den Kopf gestülpt. Die Vorderläufe hat er wie eine Frisur zu einer

Schleife gebunden, die Hinterläufe sind ihm wie ein doppelter, ein geteilter Vollbart auf die Brust gefallen. Ein dritter hat sich eine Larve aus Katzenfell umgebunden, andere wieder Larven aus alten Stoffresten, und einer hat sich ein ganzes Dachsfell übergestülpt, eine kleine elektrische Lampe oben im offenen Dachsrachen montiert, die Leitung in die Hosentasche zur Batterie geführt und hat dann mit der kleinen Birne blinken können. Zu dieser großen Gruppe von Klöcklern gehören aber noch zwei Gestalten, die bei den armen Leuten, die von Haus zu Haus, von Hof zu Hof gehen, nicht dabei sind, nämlich das Manndele und das Weibili.

Auch das sogenannte Weibili ist natürlich ein Bursch, denn Mädel und Frauen dürfen bei diesem Brauch nicht mitmachen. Was es mit diesen beiden sonderbaren Gestalten auf sich hat und warum sie dabei sind, weiß niemand zu sagen; es ist halt seit Jahr und Tag so gewesen. Warum sie einander durch das Haus, um das Haus, durch den Stall, um den Stall, um Haus und Hof jagen, weiß auch niemand zu beantworten. Es ist eben immer so der Brauch gewesen. Ich weiß auch noch gut, wie so ein »Weibili« zusammengerichtet worden ist. Die Schwester hat dem Bruder die Kittel geliehen; sie hat ihm auch geholfen beim Anlegen, denn mit der Weiberkleidung ist »das Weibili« halt doch nicht so ganz zurecht gekommen. Und wie er ausgeschaut hat, als er fertig war! Was heißt »er«, »sie«, »das«? Das Weibili! Ein weißer Leinenfetzen über das Gesicht gespannt, die Nase und die Backen grob mit roter Farbe aufgemalt. Wo der Mund hingehört, ein Loch in den Leinenlappen geschnitten, so daß in dem bleichweißen Gesicht die echten Lippen glänzen, die echten Zähne blitzen. Drüber sitzt der kleine gelbe Strohhut mit der roten Kordel, wie ihn die Frauen hier im Sommer tragen; an ihm festgemacht ein kunstgerecht geflochtener Zopf aus Werg mit einer

Haarnadel aus einem groben Holzspreißen. Aus den Schlitzen in dem Stofflappen darunter leuchten die Augen. Und dann das Manndele: auch es hat eine Larve vor dem Gesicht, eine schwarze Stofflarve mit einer roten Nase, ähnlich einer gelben Rübe. Dazu trägt er den breitkrempigen, großen schwarzen Hut, wie er zur alten Tracht gehört, dann das rote Hemd, die rote Joppe, zu der man hier noch Hemmad sagt, denn das Hemd heißt man Pfoadl. Dann gehört, mitten im Winter, die schmucklose, schwarze kurze Lederhose dazu und, als Zeichen seiner Würde, der sogenannte Säbel, ganz grob aus Holz geschnitten.

Ist es endlich dunkel geworden, laufen sie alle weg, und weit und lang hört man sie noch schreien, hört man sie auf dem Bockshorn blasen oder aus dem Feuerwehrhorn, hört man die Kuhglocken scheppern und kollern. Zu den großen Klöcklergruppen muß man noch etwas sagen: Auch für sie gilt, was bei den anderen Brauch ist: Das Laufen beginnt mit Einbruch der Dunkelheit und hat um Mitternacht zu enden. Während aber die kleinen Gruppen, die armen Leut, um die Mitternachtsstunde heimgehen, sind die Burschengruppen beim letzten Bauern, zu dem sie laufen, zum Abendessen eingeladen, richtiger gesagt: sie laufen zum Hof des Bauern, der sie eingeladen hat, zuletzt. Dort steht schon die heiße dampfende Suppe mit Nudeln auf dem Tisch, die Sarnerstritzl, die aufgezogenen Schmalznudeln aus Roggenmehl, und zur Feier des Tages sogar Rotwein; und das ist bei einem Bergbauern schon etwas Besonderes; bei ihm wächst er ja nicht, er muß ihn kaufen, wie jeder andere, und das Einkommen eines Bergbauern ist magerer denn mager.

Nun, unsere Klöckler sind also beim Einbruch der Dunkelheit weggelaufen, wir sind im Haus in der Stube, geblieben und im Laufe des Abends sind einzelne Gruppen vorbeigekommen, haben ihr Klöckellied gesungen, haben ihren Speck, ihre Wurst, Mehl oder ein bißl Geld bekommen, haben darauf ihr Danklied gesungen und sind weitergezogen. Als es dann auf Mitternacht zugegangen ist, war das Haus recht voll, die Nachbarn waren gekommen, die Kinder haben aufbleiben dürfen, und das war für sie natürlich das Hochste. Man kann sich leicht vorstellen, wie oft die hinausgelaufen und wie oft sie hereingestürmt sind mit dem Ruf »Jetzt kemmen s'« – und gekommen ist halt nichts. Was sie gehört haben, waren Gruppen drüben auf der anderen Seite des Tales. Endlich sind sie dann aber wirklich gekommen.

Was ich noch vergessen habe zu berichten: Diese letzte große Gruppe, die um Mitternacht zum Essen eingeladen ist, stellt sich nicht vorne an der Giebelseite des Hauses unter die Stube, sondern auf der Längsseite des Hauses vor die Haustür.

Plötzlich sind sie da, die Klöckler! Die Stubentür fliegt auf, Kinder kreischen, das Weibili rennt mit fliegendem Rock zur Tür herein, das Manndele hintennach, das Weibili saust wieder hinaus, das Manndele drischt mit seinem Holzsäbel auf den Stubentisch, daß es knallt, macht kurz kehrt und rennt dem Weibili nach, durch den Hausgang, hin-

aus in die Dunkelheit. Ein paar Klöckler kommen zur Tür herein, aber bis wir lange schauen, sind sie auch schon wieder draußen. Alle, die seit Stunden in der Stube gewartet haben, drängen nach und kommen gerade recht, wie sich die Klöckler im großen Halbkreis aufstellen und mit ihrem Lied beginnen. Von der ersten heiligen Klöckelsnacht singen sie, von der zweiten und von der dritten, vom Herrn Jesus Christus und von Johannes dem Täufer, vom Herrn Jesus Christus, der am Kreuz gestorben ist, der vor das höllische Tor kommt, die Altväter zu befreien: »Heraus, heraus, ihr lieben Altväter mein, von der Sünd und von der höllischen Pein. Sie lagen dadrein gar viertausend Jahr, ja das ist wahr.« Aber man kann sie nur schwer verstehen, denn sie singen in ihrer wilden Vermummung, mit den Larven aus Dachs-, Fuchs- oder Hasenfell vor dem Gesicht.

Das ist das eigentliche Klöckellied. Was nun kommt, ist das sogenannte Danklied, die gleiche monotone Melodie. Vor der Tür, unter der Tür drängen sich die Kinder, die Bauernleut, alle schauen gebannt auf diese wilden Gestalten. Und während sie den ersten Teil des Liedes, wie gesagt, das eigentliche Klöckellied, singen, jagt das Manndele das Weibili durch das Haus, um das Haus, durch den Stall, um den ganzen Hof, über den Tennenboden, wieder durch den Stall und ums Haus, immer das Weibili voraus, das Manndele hintennach. Erst wenn es heißt: »... so gehn halt mir Klöckler mit Freuden a weg!«, ist es mit dieser Jagd zu End. Dann stehen das Manndele und das Weibili mit dabei.

Früher, das ist aber ganz abgekommen, früher haben in diesem Augenblick der Bauer oder die Bäuerin die Klöckler aussingen dürfen in Gstanzl- form. Daraufhin war der Anführer der Klöckler gezwungen, mit einem Gstanzl sinnvoll zu ant- worten. Hat er das können, hat der Bauer oder die Bäuerin wieder in Gstanzlform antworten müs-

sen. Das ist so lang hin und her gegangen, bis einer hängengeblieben ist. Waren es die Klöckler, haben sie nichts bekommen und leer heimgehen müs- sen; war es der Bauer oder die Bäuerin, haben die Klöckler um einiges mehr kriegen müssen, als es sonst üblich war. Und nun also singen die Klöck- ler das sogenannte Danklied, den zweiten Teil. Dazu muß man sich vorstellen, wie sie vor der Haustür stehen, mit ihren wilden Larven und in ihrer unheimlichen Aufmachung. Manndele und Weibili sind dabei; sie stehen aber nicht mehr im Halbkreis, sondern in einem geschlossenen Kreis. Das Ganze beleuchtet von einer schwachen elek- trischen Lampe über der Haustüre. »... und was wir euch wünschen, sell werde schon wahr!« Das Lied ist aus und alles zwängt sich in den Haus- gang, in die gut geheizte Stube. Die Zuschauer sind jetzt hungrig und die Klöckler erst recht, denn sie sind ja stundenlang gelaufen. Um fünf Uhr am Nachmittag sind sie weg und jetzt ist es gut Mitternacht. Die Schüssel mit der dampfen- den Suppe, mit den Nudeln und den Speck- bröckerln steht auf dem Tisch, die in Schmalz gebackenen roggenen Stritzeln und der rote Wein. Die Rede »Kathrein stellt den Tanz ein« gilt auch

für Südtirol, für das Sarntal. Aber an dem Tag, an dem die Klöckler kommen, darf in dem Haus, in dem sie um Mitternacht einkehren, getanzt werden – nur hier und nirgends sonst. Es ist also genau wie bei den Buttmanndln im Berchtesgadener Land auch.

Und wie ist das damals in der Stube in Unterreinswald zugegangen! Mit Klarinetten und Ziehharmonika und Gitarren haben sie aufgespielt. Der erste Tanz hat dem Manndele und Weibili gebührt, wild haben sie sich im Kreis gedreht. Dann haben die Klöckler miteinander getanzt oder mit den Gitschen, mit den Mädeln, die in der Stube waren, die sie sich aus den Zuschauern herausgeholt haben; es war ein Stoßen in der engen Stube, ein Trampeln, ein Stampfen und Wirbeln, und fast alle haben links herum getanzt. Die Kinder haben sich schreiend auf die Liegerstatt über dem Ofen geflüchtet und die Erwachsenen sind auf der langen Bank den Stubenwänden entlang und rund um den Ofen gesessen oder haben sich unter die Tür gezwängt. So geht es stundenlang dahin, aber ehe es hell wird, mussen die Klöckler wieder daheim sein. Und am nächsten und übernächsten Donnerstag werden sie wieder laufen.

Am Stephanitag, am zweiten Weihnachtsfeiertag, kommen dann die Klöckler zusammen, in irgendeinem Bauernhof, wo nette junge Gitschen, junge Mädel, daheim sind. Dort ist dann ein großes Fest, das sogenannte »Klöckelwürschtsiadn«. Es wird dann getanzt und getrunken und all das aufgegessen, was die Klöckler in den drei Klöckelsnächten zusammengebettelt und bekommen haben.

P. E. R.

Wer klopfet an?

♩ = 72.

Wer klo-pfet an? »O zwei gar ar-me Leut.« Was wollt ihr dann? »O gebt uns Her-berg heut! O durch Gottes Lieb wir bit-ten, öff-net uns doch Eu-re Hüt-ten!« O nein, nein, nein! »O las-set uns doch ein!« Es kann nicht sein! »Wir wol-len dank-bar sein.« Nein, es kann einmal nicht sein, da geht nur fort! ihr kommt nicht ein.

71

1.

WIRT
Wer klopfet an?
MARIA UND JOSEPH
»O zwei gar arme Leut.«
WIRT
Was wollt ihr dann?
MARIA UND JOSEPH
»O gebt uns Herberg heut!
O durch Gottes Lieb wir bitten,
Öffnet uns doch Eure Hütten!«
WIRT
O nein, nein, nein!
MARIA UND JOSEPH
»O lasset uns doch ein!«
WIRT
Es kann nicht sein.
MARIA UND JOSEPH
»Wir wollen dankbar sein.«
WIRT
Nein, es kann einmal nicht sein.
Da geht nur fort! Ihr kommt nicht ein.

2.

ZWEITER WIRT
Wer vor der Tür?
MARIA UND JOSEPH
»Ein Weib mit ihrem Mann.«
Was wollt denn ihr?
»Hört unser Bitten an!
Lasset heut bei Euch uns wohnen!
Gott wird Euch schon alles lohnen.«
Was zahlt ihr mir?
»Kein Geld besitzen wir.«
Dann geht von hier!
»O öffnet uns die Tür!«
Ei macht mir kein Ungestüm!
Da packt euch, geht wo anders hin!

3.

DRITTER WIRT
Wer da noch heut?
»O Lieber, komm heraus!«
Seid Bettelleut?
»O öffnet uns das Haus!
Freund, ach habt mit uns Erbarmen,
Einen Winkel gönnt uns Armen!«
Da ist nichts leer.
»So weit gehn wir heut her!«
Ich kann nicht mehr.
»O lieber Gott und Herr!«
Ei, die Bettelsprach führt ihr?
Ich kenn sie schon. Geht nur von mir!

4.

VIERTER WIRT
Was weinet ihr?
»Vor Kält erstarren wir.«
Wer kann dafür?
»O gebt uns doch Quartier!
Überall sind wir verstoßen,
Jedes Tor ist uns geschlossen!«
So bleibt halt drauß!
»O öffnet uns das Haus!«
Da wird nichts draus.
»Zeigt uns ein andres Haus!«
Dort geht hin zur nächsten Tür!
Ich hab nicht Platz. Geht nur von hier!

5.

FÜNFTER WIRT
Ihr kommt zu spät.
»So heißt es überall!«
Da geht nur, geht!
»O Freund, nur heut einmal!
Morgen wird der Heiland kommen;
Dieser liebt und lohnt die Frommen.«
Liegt mir nichts dran.
»Seht unser Elend an!«
Geht mich nichts an.
»Habt Mitleid, lieber Mann!«

Schweigt nur gleich, laßt mich in Ruh!
Da geht! Ich schließ die Türe zu.
6.
SECHSTER WIRT
Da geht nur fort!
»O Freund, wohin? Wo aus?«
Ein Viehstall dort!
»Geh, Joseph, nur hinaus!
O mein Kind, nach Gottes Willen
Mußt du schon die Armut fühlen!«
Jetzt packt euch fort!
»O, dies sind harte Wort!«
Zum Viehstall dort!
»O wohl ein schlechter Ort!«
Ei, der Ort ist gut für euch;
Ihr braucht nicht viel. Da geht nur gleich!
7.
(BASSO:)
Komm, Sünder her!

(SOPRANI:)
»Jetzt, Sünder, hör mich an!«
(BASSO:)
Ja komm nur her!
(SOPRANI:)
»Und sieh, was du getan!
Du hast Jesum so verstoßen,
Hast ihm jede Tür verschlossen.«
(BASSO:)
Jetzt, Sünder, wein'!
(SOPRANI:)
»O sieh, das Jesulein –«
(BASSO:)
Muß jetzt, o Pein,
(SOPRANI:)
»In kalten Stalle drein.«
(BASSO:)
O wie grausam ist die Sünd,
Die so verstoßt das beste Kind!

Punsch rot

1 l Rotwein	Pimente
Saft von 4 Orangen	Zimtstange
schwarzer Tee	Zitronenschale
einige Nelken	getrockneter Ingwer

Eine Nelke, Pimentkörner, eine zerbrochene Zimtstange, etwas getrockneten Ingwer und die Schale einer ungespritzten Zitrone läßt man in ½ Liter Wasser gut durchkochen. In diese Gewürzlösung gießt man ½ Liter frischen schwarzen Tee. Dazu gibt man den Saft von vier Orangen und einen Liter Rotwein. Der Punsch darf nun nicht mehr kochen. Man seiht ihn ab und reicht ihn warm oder kalt. Zucker nach Geschmack.

Zinnfiguren

»Es waren einmal fünfundzwanzig Zinnsoldaten, die waren alle Brüder, denn sie waren von einem alten zinnernen Löffel geboren worden. Das Gewehr hielten sie im Arm und das Gesicht geradeaus; rot und blau, so herrlich war ihre Uniform. Als der Deckel von der Schachtel abgenommen wurde, in der sie lagen, war das allererste Wort, das sie in der Welt hörten: ›Zinnsoldaten!‹. Das rief ein kleiner Knabe und klatschte in die Hände. Er hatte sie bekommen, denn es war sein Geburtstag und er stellte sie nun auf dem Tische auf. Der eine Soldat glich leibhaftig dem andern, nur ein einziger war etwas verschieden; er hatte nur ein Bein, denn er war zuletzt gegossen worden, und es war nicht mehr genug Zinn da, doch stand er ebenso fest auf seinem einen, wie die anderen auf ihren zweien, und gerade er ist es, dem es merkwürdig erging ...«

Nun, es ist hier nicht der Platz zu erzählen, wie merkwürdig es ihm erging, jenem standhaften Zinnsoldaten im Märchen des Hanns Christian Andersen. Das ist nur eine Anregung, dieses Märchen einmal zu lesen. Aber dieses Märchen sagt immerhin eines, daß nämlich im Jahr 1838, in dem es erschienen ist, der Zinnsoldat längst schon zu einem begehrten Spielzeug, gar zu einem blühenden Exportartikel geworden war.

Wie ich ein Bub war, habe ich Zinnsoldaten gesammelt und ich erinnere mich noch gut an den alten Laden des Zinngießers Mory in München um 1930 am Promenadeplatz, neben dem Durchgang zur Löwengrube. Da waren im Schaufenster Hunderte und Tausende von Zinnsoldaten zu sehen, und ich hab mir am Schaufenster entsprechend die Nase plattgedrückt. Als ich mit Zinnfiguren gespielt habe, waren sie bereits fast ein bißchen stillos in kleine Pappschachteln abgepackt und nicht mehr, wie zu Vaters oder Großvaters Zeiten, in den köstlichen alten, hölzernen Spanschachteln. Ein kleines aufgeklebtes Etikett, beschrieben mit zierlicher Schrift, verriet den Inhalt eines solchen Schachterls. Es waren immer zehn Reiter oder 20 Fußsoldaten, 16 Artilleristen und zwei Kanonen, oder 18 Infanteristen und ein Fahnenträger. Fein säuberlich bemalt war jede Figur und eine Mark und zehn Pfennig hat so eine Packung gekostet.

Die Ahnenreihe der Zinnfigur, des Zinnsoldaten, ist etwas lückenhaft. Man hört von ihm im römischen Altertum; in einem Pariser Museum ist eine sieben Zentimeter hohe Reiterfigur, ein Ritter aus dem 13. Jahrhundert, erhalten, und von Nürnberger Zinngießern kennt man eine Zunftordnung, die erklärt, daß es ausschließlich ihnen vorbehalten ist, »Kindswerk« zu gießen. Die erste schriftliche Notiz, die wir von solchen kleinen Figürchen besitzen, bezieht sich auf eine Miniaturarmee von Soldaten, mit denen Ludwig XIII., der als Kind den französischen Thron bestieg, spielte. Damals waren diese »petits hommes de plomb« – diese kleinen Männchen aus Blei – ganz besondere Kostbarkeiten, ein königliches Spielzeug. Ein halbes Jahrhundert später hat der Sonnenkönig Ludwig XIV. eine kleine Armee solcher

Figuren aus Silber für seinen Sohn bestellt. Colbert, der Minister des Königs, hat sich mit dieser Bestellung 1662 nach Nürnberg gewandt. Dieser Auftrag, der damals nach Nürnberg kommt, ist der erste seiner Art. Der Silberziseleur Jacob Wolrab liefert diese Figuren, er arbeitet mit dem Mechaniker Hautsch zusammen, der für diese kleinen Soldaten zudem kunstvolle Mechanismen erfindet. Diese etwa handgroßen silbernen Männlein können – so erzählt ein zeitgenössischer Bericht – das Gewehr senken, in Anschlag bringen und Feuer geben. Leider ist nicht ein einziger dieser silbernen Soldaten so standhaft gewesen, daß er sich in unsere Zeiten hätte herüberretten können.

Die lückenlose »Familiengeschichte« des standhaften Zinnsoldaten fängt erst um die Mitte des 18. Jahrhunderts an. Ihr bedeutendster Meister ist Johann Hilpert in Nürnberg. Berühmt sind seine Figuren wie etwa die Eislaufszene, die Affen oder das Schachspiel. Seine Figuren sind größer als die, die uns heute bekannt sind. Aber sie sind handlich genug und deshalb ein beliebtes Spielzeug.

Die Familie Hilpert bleibt mit der Herstellung von Zinnfiguren nicht lang allein. Da tauchen bald im benachbarten Fürth die Werkstätten von Allgeyer und Lorenz, in Hannover die von Dubois und

Tarberger auf. Der Zinnsoldat wird auf einmal populär, der Absatz wird so stark, daß die Hersteller zur Großproduktion übergehen. Aus den kleinen Handwerksbetrieben werden so in den dreißiger Jahren des vorigen Jahrhunderts kleine Fabriken; Fabriken allerdings, die ihre Ware nicht mit Maschinen herstellen. Manufakturen sind es eigentlich, Offizinen heißt man sie, und ihre Waren füllen sie in Spanschachteln ab, um sie nach dem Gewicht pfundweise zu verkaufen. Trotzdem gehören diese kleinen Figuren nicht zur Massenware, denn zum einen gibt es da nicht nur Soldaten, sondern auch Jahrmärkte und Reitjagden, Zirkusszenen, eine Fronleichnamsprozession, die erste Eisenbahn, Ritterszenen, eine Reise ins Gebirge, Adam und Eva im Paradies, einen Bauernhof oder Wallensteins Lager, eine Parade der Bergknappen, Beduinen, Karawanen, Indianer, Trapper usw. usw. Die Liste ließe sich noch lange fortsetzen. Zum zweiten ist dieses bemerkenswert vielseitige, zum Teil auch belehrende Figurenarsenal manchmal von bekannten Künstlern entworfen, von den besten Graveuren in Schiefer geschnitten, mit Sorgfalt gegossen und geputzt und liebevoll bis ins Kleinste bemalt.

In jener Zeit um 1830 wird auch die Firma Heinrichsen in Nürnberg gegründet, jene Offizin, die für Generationen von Buben die Zinnsoldaten hergestellt hat, bei der der Kaiser von Rußland, Zar Nikolaus I., für seinen ältesten Sohn, den Zarewitsch, eigens den Trojanischen Krieg in Auftrag gegeben hat, als Spielzeug zur Vermittlung humanistischer Bildung. Daß solche Figuren schon damals nicht ausschließlich Kinderspielzeug waren, sondern auch Sammelgut für den Erwachsenen, mag man an der Bestellung des gleichen Zaren im Jahr 1855, ebenfalls bei der »Zinncomposition-Figuren-Fabrik Ernst Heinrichsen in Nürnberg« sehen. Dort wird nämlich die gesamte russische Garde zahlen- und uniformgetreu entworfen, in Formen geschnitten, gegossen und bemalt.

Wir können uns heute gar nicht mehr so recht vorstellen, wie es in solchen Werkstätten ausgesehen hat. Es sind, schon bedingt durch die Arbeit, rußige Buden. Und hier sitzen die Zinngießer um kleine Schmelzöfen, gegen die Ofenhitze durch große lederne Schürzen geschützt, in der einen, von einem dicken Handschuh geschützten Hand die Form, in der anderen den Gußlöffel mit dem silbrig glänzenden flüssigen Zinn. Vorne auf einem Tisch liegt ein Stapel von Schieferformen. Der Gießer muß nämlich die Form immer wieder wechseln. Sie muß gut warm sein, damit das Zinn in der Form auch ausläuft, aber sie darf nicht zu heiß werden, weil sie sonst zerspringt. Eine Form besteht übrigens immer aus zwei Schiefertafeln, die sich ergänzen. In die eine ist die vordere Seite der Figur graviert, in die andere die Rückseite.

Wenn dann die Figuren sauber geputzt waren, sind sie zu den Frauen gekommen, die sie bemalt haben. Auf einem linealähnlichen Holz ist eine lange Reihe gleicher Figuren festgeklemmt worden, meist zwischen zwei Drähten, die der Länge nach über diese Latte gespannt waren und die Figuren an ihren Bodenplättchen gehalten haben. Dann sind diese Figürl bemalt worden, und zwar immer nur mit einer Farbe. Jede der Malerinnen hat nur eine Farbe und einen Pinsel gehabt und das Brettchen mit den Figuren ist von einer Hand zur anderen gegangen, bis dann von besonders geschickten Fingern die Gesichter gemalt worden sind. Das war für die Menschen, die dies tun haben müssen, eine trostlos eintönige Arbeit, Tag für Tag, Frühjahr, Sommer, Herbst und Winter. Wie sollte man die Mengen um Weihnachten sonst herbringen? Dabei aber mußten die Menschen froh sein, daß sie mit dieser Arbeit ihr Brot verdienen konnten.

Von diesen Millionen Zinnfiguren sind nicht viele geblieben. In Kinderstuben sind sie zerspielt worden. Wenn nicht in einer Generation, dann in zwei oder drei. Als mir mein Vater die Zinnfiguren gegeben hat, mit denen sein Vater und auch er selber gespielt haben, und als ich die seit Generatio-

nen immer wieder verbogenen und gerade gebogenen Köpfe und Gewehre auch gerade biegen hab wollen, da sind sie doch endlich abgebrochen, weil nicht einmal Zinn diese Prozedur auf die Dauer aushält. Meinen Vater höre ich aber noch heute sagen: »Ich weiß nicht, jetzt hat mein Vater damit gespielt, ich hab damit gespielt, kaum aber gibt man dir etwas in die Hand, ist es kaputt.« *P. E. R.*

Mir send halt frische Klöpfelleut

Mir send halt frische Klöpfelleut,
Des sechts uns an am G'wand;
Mir scheuchent aa koa Obrigkeit,
Durchstroafent 's ganze Land.

Wenn uns der große Mann net gaab,
Vowurf mar unsre Klöpfelstab;
Es trägg aso vo Haus zu Haus
Koa Glasel Brandwei aus.

Hoppelpoppel

4 Eidotter
65 g Zucker
4 Eßlöffel Arrak

Die Eidotter und der Zucker werden so lange schaumig gerührt bis sie dicklich werden, nun rührt man 4 Eßlöffel Arrak daran und quirlt ¼ Liter siedendes Wasser in die Masse. Wenn es schäumt, füllt man das Getränk in Gläser und reicht es warm.

Das Leben und Leiden der heiligen Jungfrauen und Märtyrin Luciä
so geschehen um anno 304

Die heilige Jungfrau Lucia war zu Syracus in Sizilien von reichen und edlen Eltern geboren. Nach dem Tod ihres Vaters versprach sie wider ihren Willen die Mutter einem edlen heidnischen Jüngling. Sie aber wollte ihm nicht zusagen, sondern schob von Tag zu Tag die Hochzeit auf, und teilte ihr Hab und Gut alles den Bettlern aus. Als ihr Bräutigam sah, daß sie all ihr Hab und Gut unter die Bettler austeilte, ergrimmt er höchlich, und da er verstand, daß sie eine Christin wäre, veränderte sich all seine Lieb in Haß und Rachgierigkeit. Er verklagte sie beim Richter Paschasio als eine Zauberin und Feindin des römischen Reiches. Der Landpfleger ließ sie freundlich zu sich berufen, und ermahnte sie, von dem abergläubischen Wesen der Christen abzulassen. Die heilige Lucia sprach: Ich hab in diesen drei Jahren nichts anderes getan, als dem lebendigen Gott geopfert. Dieweil nun aber nichts mehr zu opfern übrig ist, so gebe ich mich selbst Gott dem Herrn zum lebendigen Opfer hin. Da sprach der Landpfleger: Diese Worte kannst du jedwedem Christen erzählen, mir aber, der ich der Fürsten Befehl beobachte, werden sie vergebens gesagt. Die heilige Lucia aber sprach: Du beobachtest die Gebote der Fürsten, und ich die Gebote des höchsten Gottes. Du fürchtest die Fürsten und ich fürchte Gott. Du willst die Fürsten nicht erzürnen, und ich will Gott nicht erzürnen. Diese herzhafte Rede geht dem Landpfleger also zu Herzen, daß er die heilige Jungfrau eine Ver-

schwenderin ihrer Güter, eine unsinnige Person, und was der Zorn ihm in den Mund gab, schalt und nannte. Die heilige Lucia sprach: Mein väterliches Erbteil hab ich an einen sicheren Ort getan. Ich hab aber die Schänder weder zu meinem Leib, noch zu meiner Seel gelassen, als wie ihr seid. Denn ihr ratet den Menschen, sie sollen Hurerei treiben, ihren Erschaffer verlassen und dem Teufel folgen.

Über diese Worte ergrimmte Paschasius, und sprach: Die Wort werden aufhören, wann es zu Streichen kommen wird. Die H. Lucia sagt: Die Wort Gottes können denjenigen nicht ermangeln, so Tempel des heiligen Geistes sind; gleichwie all die, so keusch und rein leben, ein Tempel des heiligen Geistes sind. Da sprach Paschasius: Ich will dich in das Frauen-Haus führen lassen, damit der heilige Geist von dir fliehe. St. Lucia sagte: Wann du schon mich nötigst, den Götzen zu opfern, so fragt Gott der Herr nichts darnach. Er urteilt nach dem Willen: Und wann die Keuschheit Gewalt erduldet, so leidet sie es als wie einer, so von einem Mörder überfallen, und gezwungen wird. Solltest du mich dann wider meinen Willen schänden lassen, so wird mir die Keuschheit eine zweifache Kron erwerben.

Als der gottlose Richter diese Worte hörte, ergrimmte er über alle Maßen und befahl, die heilige Jungfrau Lucia ins Huren-Haus zu führen. Solches ward in der ganzen Stadt kund und es versammelte sich eine große Menge unverschämter Gesellen, so sich einbildeten, sie würden diese zarte Jungfrau besitzen können. Die Henker warfen ihr starke Stricke um den Leib und wollten sie von dem Platz hinwegziehen, aber es war keine Möglichkeit, sie von dem Platz zu bringen. Die Schergen spannten Ochsen und Pferd an, und wollten sie von dem Ort bewegen. Es war aber alles vergebens, weil die Allmacht Gottes sie unbeweglich gemacht hatte. Der Landpfleger hielt das für eitle Zauberei und ließ etliche Schwarzkünstler kommen, so die vermeintliche Zauberei auflösen sollten. Als aber auch diese durch ihre Beschwörung nichts ausrichten konnten, fing er an wie ein bissiger Hund zu wüten und zu toben, dieweil er mußte von einer zarten Jungfrau überwunden sein. St. Lucia aber sagte: Es ist keine Zauberei noch höllische Gewalttätigkeit, so mich unbeweglich macht, sondern der Geist Gottes, so in meiner Seel wohnet, kann mir solches Gewicht und Stärke geben, daß mich auch die ganze Welt nicht wird bewegen können.

Als Paschasius diese Worte hörte, ließ er ein

großes Feuer um die heilige Jungfrau machen. Die Flamm schlug zwar in die Höhe und gab einen schwarzen Rauch von sich. Die heilige Jungfrau aber blieb so unbeweglich stehen, als wenn sie lauter Rosen unter und um sich hätte und sprach zum Tyrannen: Ich habe meinen Herrn Jesum Christum gebeten, daß dies Feuer nicht über mich herrschen sollte, auf daß diejenigen, die an Christum glauben, deiner spotten sollten.

Auf diese Worte hin ergrimmte der boshafte Richter desto heftiger und gab einem seiner Schergen Befehl, die heilige Braut Christi umzubringen. Der Scharfrichter ergriff sein Schwert, stach die heilige Jungfrau durch den Hals, und sie fing an zu beiden Seiten der gemachten Wunden heftig zu bluten. Der Stich war zwar tödlich, Gott aber erhielt sie auf wunderbarliche Weis beim Leben. Sie wendete sich in den Flammen zu den Christen und sprach: Ich verkündige euch, daß der Fried der Kirchen Gottes sei widerfahren, nachdem Diokletian das Kaisertum aufgegeben, und Maximinianus an dem heutigen Tag gestorben ist. Und gleich wie die Stadt Carana meine Schwester, die heilige Agatha, zu ihrer Patronin hat, also wisset, daß mich der Herr dieser Stadt zur Patronin gegeben, wofern ihr nach seinem göttlichen Willen tut, und seinen Glauben annehmt.

Die heilige Märtyrerin hat diese Worte noch nicht ausgeredet, siehe, da kam die Rache Gottes über den blutgierigen Landpfleger Paschasium. Denn die Sicilianer legten Hand an ihn, als einem Mörder und Räuber selbiger gantzen Provinz. Sie führten ihn schimpflich gebunden vor die heilige Luciam, und sie gab nicht lang darnach in die Händ des Herrn ihren Geist auf. Paschasius ward nach Rom als ein Missethäter geliefert, allwo er in den Kerker geworfen, und als eine Pest des Volkes hingerichtet wurde. Der Leichnam der heiligen Luciae ward zu Syracus von den Gläubigen begraben, allwo hernach unter ihrem Namen zwei schöne Tempel aufgerichtet wurden, so noch bis auf den heutigen Tag stehen. Allda haben ihre Heiligen Reliquien viele Jahre geruht, und Gott durch ihre glorwürdige Fürbitt den Gläubigen viele Gnaden verliehen. Von dannen hat man sie nach Constantinopel, und letztlich nach Venedig erhebt, allwo sie von dem andächtigen Volk in gebührenden Ehren gehalten werden. *Martin von Cochem*

Auf, ihr Hirten, tut erwachen

1.
ENGEL
Auf, ihr Hirten, tut erwachen
Und erhöret neue Sachen,
Ihr in Einfalt liebe Leut!
Du angenehmes Hirtenleben,
Die ihr heut glückselig seid,
Auf, vom Schlaf tut euch erheben!
HIRTEN
Potztausend, wer draußt is und laßt uns koan Fried!
Mir san scho schlaffen in unsara Hütt.
Heb di bald weida und laß uns a Ruah!
Wann i muaß aufsteh, gib Achtung, mei Bua!
Aft schau zua!

2.
ENGEL
Laßt euch, Hirten, nicht erschrecken,
Daß ich heut euch tu aufwecken!
Weilen ihr die ersten seid,

Macht euch auf, verlaßt die Herden!
Ich verkünd euch große Freud;
Alles muß heut fröhlich werden.
HIRTEN
Potztausend, Moisel, iaz schaun ma, was g'schiacht!
Ist ja a Lärma daußt und so helliacht;
Springant aa d' Lampi, vor Freud gebn s' koan Fried;
Vestl, laaf g'schwind zum Davidl seina Hütt,
Saam di nit!

3.
ENGEL
Ehre sei Gott in der Höhe,
Fried den Menschn auf Erd geschehe,
Die von gutem Willen sein!
Gott ist auf die Welt gekommen
Als ein kleines Kindelein
Und hat Fleisch an sich genommen.

HIRTEN

Gelts, meine Nachbarn, iaz hammas wohl g'hört!
Wann das Ding wahr is, werd Alles vokehrt.
Tod und da Teixel werd maachti ang'stößt,
Mir und d' Altvadda wern allsam dalöst.
Nur getröst't!

4.

ENGEL

Ja, ihr Hirten, wahre Reden!
Höll und Teufel wird zertreten,
Von dem Tod seid ihr erlöst.
Kommet her mit reinem Herzen,
Lebet nur anheut getröst't,
Laßt die Lämmlein lustig scherzen!

HIRTEN

Juheisa, Manna, iaz samma wohlauf,
Habn scho vostandn den ganzen Verlauf!
Geh ma hurti auf Bethlehem g'schwind,
Suachen alldurten das göttliche Kind!
Bleibts net hint!

5.

ENGEL

Ja, ja, Hirten, nur g'schwind eilet,
Bringt ein Opfer unverweilet!
Ganz demütig er sich zeigt.
Leidt viel Frost im Stall mit Schmerzen,
Als ein Lamm geduldig schweigt,
Liebt die Armut recht von Herzen.

HIRTEN

Jesu, mir ehren dich göttliches Kind,
Weils d' hast genommen von uns weg die Sünd.
Schenk dir a Lampi, a G'wandl, a Bett.
Gelt, alta Vadda, voschmacht eam ja net,
Was i red?

6.

ENGEL

Liebe Hirten, zu Gefallen
Eure Stimme laßt erschallen,
Lobt das kleine Jesulein!
Der da liegt auf bloßer Erden
Zwischen Ochs und Eselein,
Dem soll Alles dienstbar werden.

HIRTEN

So lobt den Herren all, Regen und Tau!
Preiset Maria, die reine Jungfrau,
Die uns geboren das Heil auf die Welt!
Lobet den Herren, der Alles bestellt,
Hitze und Kält!

7.

Lobet den Herren, ihr Donner und Blitz,
Schnee und Eis, Tag und Nacht, Feuer und Hitz!
Zeiget euch dienstbar, ihr Sonn, Mond und Stern!
Ihr Geister Gottes, kommt eilends von fern,
Preist den Herrn!

8.

Lobet den Herren nur, alles was lebt!
Ihr Wässer, die ihr ob dem Himmel schwebt,
Danket dem Schöpfer des Himmels und Erd!
Der uns das Leid hat in Freuden verkehrt,
Ist's wohl wert.

9.

O kleines Jesulein, göttliches Kind,
Wir bitten dich: ach verzeih unser Sünd!
Wann wir in Zügen sein, stehe uns bei!
Gib deine Gnade uns Hirten all drei,
Wahre Reu!

Vom Luzia-Brauch im Bayerischen Wald

Die Dezembermitte bringt dem Jahr die längsten Nächte, in denen die Finsternis Herrschaft gewinnt über die Kraft des Lichtes. Diese düstere Zeit dachten sich unsere Altvordern erfüllt und bedroht von dem Walten böser Geister, der Dämonen, die sich bei ihnen zu bestimmten Schreckgestalten verkörperten. Einige von ihnen haben zwar längst christlichen Heiligen weichen müssen, aber ihr Auftreten und der mit ihnen verknüpfte Glaube und Brauch lassen noch heute deutlich Ursprung und Wesenszüge der vorchristlichen Zeit erkennen.

So führen unser volkstümlicher hl. Nikolaus, sein wilder Begleiter Klaubauf, Krampus oder Knecht Ruprecht, die gefürchtete Luzia und der blutige Thomas ihr Urbild zurück auf heidnische Anschauungen und Gepflogenheiten.

Der »bluatige Thamerl« wird zwar immer seltener. Noch häufig aber läßt sich am Vorabend des 13. Dezember die böse und grausame Luzia sehen, die überall eine andere Verkleidung und ein anderes Gebaren zeigt. Sie stattet meist nur bäuerlichen Orten ihren Besuch ab. Um Osterhofen trägt die unholde Frau einen blutroten Mantel und einen spitzen Hut. In Tettenweis im Rottal hüllt sie sich in Stroh und fuchtelt drohend mit einem Mordsmesser in der Luft herum. Im Vilstal trägt sie einen Teller, auf dem ein leibhaftiges blutiges Menschenhaupt liegt. In der Gegend von Landau wetzt sie vor den Kindern lang und laut das Riesenmesser und wirft die Unartigen ohne langes Federlesens in den Isarfluß. Bei Eisenstein im Böhmerwald bringt sie ein leeres Schwingerl mit, eine Art Korb, darin sie die Gedärme unfolgsamer Kinder sammeln möchte. Mit einer blutigen Sichel schlitzt sie ihnen den Bauch auf, um ihn, wenn die Gedärme herausgerissen sind, mit Kieselsteinen zu füllen und dann zuzunähen. Wenn sie sich ent-fernt, jubelt sie voll Schadenfreude: »Schwingerl voll Darm! Schwingerl voll Darm!« Bei uns zu Bischofsmais im Hirmonsland trägt sie lange weiße Kleider, einen roten und einen weißen Strumpf und die Sichel, die sie fleißig wetzt. Auch unseren Kindern will sie den Bauch aufschneiden. In der Gegend der kleinen Waldstadt Grafenau offenbart die Luzia einen geradezu wollüstig-grausamen Zug. Dort kriecht sie gleich auf allen vieren in die abendliche Stube und ist mit einem Trumm Stecken bewaffnet, den ungezogene Kinder ordentlich zu spüren bekommen. Lügnerischen Kindern schabt sie mit einem Glasscherben die Zunge, völlig ungezogen sogar die ganze Haut ab. Die ganz Mißratenen zerrt sie dann auch noch ein gutes Stück mit hinaus in die stockfinstere Nacht.

In manchen Gegenden des nahen Böhmerwaldes nimmt die Luzia die Gestalt einer wilden Geiß oder eines anderen Untiers mit Vogelkopf und ungeheurem Schnabel an. Dort hat sie zuweilen auch die unheimliche Habergeiß bei sich … Von der Habergeiß konnten bis heut weder Name noch Bedeutung ergründet werden. Sie gehört zu den dunkelsten und merkwürdigsten Spukgestalten unseres Volksglaubens und spielte einst im wäldlerischen Brauchtum eine beherrschende Rolle.

Am Luzientag hängt auch die Wetterregel: »An Luzia geht der Tag irr.« Das heißt, der Tag bleibt stehen, er ändert sich nicht. Die Luziennacht weist auch zukunftsenthüllende Kraft auf. So ritzt man z. B. in Österreich in die Rinde einer Weide das Luzienkreuz, das die Schicksale des künftigen Jahres anzeigt. Dort feit man sich gegen die böse Luzia durch Ausräucherung des Hofes mit geweihter Kohle und mit Weihrauch. Überall ist die Luzia der Schrecken der Kinder, von denen sie die unguten rügen und strafen will. Wenngleich sie von den Buben und Dirndln, namentlich den kleineren Jahrgängen, mit Angst und Zittern erwartet wird, wollen sie vielerorts nicht mehr recht an sie glauben. Sie lachen und narren das Winterweib aus, äffen es nach und fordern es heraus, indem sie rufen:

Luzia, Luzia,
dei Hemad steht für!
Geh außi, stecks eini,
nachand tanz i mit dir!

Ihr Auftreten belebt die bäuerliche Abendstube, nachdem die Unholde vorher tagelang genannt und den Kindern ihr Kommen angedroht worden war. Für jeden Fall bringt sie dem langen Winterabend willkommene Abwechslung, Erheiterung und düsteren Reiz. Grauenerregendes und Unheimliches hat noch alleweil bei den Menschen seine Anziehungskraft erwiesen.

Der uralte Brauch des Luzienbesuches ist wie das Auftreten des hl. Nikolaus und des blutigen Thomas volkskundlich bedeutsam. Nur das völlig nüchterne Gemüt mag solche Dinge ablehnen. Es wäre schlimm, würde aus unserem Leben alles verschwinden, was über den Alltag und unsere Sinne hinausgeht. Unsere Bauernkinder sind auch nicht so zimperlich, daß sie gleich in die Fraisen fallen, wenn die vermummten Wintergestalten erscheinen. Sie alle möchte der Heimatfreund nicht missen, wünscht aber ihrem Auftreten rechtes Maß, Vorsicht und Zurückhaltung, denn jegliche Entartung ist verwerflich. Aber nicht jeder und namentlich nicht jedes Flegeljahrbürschlein ist berufen, diese Bräuche zu üben. Also auch hier beim Rechten bleiben!

Wie kommt nun die ob ihrer Tugend und Anmut berühmte frühchristliche Jungfrau und Martyrin St. Luzia in den Ruf, eine so unheilige und grausame Rolle zu spielen? St. Luzia, geboren zu Syrakus auf Sizilien, wurde um das Jahr 304 unter dem römischen Kaiser Diokletian wegen ihres Glaubens enthauptet. Die Legende weiß über sie mehr zu berichten als die Geschichte. Am bekanntesten ist folgender Zug ihrer Legende. Die Heilige hat durch ihre außergewöhnliche Schönheit und die reine Glut ihrer Augen die heiße Liebe eines heidnischen Jünglings entfacht. Um sich seiner Leidenschaft zu erwehren, reißt oder schneidet sie sich die Augen aus und läßt sie ihrem Verehrer auf einer Schale überreichen. Aber

nun schenkt die Muttergottes der Heiligen noch schönere Augen. Deshalb ruft man St. Luzia als Patronin der Augen an. Schon seit dem frühen Mittelalter genießt sie die Verehrung der Kirche, die ihren Namen jeden Tag nach der Wandlung im Kanon der Messe nennt.

Der Luzientag galt bis zur Einführung des Gregorianischen Kalenders 1582 als der kürzeste Tag des Jahres, dem die längste Nacht folgte, in der nach dem Glauben der alten Zeit die Dämonen ihre größte Macht entfalten. Anschauungen, die sich in den frühen Zeiten der Menschheit festgesetzt haben, lassen sich nicht leicht ausrotten. Hiefür haben wir in unserem gesamten Brauchtum und in vielen Gepflogenheiten des Alltags eine Fülle von Beispielen, namentlich wir Baiern, die wir unter allen deutschen Stämmen am längsten auf der gleichen Scholle sitzen. Das Volk der Baiern, im wesentlichen noch heute bäuerlich, hängt aber auch am zähesten an seiner alten Sprache und an seinen alten Sitten. In der Zeit der Ausbreitung des Christentums beließ die Kirche in kluger und gütiger Schonung dem Volk ein gut Teil der ihm teuren ererbten Glaubenszüge und Sitten und gab ihnen christliche Deutung und Form. So trat die hoheitsvolle Martyrin St. Luzia an die Stelle einer vorchristlichen frühwinterlichen Schreckgestalt. Drum haften ihr noch heute Unheimlichkeiten an, die einst der längsten Nacht des Jahres eigen waren. Mit dem Luzientag begänne, so wähnte man, das Licht des Tages wieder zu wachsen. Noch heute sagt man bei uns in Bischofsmais: »An Luzia geht der Tag hinfür.« Daß St. Luzia als Lichtbringerin galt, mag teilweise auch ihr Name erklären. Er stammt vom lateinischen Wort lux = Licht, heißt »die Glänzende« und hängt zusammen mit dem Titel des Höllenfürsten Luzifer, der vor seinem Fall der erste Engel und oberste Lichtträger war. Weil der Luzientag die allbelebende Sonne an Kraft wachsen ließ, gab er in vielen Gegenden und Ländern Anlaß zu hoher Festesfreude. Je mehr Üppigkeit dabei gezeigt wurde, desto fruchtbarer würde das kommende Jahr werden, so glaubte man. In Schweden ist noch heute der Luzientag eines der volkstümlichsten Feste des Jahres. Man begeht seinen Anbruch mit reichlichstem Essen und Trinken, mit Musik und Tanz und einer Fülle von Lichtern. Im Mittelpunkt des schwelgerischen, oft tollen Festes steht die Luzienbraut, die auf ihrem Haupt eine Krone mit brennenden Kerzen trägt. Dort gilt die Luziennacht noch heute als Mittwinternacht, die hoch in Ehren gehalten wird.

Max Peinkofer

Die Luzienhäusl von Fürstenfeldbruck

In den Jahren nach dem Zweiten Weltkrieg hat in Fürstenfeldbruck ein Lehrer seinen Buben erzählt, daß es früher üblich war, am 13. Dezember, dem Luzientag, kleine aus Holz gebastelte Lichterhäuschen in die Amper zu setzen und davonschwimmen zu lassen. Es muß im Grund eine Art Flußopfer gewesen sein. Man hat diese Häusl einst wohl in Erinnerung an eine Überschwemmung gemacht und damit sozusagen das eigene Haus aufgeopfert. Man hat sie auf der Amper davonschwimmen lassen, auf daß der Fluß nicht über seine Ufer tritt und das wirkliche Haus verschont bleibt. Von diesen Luzienhäusln erzählen schon die Rechnungen des alten Klosters Fürstenfeldbruck. In den fünfziger Jahren des vorigen Jahrhunderts ist dieser Brauch abgekommen. Davon hat der Lehrer damals im Heimatkundeunterricht seinen Schülern erzählt. Und weil er in dieser Klasse auch den Bastelunterricht gegeben hat, hat er zu ihnen gesagt: »Überlegt euch doch das einmal. Das könnten wir doch wieder einmal machen, das wär doch was! – Wenn ihr Lust dazu habt, dann mach' mas wieder.«

Die Buben haben Lust dazu gehabt, weil der Lehrer sie mit seiner Begeisterung angesteckt hat. Und so ist dieser Brauch wieder von neuem entstanden. Was aber niemand geglaubt hätte: Als der Lehrer versetzt wurde, haben die Buben ihre Häusl trotzdem weiter gebastelt, und längst ist es nicht mehr nur diese eine Klasse, sondern eine ganze Schule, die sich dieses Brauches annimmt. Jedes der Kinder fertigt sein Häuschen aus Pappendeckel oder aus Holz, so gut es eben kann, begabter die einen, ein wenig hilfloser die anderen; vielleicht könnte man auch sagen: fleißiger das eine, das andere nach dem gut bayerischen Prinzip »duat's scho«. Dann werden die Häusl in die Pfarrkirche getragen. Das Wichtigste dabei ist wohl, daß die Kinder am Abend des 13. Dezember nicht nur Zündhölzer dabei haben dürfen, sondern vielmehr haben mussen. Ehe der Geistliche diese Luzienhäusl weiht, nimmt jedes Kind das Dach seines Häusls ab, entzündet darin ein kleines Licht und setzt das Dach wieder drauf. Wenn dann der Geistliche sein Weihegebet spricht, ist in der Kirche das große Licht erloschen und aus hunderten und aberhunderten von kleinen roten, grünen, blauen, gelben Fensterln fällt flackerndes Licht. Die illuminierten Häusl in den Kirchenbänken schauen aus wie eine Reißbrettstadt.

Nach dem Segen durch den Geistlichen, nach dem Gottesdienst, ziehen die Kinder hinunter zur Amper. Dort werden die Lichter von neuem entzündet und die Häusl ins Wasser der Amper gesetzt. Eine ganze Flotte schwimmt da davon, und wenn sich die Luzienhäusln in der Entfernung für das Auge zusammenschieben, sehen sie aus wie eine kleine Stadt.

P. E. R.

Bauernmocken

3 ganze Eier
3 Eiweiß
200 g Zucker
250 g geschälte und gewiegte Mandeln
Zitronenschale

Eier und Eiweiß werden mit dem Zucker schaumig gerührt. Die geschälten und grob gewiegten Mandeln werden mit etwas Zucker auf mäßigem Feuer bräunlich geröstet. Wenn sie kalt sind, mischt man sie mit dem Abgeriebenen einer Zitrone unter die Schaummasse. Nun setzt man davon Haufchen auf ein mit Butter bestrichenes Blech und backt sie bei gelinder Hitze gelb.

Von Puppen

In einem Hausbuch über die Advents- und Weihnachtszeit müssen auch Puppen ihren Platz haben, denn schließlich sind sie auch heute noch das obligate Weihnachtsgeschenk, das für kleine Mädchen am Heiligen Abend unter dem Christbaum liegt. Mag im Bürgerhaus oder im Schloß die reichgekleidete Puppe mit porzellanenem Kopf und Glasaugen daheim gewesen sein, im Bauernhaus die von der Mutter grob aus Lumpen zusammengenähte, eines war allen gemeinsam: Die kleinen Mädchen haben diese ihre Puppen sehr, sehr lieb gehabt.

Wie alt die Puppe ist, wissen wir nicht. Sie ist jedenfalls eine sehr alte Dame, Hunderte von Jahren alt, Jahrtausende. Man möchte glauben, es gäbe sie von dem Augenblick an, als ein kleines Mädchen zum erstenmal Mutter und Kind hat spielen wollen, und einen Stein, ein Stück Holz oder was immer es auch genommen hat, um es als Kind zu behandeln, auf- und niederzulegen, schlicht und einfach zu kindsen. Wann das gewesen sein könnte, werden uns vermutlich nicht einmal die heute so vielgepriesenen Psychologen auf das Jahrtausend oder gar Jahrzehntausend genau sagen können. Max von Boehn hat einmal geschrieben: »… Die Spielpuppe existiert nur da, wo Kultur waltet. Man darf Zweifel darüber Raum geben, ob die Urvölker sie schon kannten.« Dieser Zweifel scheint angebracht, denn er meint, die ältesten Puppen, die man kenne, nämlich die Ahnenfigur und das Idol, seien Gegenstände gewesen, die religiösen und magischen Zwecken gedient haben und von Priestern und Zauberern gehandhabt worden sind: »Alles spricht gegen die Annahme, daß man in Zeiten, die an die mystischen Eigenschaften der künstlichen Menschenfiguren glaubten, Kindern gestattet haben sollte, mit Objekten zu spielen, die für die Erwachsenen von gefährlichen Geheimnissen umgeben waren. Dagegen bleibt die Möglichkeit offen, daß die Figürchen, als der Glaube an sie erlosch und sie ihren Wert für den Ritus einbüßten, den Kindern als Spielzeug überlassen wurden. Aus dem Idol kann sehr wohl im Laufe der Zeit die Spielpuppe geworden sein.« Max von Boehn nennt dafür auch Beispiele wie etwa die Hopi-Indianer. Weitere Beispiele kennt man sogar aus Jahren, die wir der Neuzeit zuordnen. So beklagt sich im Jahre 1544 der Kanonikus Roger Edgeworth von der Kathedrale in Bristol darüber, daß die katholischen Kirchen geplündert wurden und man die Figuren der Madonna und der Heiligen Kindern als Puppen überließe.

Die Spielpuppe ist ohne Frage die jüngste ihrer Schwestern und ist auch nicht über die ganze Welt verbreitet. Ihr Leben beginnt vielmehr dort, wo wir mit einem Volk den Begriff Kultur in Verbindung bringen können, und blüht vor allem dort, wo in einer Kultur das erkennbar wird, was wir mit dem Begriff Zivilisation umschreiben.

Was die Historiker zur Geschichte der Puppe zu sagen wissen, reicht nur in den Bereich überschaubarer Vorgeschichte. Denn weil die Spielpuppen ganz einfach verbraucht worden sind, haben sich nur Puppen in Form von Totenkultfigürchen und Talismanen erhalten. Die berühmtesten Beispiele sind die Talismane von Ushabti, Grabfigurinen der alten Ägypter.

Wenn man nun fragt: Wo sind denn die Puppen von einst geblieben, einige Beispiele wenigstens? Dann könnte man ebenso fragen: Wo sind denn die Kleider, die prächtigen Kostüme, die einst getragen worden sind? Denn so wie die Kleider aufgetragen, sind die Puppen ganz einfach zerspielt worden. Man bedenke nur, wie eine Puppe, von kindlicher Liebe gleichsam zerdrückt, bereits nach wenigen Wochen aussieht. Wie im Großen, so ist es auch hier im Kleinen: Bei den Puppenmüttern gibt es halt vorbildliche und nicht ganz so vorbildliche Hausfrauen – auch hier zwitschern die Jungen genau so, wie die Alten »sungen«. Überleben ja die solidesten Puppen oft nicht einmal zehn oder zwölf strapaziöse Jahre. Wenn es trotzdem hier und dort vereinzelt eine guterhaltene, schöne Puppe gibt, so ist das nur dem Umstand zu verdanken, daß sie zunächst einmal vorsichtig und besonders behutsam behandelt worden ist, und daß sie zum anderen Vater oder Mutter früh genug vor dem rauhen Kinderstubendasein gerettet und bewahrt hat.

Von der Puppe bei uns im alten Europa soll also die Rede sein und da wieder von der Puppe als Spielzeug, als Kinderspielzeug. Diese Einschränkung sei gemacht, weil wir sonst auch die kleinen, gefatschten, gewickelten Christkindl mit ihren wächsernen Köpfen und den funkelnden, gläsernen Augen nennen müßten, oder die Hand- und Schnürlpuppen, die Marionetten und, nicht zu vergessen, die Krippenfiguren, die ja oft genug auch Puppen sind, zum Teil großartig und reich gekleidet wie etwa die berühmten neapolitanischen Hirten, Händler und Könige.

Spielpuppen hat es bereits im alten Griechenland gegeben, ihre Fabrikation war sogar ein weit verbreiteter Berufszweig, den man Koroplastoi nannte. Und natürlich haben auch im alten Rom Mädchen mit Puppen gespielt. Plutarch jedenfalls erzählt von seinem zweijährigen Töchterchen Tomixena, wie es seine Amme bittet, sie solle doch auch ihrer Puppe die Brust geben. Die Mädchen von damals finden auch bereits ein Vergnügen daran, ihren Puppen Kleider zu schneidern. Von Puppen im Mittelalter gibt es zwar keine Originale mehr, dafür aber Hinweise in der Literatur. So werden im sogenannten »Indiculus superstitionum« aus dem 8. oder 9. Jahrhundert Stoffpuppen, »simulacra de pannis«, erwähnt. Der Name für die Puppe war im Althochdeutschen tocha, im Mittelhochdeutschen hat man tocke dazu gesagt. Seit dem 15. Jahrhundert bürgert sich der Name Docke ein, und Geiler von Kaisersberg, der Straßburger Prediger, nennt sie schon Puppen. Man nimmt an, daß der Ausdruck Docke (tocke) soviel bedeutet wie Holzklötzchen. So müßten also die ältesten deutschen Puppen recht hölzerne, primitive Geschöpfe gewesen sein. Die »Tocken« ist sogar in die Dichtung eingegangen. So vergleichen Wilhelm von Österreich, der Südtiroler Min-

nesänger Oswald von Wolkenstein und auch Wolfram von Eschenbach hübsche junge Mädchen gerne mit schönen Tocken, vor allem mit Sommertocken. Neithard von Reuenthal nennt seine Vriderun eine Tocke, Hugo von Langenstein die heilige Martina die himmlische Tocke. Und macht gar die Clara Hätzlein ihrem Unmut gegen aufgeputzte Bauernmädchen Luft, so schimpfte sie auf die Dorftocken. Um 1580 poltert Johann Fischart, der berühmte Satiriker, die Frauen würden sich putzen wie Mädchen ihre Puppen, und im berühmten »Simplizissimus« des Hans Jakob Christoph von Grimmelshausen heißt es keine hundert Jahre später, »sie butzte mich herauß wie eine französische Popp«.

Soweit Puppen erhalten sind, entsprechen sie freilich in keiner Weise den Vorstellungen von besonderer Pracht. Da führt uns der Weg zurück ins dreizehnte Jahrhundert nach Straßburg und ins vierzehnte nach Nürnberg. Dort hat man nämlich Tonfiguren entdeckt, Wickelkinder, Mönche und Damen in mittelalterlichen Gewändern. Wenn man dann allerdings in der wissenschaftlichen Literatur liest, das seien Puppen, das sei Kinderspielzeug gewesen, möchte man doch Zweifel kriegen. Man denke nur daran, wie empfindlich Ton ist. Erst mit dem beginnenden 15. Jahrhundert, 1413, weiß man dann schwarz auf weiß, daß es in Nürnberg einen richtigen Puppenmacher gegeben hat. Ott hat er geheißen. Ein anderer Nürnberger Dockenmacher mit Namen H. Meß macht 1465 von sich reden. Im »Hortus Sanitatis«, einem beliebten Werk der Volksmedizin aus dem Jahre 1491, ist gar ein wahrhaftiger Puppenschnitzer abgebildet und ein Puppenmacher dazu. Auf dem einen Bild kann man genau sehen, wie die Docken ihre Arme und Beine bekommt.

Aber aus der Zeit vor gut 500 Jahren wissen wir noch mehr und vor allem Genaueres über Puppen. Allerdings muß man dabei weit über die bayerischen und deutschen Grenzen hinausgreifen. So weiß man zum Beispiel, daß es unter den Arkaden des Palais de Justice in Paris schon um 1450 Puppen zu kaufen gegeben hat. Sie sind, so heißt es jedenfalls in einem zeitgenössischen Bericht, »reizend und attraktiv gekleidet«. Damals sind vor allem Pariser Puppen berühmt. Sie machen sogar ihren Weg bis in das ferne Bayern. 1571 zum Beispiel bestellt die Herzogin Claudia von Lothringen sechs der schönsten, elegantesten Puppen aus Paris als Geschenk für ihre neugeborene Enkelin an den herzoglichen Hof nach München. Aber so kostbar die Kleider der Puppen damals auch sein mögen, fein und nach dem letzten Stand der Mode ausgeführt, so primitiv sind ihre Körper: ein Bündel Flicken, ein Lederbalg, mit Kleie oder Sägemehl gefüllt, oft ohne Beine, weil man die unter den langen Kleidern ohnedies nicht sehen kann. Im 16. Jahrhundert mehren sich dann die Darstellungen von Puppen: Da sind Jost Amman, Tobias Stimmer und andere, die auf ihren Blättern auch bürgerliches Leben schildern und kleine Mädchen mit ihren Puppen verewigen. Wie verbreitet Puppen waren, mag man auch an einem Ausspruch des schon erwähnten Johann Fischart ablesen: »Was ist Wunder, daß die Weiber so fein wissen mit ihren Ehegetrauten umzugehen, demnach sie es doch von Jugend auf mit Docken und Puppen spilsweis also gewohnen, daß sie nachgehends in der Ehe auch solche Poppenspiel mit ihrem Eheparten üben!« Das Eigenartige ist, daß die Puppen dieser Jahre nicht, wie man meinen möchte, Kinder darstellen, sondern vielmehr Damen, die nach der Mode der Zeit gekleidet waren. So wünscht sich im Jahr 1584 die Margarethe Schleicher, eine kleine Nürnbergerin, als Reisegeschenk eine Puppe, die gekleidet ist wie eine echte Nürnberger Kronbraut, mit dem mächtigen, sonderbaren Kopfputz. 1619 schenkt, ebenfalls in Nürnberg, eine Frau Löffelholz ihren Kindern Puppen, darunter der sieben Jahre alten Barbara eine große Docken und einen »hennsla buben«, ein Hansele, eine männliche Puppe also.

Im 17. Jahrhundert kommt in Deutschland die Wachspuppe auf den Markt. Der Maler, Kunsttheoretiker und Geschichtsschreiber Joachim Sandrart lobt die Puppen aus der Werkstatt von Daniel Neuberger in Augsburg: Sie hielten viel aus, seien hart wie Stein und so vorzüglich koloriert, daß man meinen könnte, sie seien lebendig. Und weil wir schon in Augsburg sind: Die Freie Reichsstadt Augsburg schenkt im Jahr 1632 dem Schwedenkönig Gustav Adolf einen Prachtkunstschrank. Die Stadt bezahlt dafür ihrem Bürger, dem bekannten Erfinder, Kunstagenten und wohlrenommierten Antiquitätenhändler Philipp Hainhofer 6500 Reichstaler. Und Hainhofer stellt in diesen Schrank ein Puppenpaar, einen Kavalier mit Dame, elfeinhalb und neuneinhalb Zentimeter hoch. Die beiden halten sich an der Hand und haben einst tanzen können, ehe den Mechanismus das Zeitliche gesegnet hat. Diesen kostbaren Schrank mitsamt dem köstlichen Puppenpärchen kann man noch heute in Uppsala bewundern. Der gleiche Hainhofer hat übrigens fünfzehn Jahre früher dem Herzog Philipp II. von Pommern einen seiner Kunstschränke verkauft. Auch in ihm waren Puppen, ein ganzer Meierhof voller Puppen, Soldaten, Knechte, Jungfrauen, Boten, Kavaliere, Bauern und Bäuerinnen, auch eine Magd beim Melken und dazu eine Menge Tiere: Rösser und Kühe, Ziegen, Hühner und Enten mit richtigen Federn. Diese Meierhöfe müssen damals ein beliebtes Spielzeug für wohlhabende Erwachsene gewesen sein, denn man weiß, daß so ein Spielzeug die stattliche Summe von 500 bis 800 Gulden gekostet hat und daß Herzog Wilhelm von Bayern solche Spiele den Königinnen von Frankreich und Spanien sowie verschiedenen Erzherzoginnen und anderen Fürstinnen geschenkt hat.

In diesem Zusammenhang sei auch das Puppenhaus genannt, das damals wohl ein Spielzeug für den Erwachsenen war. Es sind zwar nur wenige Stücke erhalten, aber sie befinden sich in einem so guten Zustand, daß sie wohl nie in Kinderhänden gewesen sein dürften. Herzog Albrecht V. läßt sich 1558 ein prächtiges Dockenhaus anfertigen, das er in die Kunstkammer der Münchner Residenz stellt, aber leider nicht mehr erhalten ist. In Nürnberg zeigt 1631 eine Anna Käferlin jedem, der seinen Obolus entrichtet, ein vollständiges Puppenhaus mit Wohnzimmer und Schlafkammer, mit Bibliothek, Rüstkammer und Musikzimmer. Paul von Stetten erzählt 1765 von Augsburger Dockenhäusern, die tausend und mehr Gulden gekostet haben.

Das Dockenmachen war allezeit ein freies Gewerbe, auch wenn sich Puppenmacher Meister nennen, obwohl sie in keiner Zunft zusammengeschlossen sind, ein Gewerbe, an dem sich auch andere Handwerker beteiligen können. So erlaubt der Rat der Freien Reichsstadt Nürnberg am 17. November 1600 der Barbara Beuchin, »Georg Breitners von Bamberg Tochter«, ihre selbst angefertigten Puppen auf dem Markt neben dem Schö-

nen Brunnen feilzuhalten. Hundert Jahre später arbeiten in Nürnberg sechs sogenannte »Meister Dockenmacher«.

Mag der Puppenkörper, im Gegensatz zur Kleidung, über all die Jahrhunderte hin recht einfach gewesen sein, ein mit Kleie oder Sägemehl gefüllter Stoff- oder Lederbalg, und mag es einen wesentlichen Fortschritt bedeutet haben, als die Puppen an Scharnieren bewegliche Arme und Beine bekamen, so treten doch erst im 19. Jahrhundert, wenn man so sagen will, die Technik der Puppe und auch der Puppenmarkt ihren großen Siegeszug an, jagt eine Erfindung die andere. Mit den Möglichkeiten wachsen auch die Ansprüche. Da werden die Lederbälge besser gestopft, mit Tierhaaren oder Seegras, schließlich auch mit Holzwolle, weil die Kleie bei der kleinsten Beschädigung ausgelaufen ist. War es zuerst grobes Leder, so verarbeitet man jetzt dünnes Schafleder; Arme und Füße werden nun aus Porzellan hergestellt und angenäht. Über diese Entwicklung schreibt Max von Boehn: »… Das Papiermaché, dessen Erfindung bald Italien, bald Frankreich zugeschrieben wird, hielt 1810 seinen Einzug in Sonneberg und lieferte durch Guß aus Schwefelformen Puppen von allerdings noch ungeschicktem Körperbau. 1850 ersetzt das Guttapercha den Lederbalg. Die Beweglichkeit der Glieder, die bis dahin nur sehr annähernd erreicht werden konnte, wird durch Einschaltung von Kugelgelenken verbessert, Jumeau & Sohn in Paris erfanden den beweglichen Hals, denn die größte Liebe wurde dem Kopf zugewandt. Der Holzkopf mit dem nur angemalten Haar weicht dem Porzellankopf, das nur anmodellierte Haar einem möglichst täuschenden Ersatz von Flachs, ungezwirnter Seide, dem Mohair der Angoraziege, wenn nicht gar echtem Menschenhaar. Eine förmliche Revolution brachte der Wachskopf hervor, mit Augen aus Glas oder Emaille. 1826 hat man schon Schlafaugen.«

Im gleichen Jahr kommt die erste von selbst laufende Puppe. Dem Erfinder des Metronoms, Mälzl, verdanken die Kinder die erste sprechende Puppe. 1827 meldet er in Paris ein Patent auf eine Puppe an, die Papa und Mama sagen kann, wenn man sie am Arm berührt. – Das alles ist natürlich längst überholt. Heute gibt es kaum etwas, was eine Puppe nicht kann: reden, singen, weinen, sogar die Windeln naß machen.

So richtig ist die Puppe in der Gestalt eines Kleinkindes erst um 1850 zum beliebten Spielzeug geworden. Bis dahin war sie ja vor allem Dame, kein Säugling. Damals kommt der sogenannte »Gelenktäufling« von England her auch in baye-

90

rische Kinderstuben. Die Gelenktäuflinge sind aus Papiermaché, fleischfarben grundiert, in eine Lösung getaucht, um mit Hilfe von Weizenpuder eine dem Menschen ähnliche Haut zu bekommen. Auf der Weltausstellung in Paris, 1855, werden sie einem staunenden Publikum zum erstenmal gezeigt. Von dort weg beginnen sie ihren Siegeszug.

War das Kleiden der Puppen im allgemeinen ein Werk der Mütter und der Kinder selber, in einzelnen Fällen natürlich auch die Arbeit erstklassiger Schneider, so kommen im 19. Jahrhundert Puppen gekleidet auf den Markt. In Deutschland werden sie nach 1870 fabrikmäßig hergestellt und so erlebt die deutsche Puppenindustrie wenige Jahre später einen ungeahnten Aufschwung. Kurz vor dem Ersten Weltkrieg spielen im alten Europa zwei von drei Kindern mit deutschen Puppen, auf der ganzen Welt immerhin noch jedes zweite. In diesen Jahren sorgt der Wettbewerb dafür, daß die Puppen immer komplizierter werden und immer naturalistischer. Die Kinder haben zwar ihr helles Vergnügen daran, aber Künstler und Bildungsbeflissene finden die Puppen, die auf dem Markt sind, entsetzlich kitschig und fühlen sich berufen, bessere zu schaffen. Und weil Preisausschreiben, Wettbewerbe und Ausstellungen ja nicht erst Erfindungen unserer Zeit sind, versucht diese Reformbewegung, die von Münchner Künstlern ausgeht, auf Berlin, Dresden und endlich auch auf Karlsruhe übergreift, Einfluß zu gewinnen. Dabei macht man aber die überraschende Beobachtung, daß die prämiierten Puppen von den Kindern links liegen gelassen werden. Die Versuche, künstlerisch Einfluß auf die Gestaltung von Puppen zu nehmen, haben zwar nicht aufgehört, aber doch erst in unseren Tagen, im Zeichen der Nostalgie, der Rückbesinnung, Erfolg gehabt. Die Puppe ist halt für das Kind gemacht und nicht für den Erwachsenen. Zunächst spielt das Kind mit ihr,

dann aber, nach zwei, drei Generationen, wird das, was das Kind übrig gelassen hat, von den Erwachsenen fast wie besessen gesammelt. Gerade die Weltpuppenverbesserer sammeln voller Vergnügen Puppen, die ihre großväterlichen Avantgardisten um 1910 genau so bitter und erfolglos bekämpft haben, wie sie selber die Puppen unserer Tage. So ist es tröstlich zu wissen, daß auch Puppen unserer Zeit, soweit Kinder sie überleben lassen, einmal liebevoll gesammelt und in Vitrinen gestellt werden – natürlich von den Großen, nicht von den Kleinen! Und ist es dann nicht rührend, wenn man den Puppen ansieht, wie sie geliebt worden sind, die Farbe vom vielen Busseln und Schmeicheln abgeblättert, die Haare vom vielen Kämmen und Zopfen gelichtet? *P. E. R.*

Was machst du da, du steifa Bua

1.

HIRT

Was machst du da, du steifa Bua,
Und tuast net hoamatreibn?
Was gilt's? Es is das Tor scho zua,
Du muaßt heraußen bleibn!
Mei, sag ma, was willst du so spaat
Und tuast net hoama geh?
Siagst net, daß iazt die graue Nacht
Scho tuat am Himmi steh?

2.

ENGEL

Steh auf, steh auf, mein lieber Hirt!
Geschwind mit mir tu gehn!
Das, was sich dir heut zeigen wird,
Das hast du nie gesehn.
Nur g'schwind steh auf! Mir folge nach!
Es wird dich g'wiß nicht reu'n.
Was ich dir zeig, ist eine Sach,
So dich wird recht erfreu'n.

3.
HIRT
Mei, mei! Möcht wissen, was da waar,
Daß i sollt gar aufsteh?
I lieg ja do scho auf da Straa!
Gch zua und laß mi gch!
Den ganzen Tag i hüaten muaß,
Muaß laffa früa und spaat;
Moan oft, i ha koa Hand, koan Fuaß,
Freu mi allmal auf d' Nacht.
4.
ENGEL
Steh auf! Denn ich ein Engel bin.
Gott hat mich selbst geschickt.
Leg alle Furcht und Sorgen hin!
Du bist von Gott beglückt.
Im Himmel sei Gott Lob und Ehr,
Den Menschen Fried auf Erden,
Weil heut der höchste Gott und Herr
Hat selbst Mensch woll'n werden!
5.
HIRT
Dei Schmaatzen taat mi schier bewegn
Und g'fallt ma aa dei G'stalt.
So wart! Laß mi de Strümpf onlegn!
Es is ja grimmi kalt.
I tua di halt iazt bitten schee:
Mei, geh doch du voran!
I will da treuli nachi geh.
Mach mir im Schnee a Bahn!
6.
ENGEL
Mein lieber Hirt, dich sorge nit!
Nur g'schwind mit mir tu gehn
Und folge mir auf alle Schritt!
Es wird dir nichts geschehn.
Dort, wo du siehest einen Stern,
Dahin will ich dich führn.
Bald wirst du auch mit Freuden hörn
Die Engel musiziern.

7.
HIRT
Dort siag i wohl an groaßn Stern.
Der macht vui feuri Strahln.
Er leucht, als wia zwo groaß Latern;
Er funkelt raus vor alln.
Und droben, wo i siag an Glanz,
Dort hör i Spuileut aa.
Herr Engel! Wenns d' mi führst zum Tanz,
So tanz i halt mit aa.
8.
ENGEL
Der Stern, der glänzt dort hoch am Feld,
Messias tut anzeigen,
Wie er hat wollen auf die Welt
Herab vom Himmel steigen.
Die Engel musizieren all,
Das Kindlein dies ergetzt.
Dort liegt es in dem armen Stall,
Nun Adams Fall ersetzt.
9.
HIRT
Wenn des da kloa Messias waar,
Den mir volanga all,
So hätt a ja a Herberg aa.
Was taat a denn im Stall?
Wia i bi g'wen a kloana Bua,
Han i scho schmaatzen g'hört:
Der Zepter Israel g'hört eahm zua;
Sei Vadda hat 's begehrt.
10.
ENGEL
Das Kindlein zwar Messias ist,
Geborn aus Davids Stamm;
Doch will er auf das cifrigist
Zur Armut leiten an.
Geh nur geschwind in Stall hinein,
Das Kindelein betracht!
Schau, wie das liebe Jesulein
Die Menschenpracht veracht!

11.

HIRT

Schau! schau! Liegt 's Tröpferl auf'm Heu
Und hat koa Betterl kriagt!
An alta Mo steht aa dabei,
A Jungfrau 's Kindel wiagt.
Für was is denn der Esel dort?
Herr Engel, tua'n wegtreibn!
Hat denn der Ochs koan andern Ort,
Daß er beim Kind muaß bleibn?

12.

ENGEL

Darum sieh nur die Armut an!
Vor Kält das Kindlein weint.
Zu Bethlehem hat jedermann
Die Herberg ihm verneint.
Sogar das unvernünftig Vieh
Doch seinen Herrn erkennt:
Fürwahr der Mensch sollt schämen sich,
Daß er ein Mensch sich nennt.

13.

HIRT

O du mei herzigs Jesukind,
Derbarma tuast ma recht!
O deine Schmerzen i empfind,

Daß i schier zahna möcht.
Herr Engel, sei doch du so guat
Und tua, was i di bitt!
Du siagst, daß 's Kindel friaren tuat;
So trag's halt in mei Hütt!

14.

ENGEL

Nein, nein, mein lieber Hirt, nein, nein!
Das Kindlein eines bitt:
Es will in deinem Herzen sein
Und nicht in deiner Hütt.
Es ist gekommen auf die Welt,
Die Menschen zu umfangen.
Es braucht kein Haus, kein Gut, kein Geld;
Das Herz nur tut verlangen.

15.

HIRT

Da hast mei Herz, liabs Jesulein,
A Lamperl aa dazua!
An Loab Brot gib i aa no drei;
Nimm's o, du kloana Bua!
I bitt di, denk halt fleißig dro,
Was i da iazt verehr,
Und schau mi amal gnädig o,
wanns d' wirst a groaßa Herr!

Bayerischer Christstollen

1500 g Mehl
240 g Zucker
420 g Butter
210 g Mandeln
210 g Zitronat
90 g Orangeat
375 g Sultaninen

2 ganze Eier
3 Eidotter
Muskatblüte
Arrak
Milch
4½–5 Stück Hefe à 42 g

Am Abend vorher wird das Mehl in eine Schüssel gegeben, in eine zweite kommen die abgezogenen und gestiftelten Mandeln, das klein geschnittene Zitronat und Orangeat, die Sultaninen sowie eine gute Messerspitze Muskatblüte; man mischt den Inhalt der zweiten Schüssel gut durcheinander und feuchtet ihn mit Arrak an. Beide Schüsseln läßt man zugedeckt über Nacht in der warmen Küche stehen. Am nächsten Tag rührt man die Hefe mit etwas Zucker und lauwarmem Wasser (ca. 25° C) in der Mitte des Mehls an und läßt das Teigerl gehen. Nach einiger Zeit gibt man die Butter, den restlichen Zucker und etwas Milch nach Bedarf und die Eier zu und arbeitet den Hefeteig ab, bis er sich von der Schüssel löst. Man gibt ihn auf ein Nudelbrett und arbeitet ihn nochmals ab, bis er glänzt. Am besten ist es, wenn man jetzt sowohl den Teig als auch die Zutaten in drei gleiche Teile teilt und jeweils einen Teil Früchte und einen Teil Hefeteig zusammenknetet. Dann formt man je einen runden Laib, legt ihn auf den gut bemehlten Arbeitstisch oder das Nudelbrett, deckt ihn mit einem angewärmten Tuch zu und läßt ihn eine halbe bis eine Stunde gehen. Nach dieser Zeit drückt man mit dem Nudelholz in die Mitte des Laibes eine Vertiefung und legt die zusammenhängenden Hälften aufeinander. Diesen Stollen gibt man auf ein gefettetes Backblech, bestreicht ihn mit Butterschmalz, läßt ihn nochmals kurz gehen und bäckt ihn bei großer Hitze und mehrmaligem Bestreichen mit Schmalz in ein bis eineinhalb Stunden hellbraun. Wenn er ausgekühlt ist, bestäubt man ihn mit Puderzucker.

Marzipan-Model

Ich weiß nicht, ob es auch bei Ihnen an Weihnachten immer Eiermarzipan gibt, ob Sie alle Jahre Marzipanreiter geschenkt bekommen oder ob solche bei Ihnen daheim gebacken werden. Ich weiß auch nicht, ob Sie Eiermarzipan ebenso gern essen wie ich, aber ich finde die hölzernen Backmodeln so schön, daß es sich lohnt, darüber etwas zu erzählen.

In den vergangenen Jahren sind die alten Formen für Lebkuchen und Eiermarzipan ja wieder zu großen Ehren gekommen. In unserer Familie sind die wenigen alten Holzformen, die sich seit Urgroßelterns Zeiten erhalten haben, immer verwendet worden, auch in meiner Kinderzeit, in der man auf diese hübschen alten Dinge sonst eigentlich nicht mehr so recht geschaut hat. Vor sechzig Jahren hat es in einer Stadt wie Regensburg zum Beispiel keinen Bäcker oder Konditor mehr gegeben, wo man Eiermarzipan hätte kaufen können. Aber ich kann mich noch gut daran erinnern, wie mich mein Vater auf den Christkindlmarkt nach Nürnberg mitgenommen hat, wo es solche schönen Reiter und Figuren und Wappen sogar bemalt gegeben hat. Doch damals auch nur noch mehr bei einem einzigen Bäcker. Ich hab meinen Vater gebettelt, er solle mir doch welche kaufen; und er hat sich nicht lang betteln lassen, denn er hat an diesen Dingen selber zu viel Freude gehabt. Und eines weiß ich von damals auch noch: Diese schönen Reiter und die runden, die quadratischen, rautenförmigen, die länglichen und hochformatigen Darstellungen mit Krippen und Heiligen, mit Rösseln und Wagen, mit Blumen und Wappen, sie alle sind nach dem Gewicht verkauft worden. Nur die bemalten, mit einem Marzipan-Lack überzogenen, kosteten mehr.

Wenn man von alten Backmodeln erzählt, muß man schon etwas über unsere engere Heimat hinausschauen und darf nicht an den altbayrischen Grenzen Halt machen, auch nicht an den weißblauen Grenzpfählen unseres Landes. Sicher, es gibt auch bei uns eine Fülle von solchen Modeln; in jedem Marktflecken, in jeder noch so kleinen Stadt hat es einen Lebzelter gegeben, der solche Holz- oder Tonmodeln besessen hat. Aber beileibe hat es nicht in jeder Stadt einen Formenschneider gegeben. Wir würden, glaube ich, die Weite des Handels vor 150, 200 oder 300 Jahren sehr unterschätzen, wenn wir annehmen, daß man bei den Lebzeltern nicht um Adressen von solchen Formenschneidern gewußt hätte. Das ist das Eine. Das Andere ist, daß Formenschneider auch auf der Wanderschaft waren und bei den Lebzeltern um Arbeit nachgefragt haben, so wie der Scherenschleifer bei der Hausfrau. Und daß sie dann sozusagen auf der Stör gearbeitet haben, so wie Sattler oder Schneiderinnen, die in die Häuser gekommen sind, um dort zu arbeiten. Weil solche Formenschneider von einem Lebzelter und Wachszieher zum anderen gezogen sind, dürfte wohl der Grund dafür sein, daß so viele Formen an verschiedenen Orten sehr, sehr ähnlich sind, manchmal sogar so gut wie gleich.

Seit wann nun kennt man solche Backmodeln? Ganz genau kann man das nicht sagen, denn es fehlen uns dafür genau datierbare archäologische Funde. Wer weiß, was alles kaputtgegangen ist, und wer weiß um die Schätze, die nicht ausgegraben sind? Bis jetzt sieht es so aus, als seien die ältesten sicheren Nachweise für Backmodeln im Industal gefunden worden. Dort hat man 1933 bei Ausgrabungen einer Stadt auch das Fundament eines runden Backofens und dabei auch solche Formen gefunden. Und diese Stadt datiert man auf das Jahr 2500 vor Christus.

Im alten Mesopotamien hat man Bilder und Schriften mit Rollsiegeln in Ton gedrückt. Das könnte der oder wenigstens ein Ausgangspunkt für Backmodeln gewesen sein. Doch sicher gegeben hat es dort solche Modeln um das Jahr 2000 vor Christus: Als man nämlich in Mesopotamien die Königsresidenz von Mari, einen Palast mit mehr als 300 Zimmern und Höfen freilegte, hat man auch eine Großbäckerei ausgegraben und dabei in einem Nebenraum 47 Gebäckmodeln gefunden. Modeln mit religiösen Darstellungen, mit Darstellungen von Löwen und Hunden, von einem Hirsch zum Beispiel, der von einem Hund angesprungen wird, oder von Böcken, die an heiligen Bäumen hochspringen und deren Laub abfressen. Diese Formen sind immerhin an die 3700 Jahre alt und weisen bereits eine ausgesprochen künstlerische Qualität auf.

Das mesopotamische Bäckereiwesen hat, so nimmt man jedenfalls an, das ägyptische stark beeinflußt und ihm auch die Backmodel vermittelt. So kennt man Backmodeln im Ägypten Ramses' III., also um 1180 vor Christus, und man glaubt, daß sie zur Kennzeichnung des Eigentums verwendet worden sind, zu Verzierungszwecken oder gar für den Kult. Mag man hier mehr vermuten als wissen, so ist wenigstens die Verwendung dieser Model wohl beweisbar. Da hat nämlich der griechische Schriftsteller Plutarch um das Jahr 100 nach Christus über die Verehrung der alten ägyptischen Gottheiten Isis und Osiris unter anderem geschrieben:

»... Wenn sie (die Ägypter) opfern wollen am siebten Tag des Monats Tybi, den sie die Ankunft der Isis aus Phönizien nennen, so prägen sie den Kuchen ein gebundenes Nilpferd auf ...«

Wenn wir dann die Geschichte der Model weiter verfolgen, kommen wir über die Griechen zu den Römern, die zum Teil ganz großartige Darstellungen von Wagenrennen und Gladiatorenkämpfen, Tieren und Theaterszenen geschaffen haben, Formen, die besonders schön und ausgesprochen künstlerisch waren.

Die Römer waren es dann auch, die Backmodel über die Alpen heraufgebracht haben. In Mainz hat man welche gefunden, ebenso in Carnutum und in Oberösterreich. Sonst wissen wir aus den Ländern nördlich der Alpen wenig bis nichts. Der heilige Eligius wettert zwar dagegen, daß die Germanen im Januar Backwerk in Gestalt von Hexen, Hirschen und unzüchtigen Darstellungen herstellen, aber damit ist noch nicht gesagt, daß dieser Teig in Modeln ausgeformt war, diese Dinge können ja auch frei geformt gewesen sein. Sicher nachweisbar sind Modeln, d. h. flache Modeln, erst seit dem 14. Jahrhundert, also in der Zeit der

Gotik. Es haben sich gut hundert solcher gotischer Formen erhalten. In deutschen, holländischen, schweizerischen und österreichischen Museen sind sie wohl verwahrt. Es sind Negativ-Formen, zum Teil in Kelheimer Schiefer geschnitten, der größte Teil allerdings aus dem feinen, fast weißen Ton, der im Rheinland vorkommt. Diese Formen müssen also rheinischen Ursprungs und durch den Handel weit verbreitet gewesen sein. Auch hier darf man annehmen, daß Former und Hafner auf der Wanderschaft gewesen sind. Ein Nürnberger Ratserlaß von 1492 erlaubt nämlich einer fremden Hafnerin, »die viel schöner künstlicher irdener mödel hir verkauft hat«, ihr Handwerk für vier Wochen auszuüben.

Allerdings ist zu bemerken, daß solche Tonmodel nicht ausschließlich für Marzipan, Backwerk oder Fruchtpasten wie zum Beispiel Quitten verwendet worden sind, sondern daß man auch Ton, Wachs, Papiermaché oder Tragant ausgeformt hat als Zierat für Krüge und Schüsseln, kleine Kästchen oder Hausaltäre. Wir wissen von frühen Formen für Marzipan nicht allzuviel, denn natürlich sind gerade Tonformen im Lauf der Zeit am häufigsten kaputtgegangen. Um so interessanter ist ein Verzeichnis, das ein Frankfurter Patrizier im Jahr 1521 von seinen Modeln aufgestellt hat. Diese Formen waren aus Stein und jede Darstellung ist genau festgehalten. In dieser Zeit der aufkommenden Renaissance bevorzugte man mit Vorliebe Darstellungen antiker Gottheiten, zum Beispiel die Venus; dann stehen auf der Liste die keusche Lucretia, antike Gleichnisse, Volksweisheiten und natürlich viele Darstellungen aus der Heiligen Schrift, angefangen bei Adam und Eva oder dem Riesen Samson; dann natürlich Heilige wie zum Beispiel die heilige Margaretha mit dem Drachen oder der von Pfeilen durchbohrte heilige Sebastian. Aber in diese Reihe gehören auch Darstellungen der Mutter Gottes mit dem Christkind oder der Heiligen Familie im Stall von Bethlehem. »Der 12. stain ist unser liebe fraue und hat ir kindleyn uf irem arm ..., der 13. ist unser liebe fraue mit joseph ..., der 21. ist unser frauen kindbett und joseph mit den hirten und eszlen ...«

Diese lange Liste aus dem Frankfurter Patrizierhaus ist insofern beachtenswert, weil sie auch den Namen des Künstlers verzeichnet, der diese Formen im Auftrag in »stain« geschnitten hat, nämlich der Medaillen- und Stempelschneider Hartmann Kistener, ein angesehener Bürger seiner Stadt, der außer seiner künstlerischen Tätigkeit auch das Amt des städtischen Münzprüfers ausgeübt hat. An dieser Aufstellung ist für uns besonders interessant, daß hier Themen und ganz bestimmte Szenen genannt sind, die dann bis ins vorige Jahrhundert hinein üblich blieben, nicht nur bei uns, sondern in vielen europäischen Ländern. Es ist ein reiches Nebeneinander von religiösen und weltlichen Bildmotiven.

Diese Model gehörten also zum Inventar der Bäckereien und Lebzeltereien, zu fürstlichen Hofküchen genauso wie zu den Modelvorräten der Klöster und Bürgerhäuser. Da gibt es die Gruppe der biblischen Szenen, beginnend natürlich mit dem Alten Testament: Adam und Eva unter dem Baum der Erkenntnis mit der Schlange, dann Abraham mit den drei Engeln, die Opferung Isaaks, der Erzengel Michael, Rahel am Brunnen, Jakobs Traum, Moses auf dem Sinai, König David mit der Harfe, das Urteil des Salomo, um nur einige Beispiele aus einer langen Aufstellung zu erwähnen, die bis zu Josua und Chaleb, den Kundschaftern, die die riesige Traube aus dem gelobten Land brachten, zu Judith und Holofernes, Daniel in der Löwengrube usw. reicht. Noch häufiger sind die Darstellungen mit Szenen aus dem Neuen Testament, etwa die Verkündigung Mariens, die Geburt Christi mit der Anbetung der Hirten und der Heiligen Drei Könige, die Heilige Familie in Ägypten, die Taufe Christi im Jordan, die Hochzeit zu Kanaa, Christus und die Samariterin am Brunnen, das letzte Abendmahl, die Ölbergszene, die Kreuzigung, Grablegung und Auferstehung, die Himmelfahrt, das Pfingstwunder und viele andere mehr.

Dann findet man natürlich auch Heiligenfiguren, den hl. Nikolaus oder den heiligen Georg zum Beispiel; dann natürlich auch die drei heiligen Madel: »Die Barbara mit dem Turm, die Margaretha mit dem Wurm, die Katharina mit dem Radl, das sind die drei heiligen Madl.«

Neben den Modeln mit den religiösen Motiven hat es auch Formen mit mythologischen Szenen gegeben, so das Urteil des Paris, Diana und Aktäon, Venus und Adonis oder Pyramus und Thisbe.

Die weltlichen Motive reichen vom Liebespaar, den Jagdszenen und Jahreszeiten bis zu den Wappendarstellungen. Die volkstümlichen Stoffe kann man in ihrer Fülle gar nicht aufzählen, weil es zu viele davon gibt, etwa Hochzeitskutschen und Schlittengespanne, Damen, Kavaliere, Braut und Bräutigam, Reiter, alle Arten von Tieren und Blumen, Pistolen und Säbel, Trompeten und Pantoffeln.

Nun wäre noch etwas über das Material zu sagen, aus dem diese Formen gemacht sind. Daß es Formen aus Ton und Stein gegeben hat, wissen wir ja bereits. Am häufigsten waren die Model in Holz geschnitten, meistens in Birnbaumholz, später auch Buchsbaum. Buchsbaumholz ist von den berufsmäßigen Graveuren und Modelstechern deshalb gern verwendet worden, weil man in ihm besonders feine Formen hat schneiden können.

Manche der Modeln für Eiermarzipan zeigen sogar Initialen. Dabei ist es oft nicht ganz sicher, auf wen sich diese Buchstaben beziehen, auf den Stecher oder den Lebzelter, für den sie gemacht sind.

Es wird immer wieder einmal behauptet, daß das Modelstechen zur Gesellen- und Meisterprüfung der Lebzelter und Konditoren gehört habe. Auch in der Kunstgeschichte des Backwerks wird letztere Meinung vertreten. Da heißt es, das lasse »sich aus vielen der älteren Lebzeltereien nachweisen, in denen die Model der Vorväter aufbewahrt werden«. Es werden dabei einige Beispiele genannt: »In Windsheim ... gab es in der Lebzelterei Rohleder drei aufeinanderfolgende Generationen, deren Model sich noch heute im Familienbesitz befinden. – In Dinkelsbühl lebte um 1800 der Lebküchner Friedrich Hirlbach.« Und die Modeln, die erhalten sind, tragen deren Initialen und seien von ihnen geschnitten. Aber wer weiß mit Sicherheit, ob diese Initialen nicht doch im Auftrag der Besteller in die Formen geschnitten worden sind.

In der Stadt Steyr an der Enns in Oberösterreich hat sich einmal Joseph Ofner darangemacht, die Modeln einer großen Sammlung mit den Archivalien des Stadtarchivs zu vergleichen. Die Modeln, es sind über hundert, stammen fast alle aus der Stadt Steyr. Er hat dabei festgestellt, daß einige

Model die eingeschnittenen Buchstaben FAH tragen und daß es einen Lebzelter Franz Adam Hofer gegeben hat, der von 1716 bis 1746 Lebzelter in Steyr war; dann einen Pongraz Perger, um 1631, und Modeln mit PP, oder Georg Mayer, um 1650, und Model mit GM oder mit BF, was auf den Lebzelter Benedikt Fiedler um 1651 hinweisen könnte. Das sind nur einige Beispiele, die Liste ließe sich noch lange fortsetzen. Aber auch sie beweisen im Grund halt doch nicht, daß die Model von den Lebzeltern selbst geschnitten worden sind. Möglich ist es aber auch, daß sie sie im Auftrag eigens haben schneiden lassen. Vielleicht haben solche Initialen sogar den Sinn der Eigenwerbung gehabt. Der Fall, daß ein Model den vollen Namen des Stechers trägt und dazu noch genau datiert ist, ist sehr selten. So ein Stück liegt im bayerischen Nationalmuseum. Auf der Rückseite dieses Rundmodels steht: »Marx Holzapfel von Rotenman aus der Obern Steiermarck – 1628«. Es ist eine besonders schöne Form, rund, von einem strengen Blattrand umgeben, in der Mitte, eingehüllt von einem strahlenden Feuerkranz, auf Wolken sitzend, die gekrönte Muttergottes, das Christkind auf dem Schoß. Sehr ähnlich der Darstellung der Patrona Bavariae auf alten bayerischen Münzen.

Man hat diese Model auch Lebkuchenmodel geheißen und von solchen erzählt Anton Creutzer, ein Chronist aus Nürnberg, vom Jahr 1487: »... Während des Reichstages, welchen Kaiser Friedrich in Nürnberg hielt, ließ der Kaiser die Kinder, so mit dem Kreuz gingen, in den Stadtgarten vor dem Schloß laden und er ließ viel Bletzlein von Lebkuchen backen, darauf stand des Kaisers Bild. Die teilt man unter die Kinder. Der Bletzlein waren viel, aber der Kinder noch viel mehr, da bin ich auch dabei gewest ...« In so manchem Haushalt werden auch jetzt wieder »viel Bletzlein« von Lebkuchen oder Eiermarzipan aus alten Modeln gebacken, seit in den letzten Jahren diese alten Formen zu neuen Ehren gekommen sind.

Und wenn Weihnachtsplätzerl vor Weihnachten meistens besser befunden werden als an Weihnachten, wenn am Heiligen Abend nur noch die Besten der Besten schmecken, und später dann, in den ersten Januartagen, auch die weniger aufwendigen, so überleben meist doch die großen Marzipanreiter, weil sie einfach zu schön sind, um ihnen so mir nichts dir nichts den Kopf abzubeißen.

P. E. R.

Gehts! Geh ma g'schwind zum göttlichen Kind!

Gehts gề̃ mã g'schwind zu dem gött-li-chen Kind! ăn En - gel der hat's g'sagt. Ja ja ein En - gel ist liab und schö̃, hat g'sagt, miar soll-ten zum Kin - del gề̃. No̊̃, no̊̃, da bin i å da - bei, åft sán mã g'schwind un - ser drei. Ja ja wir ge - hen al - le - sam und las - sen uns schö̃ Zeit. Heut ist der Hei - land uns ge - born; Bua! dås Ding îst ä Freud!

1. Gehts! Geh ma g'schwind zum göttlichen Kind!
A Engel, der hat's g'schafft.
Ja ja! A Engel liab und schee
Hat g'sagt, mir solln zum Kindel geh.
Nu, nu! Da bin i aa dabei.
Aft san g'schwind unsa drei.
Ja ja, wir gehen allesamm
Und laßen uns schee Zeit!
Heut ist der Heiland uns geborn;
Bua, das Ding is a Freud!

2. I bi vazuckt und kloa varuckt,
Woaß nimma recht, wohi?
Meinoad mir geht's bald aa aso;
Vor lauta Freud leb i recht froh.
Auf Bethlehem da müaß ma geh,
Dort werden wir es sehen schee.
Ja ja, hiaz fallt's uns allsamt ei!
Es leuchtet uns von fern;
So helle Nacht woaß i koane nia;
Ma braucht ja koa Latern.

3. Iiaz nimmt a jeda, was a hat,
Für's Kindlein mit zur Gab!
O mei Gott ja! Eahm zu vaehrn,
Aus lauta Liab zu unserm Herrn.
I schau g'schwind o, was i alls ho,
Und füll mei Ranzai o.

Ja, unsa Herr ist alles wert,
Er moant 's mit uns so guat,
Er will sogar für uns alls leidn
Und gebn sei heiligs Bluat.

4. Jesus, Maria und Joseph,
Wie seid ihr hier so arm!
Ja des ist wahr, bei meina Treu!
Habn Ochs und Esel zum Lakai!
Wart, i nimm halt mein Rock ge' her
Und wickel 's Kindel ei.
Ach wem geht nicht das zum Gemüt?
Ein Gott im Stall so arm
Liegt bloß in Kälte nur im Heu
Und neben einem Barm!

5. Wir danken dir, o guter Gott,
Daß d' uns das Heil hast bracht
Und daß dein eingefleischtes Wort
Uns aufgemacht die Himmelspfort.
Möcht moan, a Kindel kloan und zart,
Es g'schach eahm viel zu hart!
Iiaz danken mir dir allesamt,
O herzigs Jesulein,
Und bitten: wann mir sterben toan,
Laß uns in Himmel ein!

Bratäpfel

Äpfel (am besten Boskopäpfel)
Zucker und Zimt
Johannisbeergelee

Die Äpfel werden gewaschen und abgetrocknet.

Dann sticht man mit einem Kartoffelschäler das Kernhaus heraus. Dieses Loch füllt man mit etwas Johannisbeergelee, Zucker und Zimt und nun setzt man die Äpfel in eine ausgebutterte, feuerfeste Form und brät sie im Ofen, bis sie weich sind.

Die Berchtesgadener Waar'

Von Schnitzern und Drechslern aus dem Berchtesgadener Land

Die Berchtesgadener Waar', als da sind die Holztrompeten, Docken, Grillenhäusl, Figürl, Pfeifferl, Arschpfeifferrößl, Flötl usw. hat man einst fast auf allen Christkindlmärkten gefunden und dann vor allem auf den Gabentischen der Kinder.

Über den Ursprung der Berchtesgadener Schnitzerei weiß man nicht viel und nichts Sicheres. Aber es ist anzunehmen, daß aufgrund der allgemeinen wirtschaftlichen Entwicklung des Landes dieses Holzgewerbe bereits im 13. und 14. Jahrhundert eine gewisse Rolle gespielt hat. Daran hat wohl auch der Salzbergbau, der ja über die Jahrhunderte der gewichtigste wirtschaftliche Faktor war, nichts geändert.

Die ersten sicheren Nachrichten gibt es aus dem 16. Jahrhundert. So ist uns aus dem Jahr 1506 der Schiedsspruch nach einem Streit zwischen dem Fürstpropst und seinen räsonierenden Untertanen überliefert, den Koch-Sternfeld in seiner Geschichte von Berchtesgaden auszugsweise zitiert: »Item der Handtwerchsleut halben, so im Land oder auserhalb Lands sein, und Holtz kawffen, darumb sy denn mit der Herrschaft umb Mwet (Maut) und Zoell abkomen sullen. Ist gesprochen, was ainer auf sein Rugken underainsten tragt, sol Zoll und Mwet frey sein; waz aber auff Rossen, Waegen oder wie solls gefuert mecht werden, Sollen Zoelle und mewten, wie von alter herkommen Ist«. Wenn einer aber nur soviel Holz eingeführt hat, als er hat tragen können, dann war

er bestimmt kein Zimmermann, sondern gewiß einer von den Schnitzern.

1541 sind übrigens zum ersten Mal die Gadelmacher, die Spanschachtelmacher, erwähnt. Im Jahr 1596 zählt ihre Zunft bereits 150 Meister, 62 Gesellen und 17 Lehrlinge. Und im gleichen Jahr gibt es im Berchtesgadener Land nicht weniger als 86 Drechslermeister. Der Handel ist im 17. und 18. Jahrhundert immer umfangreicher geworden. Die Verleger haben sich dazwischengeschaltet, sonst wäre ein so weltweiter Handel gar nicht möglich gewesen. Bis nach Wien und Antwerpen, bis nach Genua, Venedig und Cadiz haben die Handelsbeziehungen gereicht und überall dort sind Handelshäuser gestanden. Der Spielzeughandel ist meist über Nürnberg gelaufen, von wo die Erzeugnisse, verpackt in Fässern, auf Fuhrwerken und sogar auf Schiffen in alle Welt gegangen sind. Die Geschäftsbücher von damals verzeichnen Jahresumsätze bis zu 80000 Gulden.

Was haben nun die Berchtesgadener Schnitzer im ausgehenden 18. Jahrhundert alles zu bieten gehabt?

Es ist die Zeit, wo man viel reist und von solch einer Reise natürlich auch einen Bericht veröffentlicht. Da reist also ein Herr Plümicke durch Deutschland, unter anderem auch nach Berchtesgaden, und er besucht den Verleger Anton Wallner. In seinen »Briefen aus einer Reise durch Deutschland im Jahr 1791« beschreibt er dessen Warenlager, das heißt, er zählt auf, was in dem Lager alles zu finden ist. Und so eine Aufzählung hat gewiß ihren Reiz und Wert.

Unter »Ordentliche Holzwaaren« heißt es da: »Schwarz und weiße Thurm-, Kappen- und Teller-Schreibzeug. Schreibzeug von Horn mit und ohne Sandbüchse. Canzley-Schreibzeug. Feld-Schreibzeug. Gemahlte Schreibzeug in Trücherl«. – Also Schreibzeug in allen Varianten, Büchsel und Fäßl schier endlos, dann Arzt-Büchsel, Nadelbüchsel, Modelbüchsl usw. usw. Aber wir wollen ja nun vom Spielzeug für Groß und Klein etwas wissen und da zählt der Herr Plümicke auf: »Kinderklapper gemahlte, vergoldete und weiße, Kochlöffel, Eimerl, Handkörbel, Kanderl und Häferl …, Schachspiel, Posthörnl, Waldhörnl und Trompetten, Pferdl, Thierl, Esel und Hirschl mit Räder und Pfeifel. Pferdl mit Reiter und Füllen. Feine Pferd und Reiter und Sattel. Vögel auf Blasbalg, Guckuck, Blasuhren, Rädl und Blasschmied. Pickende Hahnen, Schmied, Ochsenschläger und stoßende Böcke. Handwerker aller Arten in Schachtel. Fechter und Gauckelmänner. Rennschlitten mit und ohne Personen. Kindersesserl, Figuren, Hündl und Voglhäusl auf Blasbalg« usw.

usw. Etwas weiter in der Aufstellung des Herrn Plümicke können wir dann lesen: »… Wiegl, Reiterl, Hundställ, Holzhacker …, andere klingende Figuren, als Buttenträger, Wäscherin, Fleischhackerin, Apotheker, Butterrührer, Sternsinger, Jagdkastl, Organisten, Schützen, Schleifer, Faßbinder, Tambour, Geiger, Trompeter zu Pferd und zu Fuß, Sänften mit und ohne Räder …, Festungsreiter, Metzger, Leyermann, Reiterl, Hundel, Jagden, peckende Vögel, Tisch, Stühle, Spinnradeln, Haspeln, Schildkröten, Täuberl und Kripperl. Feine Kutschen in Schachtel mit Gläser oder Gitter. Dergleichen offene mit oder ohne Person, dergl. mit 2 Räder. Leere oder volle Calessen und Kutschl. Täublcalessen, Pistolen. Feine Polzflinten, Tanzdocken und Naseldocken. Linzer-, Leiter- und Vögelwägen. Stück (Kanonen) oder Armeen in Schachtel à 2, 4, 6, 7 Pferd. Weinwägen mit 1, 2, 3 Fässer. Schiffe mit und ohne Dach. Wiegel mit und ohne Kindl. Fatschkindl. Tisch mit und ohne Schubladel. Bettstättl volle und leere. Grillenhäusl, Degen, Säbel und Dolche, Steckenpferd, Trücherl, feine Kindergeigen …, Hackbrettl, Geigen und Zithern.«

Das war aber längst noch nicht alles. Daneben hat man sehr wohl auch Dinge hergestellt, die das Herz eines Erwachsenen haben erfreuen können, kleine Truhen und »Commod-Kästl«, stroheingelegte Schachteln, oder gar die köstlichen Schnitzereien aus Bein. Die Drechslereien und Schnitzereien aus Bein sind sogar eine Berchtesgadener Besonderheit. Gedreht hat man vor allem Nadelbüchsen, geschnitzt hat man »Figuren von Bein, als Bergmänner, Früchtenträger, Bettler usw.«. Dann »Hausrath besonders künstlich in einem beinernen Commodkästl. Dergleichen in einem hölzernen Kästl … Dann künstliche Becher aus Bein, Brettspiele, winzige kleine Spinnradl, Kegelspiele, Pomadenbüchsel und Tabackstopfer, Rosenkränze …«

Bei der Aufzählung vorhin waren auch Hackbrettl genannt, Geigen und Zithern, die die Berchtesgadener gemacht haben. Bekannter aber als diese Instrumente waren die Berchtesgadener Flaitl, die Flötl. In dem Bericht stehen sie als »Pfeifen, ordentliche Flauten. Feine Flöten ... mit oder ohne Bein garniert. Doppel-Flauten. Quer- oder Schwegelpfeifen. Flaschonetl ...« Diese Flageolets sind kleine Flöten.

Wenn ich so ein Berchtesgadener Flötl höre, dann muß ich immer an eine sehr schöne kleine Geschichte denken, die mir einmal der Herr Tewes aus Berchtesgaden erzählt hat. Der Herr Tewes war im Ersten Weltkrieg in der Türkei, und wenn ich mich recht erinnere – es ist schon lange her, daß er mir das erzählt hat – war er eingesetzt gegen den berühmten Lawrence von Arabien. Dort drunten ist er einem Fellachen begegnet, der auf einem Flötl wunderschön gespielt hat. Dieses Flötl hat dem bayerischen Soldaten so gut gefallen, daß er es unbedingt haben hat wollen. Mit viel Überredungskunst und nach langen, langen Unterhaltungen hat er halt dem Fellachen das Instrument abgehandelt und als Souvenir aus dem Krieg mit heimgebracht nach Berchtesgaden. Dieses Flötl war mit einem Spagat umwickelt und geleimt, und wie es halt so geht, der Leim bröselte ab und die Wickelung ging auf. Um das Flötl wie-

der richtig herrichten zu können, nahm er die Schnur ganz ab, um sie sauber neu aufzuwickeln, und was kam unter dem Strick zum Vorschein? Das Zeichen des Flötlmachers von Winkl, von Winkl bei Berchtesgaden. Keine acht Kilometer von seiner Haustür entfernt war jenes »Souvenir« aus Arabien entstanden. Und die erste Melodie, die auf diesem Flötl gespielt worden ist, war bestimmt keine Hirtenmelodie eines muselmanischen Fellachen im tiefsten Arabien, sondern vielmehr ein berchtesgadnerisches Lied, mit dem der Flötlmacher von Winkl probiert hat, ob das Flötl auch was taugt.

Aber zurück zum Spielzeug aus Berchtesgaden. Mit dem 19. Jahrhundert ist es für die Schnitzer und Drechsler immer mühsamer geworden. Der Absatz wird in jener Zeit immer schwerer, die Konkurrenz aus dem Erzgebirge und dem Grödner Tal immer drückender, die von Oberammergau übrigens auch. Dazu kommen dann noch die Metallspielwaren. Das gepreßte Blechspielzeug drängt auf den Markt, denn 1815 hat man in Frankreich die Technik des Metallpressens erfunden.

Damals, um die Mitte des 19. Jahrhunderts, arbeiten in Berchtesgaden noch an die 2000 Personen

an der Holzwarenfabrikation, darunter allein 170 Schachtelmachermeister, 120 Drechsler und 60 Schnitzer; das ist fast ein Viertel der Bevölkerung. Die Konkurrenz wird immer stärker, das Fabrikspielzeug überschwemmt den Markt, und die, die all diese köstlichen Kleinigkeiten schnitzen und drechseln, werden immer weniger und weniger. – Aber ganz ausgestorben sind sie immer noch nicht. Es gibt immer noch einige wenige, die Spanschachteln herstellen und andere, die sie bemalen; es gibt noch Steckenpferde und kleine Kästchen, Trompeten, Holzpuppen und Durchbruchdosen und vieles andere mehr. Hoffen wir, daß die, die diese hübschen kleinen Dinge herstellen, nicht aussterben. Denn diese netten Kleinigkeiten gehören eigentlich zu einer altbayerischen Advents- und Weihnachtszeit.

P. E. R.

Hui, Nachbarn, frisch munter! Hörts 's Schlaffa g'schwind auf!

1. Hui, Nachbarn, frisch munter! Hörts 's Schlaffa g'schwind auf!
Teats net allwei schnarcha! Seids lusti wolauf!
Hörts net das Getümmi,
Schalmeien in Himmi?
Gehts, schlaffts net so lang!
Stehts auf! Losts des Gsang!

2. Ein Engel kam oba von Wolkan ganz schnell
Voll Gold und voll Silber, schneeweiß wia a Mehl,
Tuat 's Gloria singa,
Die Freud obabringa,
Daß Christus geborn,
Mir nimma verlorn.

3. »Hö, Bruada, was sagatst! Is des Ding denn wahr,
Das Kindlein geboren?« Die Wahrheit is klar.
»Da waar i voll Freuden;
An End nimmt das Leiden!
Iazt samma dalöst,
Gott hat uns getröst't.

4. Iazt möcht i halt wissen, wia mir sollten toa,
Weil koana so g'scheid is als du grad alloa.«
Aller Grobheit auskemma,
Die Hüateln abnehma,
Fallts nieder fei g'schwind
Und grüaßts ma 's kloa Kind!

5. »O du gscheida Nickel! Recht hast uns og'lernt.
Was sollt ma denn hergebn, wann mir eahm varehrnt?«
Kaas, Schmalz und an Hönig
Und Broat fei net z'wenig!
An jeda was anders, wia's er eahm hat bracht.
Und i wünsch halt den Kindel iazt a guade Nacht!

Torteletten

150 g harte Butter
80 g Zucker
210 g Mehl
70 g geriebene, ungeschälte Mandeln
½–1 Päckchen Vanillezucker
1 gestr. Teelöffel Zimt
½ Zitrone abreiben

Aus den Zutaten stellt man einen Knetteig her und stellt ihn kühl. Dann walkt man ihn aus und sticht runde Plätzchen heraus, die man goldgelb bäckt. Wenn die Plätzchen erkaltet sind, werden sie mit säuerlicher Marmelade bestrichen. Nun legt man jeweils zwei Plätzchen aufeinander, bestreicht sie mit Schokoladeglasur und gibt in die Mitte eine geschälte, halbierte Mandel oder eine Wal- oder Haselnuß darauf.

Krippengeschichten

Seit meiner Kindheit hat natürlich zu Weihnachten, zum Heiligen Abend, die Krippe unter dem Christbaum gehört. Eine spärliche zwar, aber eine sehr schöne vom bekannten Münchner Krippenbauer Osterrieder, der von Beruf Bildhauer war, ein sehr guter sogar, ein gebürtiger Abensberger, der 1932 im Alter von 68 Jahren in München gestorben ist. Osterrieder hat seine Werkstatt in München in der Theresienstraße gehabt, in einem Hinterhaus, an der Stelle, an der heute ein Heizwerk steht. Meine Mutter aber ist im Vorderhaus aufgewachsen, und das kleine Dirndl ist halt immer wieder einmal unter der Tür zur Werkstatt gestanden und hat sich mit großen Schusseraugen zu dem sonderlichen Meister in die Werkstatt hineingebettelt. Er hat meiner Mutter einmal einen wunderschönen kleinen Engel geschenkt, der es an Qualität gut und gern mit einem neapolitanischen Krippenengel aufnehmen kann. Diese Krippe gibt es noch, den Engel auch. Sie haben den Krieg und die Bomben fast unbeschädigt überstanden. Die Krippe hat nur wenige Figuren: das Christkindl, das auf Stroh in einer hölzernen Krippe liegt, Maria, die daneben sitzt, Joseph, der seine Laterne über Mutter und Kind hält, Ochs und Esel natürlich, zwei Hirten, einen Buben und wenige Schafe. Das war die Krippe meiner Kindheit.

Erst viel, viel später, in den Jahren nach dem Zweiten Weltkrieg, sollte ich einem Mann begegnen, der mir von der Geschichte der Krippe erzählt hat, der es verstanden hat, andere mit seiner Begeisterung anzustecken. Auch mich. Es war der »Kripperldoktor« des Bayerischen Nationalmuseums in München, der damalige Konservator Dr. Wilhelm Döderlein. Er hat die Krippenfiguren, »seine« Krippenfiguren, geliebt, und er hat bei allem wissenschaftlichen Umgang mit ihnen nicht vergessen, daß man ihnen nur dann gerecht wird, daß man jede einzelne Figur nur dann richtig sieht, wenn man mit ihr »spielt«. Man muß diese Figuren in Beziehung zueinander aufstellen, man muß mit ihnen Regie führen. Der richtige Umgang mit ihnen ist ein Stück religiöses Theater. Daß man Krippenfiguren nicht nur als Kunstwerk sehen sollte, sondern auch als »Spielfiguren«, das hat mir damals Wilhelm Döderlein beigebracht. Der Bekanntschaft, ich kann schon sagen: der Freundschaft mit ihm verdanke ich, daß ich den Aufbau der Krippensammlung im Bayerischen Nationalmuseum in den Jahren nach dem Zweiten Weltkrieg von Anfang an habe miterleben dürfen. Den Haupt- und Kernbestand dieser weltberühmten Krippensammlung hat ja der Münchner Kommerzienrat Schmederer aus der Dynastie einer Münchner Bierbrauerfamilie gesammelt und dem Bayerischen Nationalmuseum geschenkt. Ursprünglich war sie im Speicher des Museums aufgestellt, und die einzelnen Krippendarstellungen haben sich mit den spärlichen Lichteffekten durch das natürliche Tageslicht der Dachfenster begnügen müssen. Man hatte damals aus Gründen

der Sicherheit nicht gewagt, elektrisches Licht in den Speicher zu legen. Dann ist der Zweite Weltkrieg gekommen, die Krippensammlung war ausgelagert. Sie ist nach dem Krieg gottlob heil zurückgekehrt und endlich neu aufgestellt worden. Diesmal in den mächtigen Kellergewölben des Museums. Fast jede Woche bin ich damals nach München und so auch ins Nationalmuseum gekommen und damit Zeuge von der Neuaufstellung der Krippensammlung geworden – von dem leeren Keller und den Planungen auf dem Papier bis zu dem Augenblick der Eröffnung. Da habe ich sehen können, wie ein Diorama ums andere hergewachsen ist, habe zuschauen können, wie man es macht, daß am gewölbten, tiefblauen Rapiz-Himmel die Sterne funkeln. Ich hör' noch heute den Bohrer, der die Sterne in den Himmel gebohrt hat, auf daß die Bohrlöcher durch das Licht dahinter zu strahlenden Sternen werden. Oder wenn ich an die Darstellung der Flucht nach Ägypten denke, die Fahrt der Heiligen Familie mit einem Kahn über einen Seitenarm des Nils. Da hab' ich miterleben können, wie man eine große Glasplatte behandelt, auf daß sie wie Wasser aussieht, wie man ein glaubhaft echtes Ufer zurechtbastelt, wie man es macht, daß man sogar im Wasser noch einen Fisch und Wasserpflanzen sieht. Es war damals ein ganz großer Glücksfall, daß gerade in der Zeit der Neuaufstellung ein Mann diese weltberühmte Krippensammlung betreut hat, der nicht nur ein gewissenhafter Kunsthistoriker gewesen ist, ein großer Kenner, sondern zugleich eine schöpferische Natur, ein hochbegabter Regisseur seiner Krippenfiguren. Von den vielen neapolitanischen Krippenfiguren hatte eine einzige bei der Auslagerung im Krieg gelitten. Es ist ihr ein Auge ausgeschlagen worden. Der »Kripperldoktor« hat sich zu helfen gewußt. Er hat dem alten »Neapolitaner« höchst eigenhändig eine kleine schwarze Augenbinde verpaßt. Der trägt sie heute

noch und es sieht aus, als habe er sie schon immer getragen.

Wilhelm Döderlein, der zuständige Kustos, hätte natürlich Vorstellungen haben können noch und noch, wenn er nicht die entsprechenden Mitarbeiter und Helfer gefunden hätte. Da denke ich zum Beispiel an den hochangesehenen Restaurator Elberskirch, dessen Chef, der damalige Generaldirektor Professor Theodor Müller, ihn in weiser Selbstbescheidung zu allen Ankäufen mitgenommen hat; einfach, weil dieser Mann durch seine Erfahrung vieles erkannte, was ein Kunsthistoriker vielleicht doch nicht sieht. Und dieser Restaurator Elberskirch hat die Figuren nicht nur behutsam, sondern ebenso liebevoll behandelt und Signaturen an den neapolitanischen Figuren entdeckt. Dann waren da natürlich auch die Restauratorinnen, die sich um die Bekleidung der Figuren gekümmert haben. Vor allem aber denke ich an den »Wapperl«, an den Maler Bartholomäus Wappmannsberger aus Prien, der all die stimmungsvollen Himmel der Krippendioramen gemalt hat, und an den Schüller-Karl, der ein Sonderfall bei diesem Unternehmen war. Seine Arbeitsstelle war eigentlich die Luftbildauswertung beim bayerischen Landesvermessungsamt. Er hat also an einem großen Apparat Luftaufnahmen umgesetzt zu Kartenbildern. Der Schüller-Karl hat zwei Brüder gehabt – die hat er immer noch – die wie er Freude am Krippenbau gehabt und deshalb den Kripperldoktor Döderlein auch gekannt haben. Der wiederum hat viel von deren Arbeit gehalten, vor allem von der des besagten Karl Schüller. Und nun ist etwas für eine Behörde im Freistaat Bayern Unglaubliches möglich geworden. Der Chef des Landesvermessungsamtes, ebenfalls ein Krippenfreund, hat den Schüller-Karl, sozusagen auf dem Dienstweg, an das Nationalmuseum ausgeliehen für den Aufbau der Krippensammlung. Monatelang. So hat der Schüller-Karl auf seinem Weg zur Arbeitsstelle nur zweihundert Meter weiter gehen müssen, denn das Landesvermessungsamt in der Alexandrastraße ist nur durch eine Tordurchfahrt und die Prinzregentenstraße vom Nationalmuseum getrennt.

Wenn ich heute die Krippenschaukästen anschaue, dann denke ich an dieser oder jener Stelle noch immer an den Kripperldoktor Döderlein und seinen Helfer, den Schüller-Karl, wie sie in diesen Kästen herumgekrochen sind. »Die Figur noch ein bisserl vorstellen, ein bisserl nach rechts drehen, noch ein bisserl mehr, jetzt, jetzt ist's richtig.« Das hat natürlich später, wenn andere Figuren auch aufgestellt waren, nicht geheißen, daß die gleiche Figur nicht doch wieder ein bisserl zurückgestellt und ein bisserl nach links oder rechts gedreht worden ist. Aber eines kann man, glaube ich, schon sagen: All diesen Krippenszenen sieht man noch heute an, daß die Aufgabe denen, die sie aufgestellt haben, Freude gemacht hat, daß sie mit diesen köstlichen Figuren, so wie es ihnen gebührt, »gespielt« haben, spielen haben dürfen. Nur deshalb sind die Szenen auch so gut, so glaubhaft, daß man auch heute noch seine Freude daran haben kann.

Die Begegnung mit Wilhelm Döderlein hat natürlich bei mir den Wunsch ausgelöst, auch eine Krippe zu haben, mit der man spielen kann. Eine alte Krippe war natürlich, wenn sie überhaupt einmal aufgetaucht ist, schon damals für mich unerschwinglich. Schnitzen, modellieren kann ich nicht. Nachdem ich mir aber mit Papier helfen kann, mit Bleistift und Pinsel, habe ich mir dann eine Papierkrippe gemacht, auswechselbar für einen Guckkasten, denn eine Papierkrippe kann man ja nur von einer Seite sehen. Die Figuren müssen folglich jeweils im Bezug zueinander gemacht und aufgestellt werden, und zwar immer im gleichen, weil man sie ja, im Gegensatz zu plastischen Figuren, nicht drehen und wenden kann. So ist im Lauf der Jahre die Anbetung der Hirten entstanden, der Aufzug der Heiligen Drei Könige, die Flucht nach Ägypten, die Hochzeit zu Kanaa, der Sturm auf dem See Genezareth und die Auferstehung. Aber alle halt immer in unveränderlichen Bildern; die Figuren immer nur an der gleichen für sie vorgesehenen Stelle.

Und dann bin ich eines Tages einem Mann begegnet, der mir über Jahre eine Krippe zum Spielen gemacht hat. Dazu die Vorgeschichte: Eines Tages habe ich den Heimatpfleger des Landkreises Eichstätt, den Lehrer Wunibald Iser, in Meilenhofen besucht. In den Kreisen der Volksmusikanten kennt man ihn gut; Stichwort Eichstätter Geigen-

musi. Für Meilenhofen/Nassenfels, das Schuttertal, hat er einen Heimatverein gegründet. Und wie ich nun in die gute Stube komme, ist da im Eck an der Wand über dem Tisch eine kleine Krippe. Der Grundriß: ein rechter Winkel im Stubeneck, fast wie das Viertel einer Torte, vorne abgegrenzt von einem kleinen Zaun; so wie die Krippen im Berchtesgadnerischen sind. Darauf natürlich die erste Frage: »Woher haben Sie diese Krippe?« Darauf folgende Geschichte; ich hoffe, daß ich sie noch ganz richtig im Kopf habe: Der Herr Iser erzählt von einem Geigenbauer, der im Raum Eichstätt gewohnt und ihm immer geholfen hat. Schließlich bräuchte er seine Hilfe wieder, aber der Geigenbauer ist ins Berchtesgadener Land verzogen, wenn ich mich recht erinnere nach Winkl. Eines Tages macht sich der Lehrer Iser mit Frau und Kindern auf den Weg ins Berchtesgadener Land, über die Alpenstraße, über die Schwarzbachwacht, zweigt gleich nach dem Sattel rechts ab, fährt hinunter Richtung Zauberwald, Ramsau und findet gleich nach der Abzweigung zum Hintersee, links in einem kleinen Lehen, ein Quartier für sich und die Seinen. Als er dann in die gute Stube kommt, was sieht er? Eine kleine Krippe im Stubeneck, und auch er fragt: »Wer hat denn die gemacht?«

Als er am Abend am Stubentisch sitzt, sich mit seinen Quartierleuten unterhält, auch von seiner Geige erzählt und dem Geigenbauer, der in der Eichstätter Gegend zu Haus war und nun im Berchtesgadener Land wohnt, schaut einer scheu zur Tür herein, verschwindet wieder, schaut wieder neugierig ums Eck. Es ist ein Nachbar, der ein kleines Sachl in der Nachbarschaft gepachtet hat, eine magere Landwirtschaft betreibt, zusammen mit seiner Frau. Zur Arbeit geht er ins Holz, ist also nach altem Sprachgebrauch ein »Holzknecht«. Von seinem Wesen her ist er ein richtiger Sinnierer, ein Bastler, der sich für alles interessiert, etwa für eine Geige, die gerichtet werden

soll. Der auch eine alte böhmische Harmonika, die dem Sperrmüll zugedacht ist, holt, um den Blasbalg zu richten und sie wieder zum Klingen bringt. Und nun stellt sich heraus, daß er derjenige ist, der diese Krippen macht. Sein Name ist Johann Hogger. Und wem er auch eine Krippe macht, sie sieht nie aus wie irgendeine andere, die er im Lauf vieler Jahre schon gefertigt hat. So ist in der Ramsau und der Umgebung in so manchem Haus, in so manchem Lehen eine Hoggerkrippe. Und nicht nur dort, denn so manche ist ausgewandert, zum Beispiel nach Salzburg, nach Meilenhofen im Eichstätter Land oder auch zu mir, denn auch ich habe den Hogger kennengelernt und die Verbindung zu ihm nicht verloren bis zu seinem Tod. Ich habe mir eine Hoggerkrippe in den Kopf gesetzt. Und zwar keine auf Berchtesgadener Art für das Stubeneck, sondern für einen Krippenkasten. Mir haben nämlich die alten Schiffererschwestern von Laufen einmal ein kleines, bescheidenes Kastenkripperl gezeigt, mit dem Laufener Schiffer in der Advents- und Weihnachtszeit herumgezogen sind, von Haus zu Haus, dazu gesungen haben, um sich für die Weihnachtstage etwas zusammenzubetteln. Dieses Kripperl war, wenn ich es recht in Erinnerung habe, nicht viel größer als ein Zigarrenkistl. Man hat den Deckel heben und die Vorderseite nach vorn ausklappen können, so war das kleine Kripperl gut zu sehen. Eine Kastenkrippe hab' ich also haben wollen. Aber schon größer als die der Laufener Schiffersleut'. Und so etwas müßte doch der Hogger in der Ramsau machen können.

Als ich ihn zum ersten Mal besucht habe, war der Eichstätter Heimatpfleger Iser mit dabei. Früher schon habe ich ja so kleine grobgeschnitzte Berchtesgadener Figürl gesammelt. Einen Almabtrieb zum Beispiel oder eine Bergparade, eine Parade der Salzbergknappen von Berchtesgaden. Diese typisch berchtesgadnerischen Grobschnitzfigürl hat mir vor vielen, vielen Jahren der Schüller-Karl in große Berchtesgadener Spanschachteln eingebaut: den Almabtrieb in eine Berglandschaft, kunstreich kaschiert mit Papier, Leim und Sand; ebenso die Bergparade, die allerdings in das Bergwerk verlegt worden ist, also unter Tag. Diese beiden Schachteln hab ich damals mitgenommen, um dem Hogger zu zeigen, wie pfleglich und sorgsam ich diese Figuren behandelt habe und ihm damit anzudeuten, daß ich, so er bereit wäre, für mich überhaupt etwas zu machen, mit seinen Arbeiten genauso ehrfurchtsvoll umgehen würde, daß sie bei mir in gute Hände kämen. Er hat sich alles genauestens angeschaut, hin- und hergewendet, schweigend, und dann hat er in sich hineingemurmelt: »De san net von mir.« Das war für mich im Augenblick natürlich etwas enttäuschend. Man muß nämlich wissen, daß die für Berchtesgadener Arbeiten so typischen, grobgeschnitzten Figürl alle sehr ähnlich aussehen, daß man als Außenstehender nicht, zumindest auf Anhieb nicht erkennen kann, wer sie geschnitzt hat. Und ich hatte gemeint, sie wären vielleicht von ihm. Wir sind dann trotzdem ins Gespräch gekommen. Ich habe ihm gesagt, daß ich gern von ihm eine Krippe hätte und gefragt, ob er mir eine machen würde, und wenn, daß ich gerne eine Kastenkrippe hätte, ähnlich derjenigen, mit der die Laufener Schiffersleut' in der Adventszeit herumgezogen sind. Etwas größer natürlich sollte sie werden, mit einem schrägen, pultartigen Deckel und der aufklappbaren Vorderseite. Der Hogger hat so ein bisserl herumgedruckt, herumgemurmelt, aber am End' hat es keine besonderen Überredungskünste gebraucht. Das Geheimnis, daß er zögernd zwar, aber ohne sich besonders rar zu machen, zugesagt hat, war – glaub' ich – die Tatsache, daß die Krippe anders werden sollte, als sie im Berchtesgadenerischen, besonders in der Ramsau üblich sind. Das war also einmal etwas Neues. Jedenfalls hat der

Hogger-Hans mir diese Krippe gemacht. Es sollte eine Krippe mit Folgen, aber auch in Folgen werden. In jenem Spätsommer war dann der kleine Kasten fertig: knapp 50 Zentimeter breit und gut 25 Zentimeter tief; auf der Vorderseite gute 15 Zentimeter hoch, auf der Rückseite gute 25. Und wenn man die Vorderseite ausklappt, ist die Krippe gar 45 Zentimeter tief. Diesen Kasten habe ich dann zu einer Frau gebracht, die ihn »berchtesgadenerisch« bemalt hat, damit er nicht ausschaut wie ein kleiner Werkzeugkasten. Als ich dann kurz vor Weihnachten wieder in die Ramsau gefahren bin, um »meine« Krippe zu holen, bin ich aus dem Staunen nimmer rausgekommen. In den Hintergrund hat der Hogger hohe Berge kaschiert, geleimt, bemalt und ein bisserl mit Moos beklebt. Vor den Bergen, auf halber Höhe Bethlehem, hinter den Häusern und der Kirche ein kleines Lamperl, damit aus den Fenstern Licht scheint. Darunter sozusagen in einer »Felswand« zum Einschieben ein Häuschen, in das man hineinschauen kann. In dem Häusl, das nach vorn offen ist, der Engel, der Maria die Botschaft bringt, darüber klein der Heilige Geist in Form einer Taube. Nachdem ich das

genügend bestaunt habe, hat der Hogger das schindelgedeckte Häusl herausgenommen, um ein anderes in diese Nische zu schieben. Mit ihm kann man dann eine Herbergssuche darstellen, mit einem kleinen Hund, einem Spitz, der das hochheilige Paar ankeift, oder zuvor noch den Gang übers Gebirg', den Besuch Mariens bei der Base Elisabeth. Da hat er dann die entsprechenden kleinen Figuren dazugestellt, den alten Zacharias, den heiligen Joseph, Maria und Elisabeth. »Des is as Marai«, hat er schmunzelnd gesagt, »und des as Lisei«.

Als ich diese Szene ausgiebig bewundert hab', hat er auch dieses Häusl herausgenommen und dafür das schindelgedeckte Hüttl mit der Krippe, mit dem Christkindl, Maria und Joseph, Ochs und Esel eingewechselt. In den Krippenkasten kann man durch zwei Klapptürl auch von der Rückseite hineinlangen, sozusagen unter die Berge, dort ist ein kleiner Trafo untergebracht. Da ist auch Platz für die Häusl, die man im Augenblick nicht braucht. In die Nische, in die die Häusl eingewechselt werden, sind zwei Schleifkontakte eingebaut, auf daß in jedem Häusl Licht werde, wenn man es auf seinen Platz geschoben hat. Für die Figuren hat der Hogger zwei Größen gewählt, für den Vordergrund auf dem Feld zum Beispiel oder vor der Krippe sind sie größer, etwa vier Zentimeter groß, für die Figuren im Mittelgrund an die drei Zentimeter. So entsteht eine unglaubliche Tiefe. Für ganz hinten, in den Bergen, hat er ganz kleine Häusl geschnitzt, halb plastisch, die man mit Hilfe eines kleinen Nagels aufstecken kann. Wilde Tiere, die staunend zum Christkindl schauen, die Hirten mit den Schafen im Vordergrund, die Hirtenhunde, den Engel, der mit einem Glöckerl in der Hand die Hirten weckt, die Engel, die auf einen kurzen Draht montiert sind, den man so in die Berge stecken kann, daß sie über Bethlehem und der Krippe schweben. Nichts hat er vergessen.

Bleibt noch zu berichten, daß bei den kleinen Figuren für den Hintergrund Volk zu sehen ist; viel Volk. Und dazu der Nikolo und zwei Buttmanndl, diese wilden Gestalten, die in Stroh gehüllt sind, geschmiedete Kuhglocken umgebunden haben und wilde Larven aus Fell tragen. Das ganze drei Zentimeter klein geschnitzt. Soviel also zur Krippe für den Heiligen Abend.

Der nächste Schritt, der nächste Wunsch, war natürlich, jetzt sollt' man halt auch den Aufzug der Heiligen Drei Könige haben. Der Hogger hat auf diesem Ohr schon gehört. So hab' ich mir ein Jahr später bei ihm die Heiligen Drei Könige mit Gefolge holen können, mit Packpferden, Kamelen, sogar mit einem Elefanten. Dann kam der nächste Wunsch, die nächste Bitte, »Hogger, jetzt müaßat ma halt no a Flucht nach Ägypten ham, mit dem Engel, der die Heilige Familie vor den Ungeheuern, die am Weg auflauern, bewahrt, und der sie sicher nach Ägypten führt.« Genaugenommen haben wir ganz von Anfang an, so nebenher, schon einmal von so einer Möglichkeit gesprochen und deshalb wohl hat er die Krippe so angelegt, daß man die Heilige Familie samt Ochs und Esel aus dem Stadl herausnehmen kann. Aber dann hat der alte Sinnierer gedacht, daß man bei so einer Szene den Stern von Bethlehem wahrlich nicht brauchen kann. Weil ihm aber die Vorstellung, das kleine Birndl herauszuschrauben, den Stern für diese Szene einfach verlöschen zu lassen, nicht genügt

hat, hat er sich schon etwas Besseres einfallen lassen. Oben an der Rückwand der Krippe war ein kleines Lamperl montiert, davor ein Brett gesteckt, bemalt wie ein wolkenlos strahlendblauer Himmel und oben in der Mitte, ganz klein hineingesägt ein Stern. Dieses Brett ist herauszunehmen. Der Hogger hat nun ein zweites Brett gemacht, hat es an der Stelle, an der der Stern und dahinter das Lamperl ist, so dünn geschabt, daß noch Licht durchkommt. Dazu hat er einen düsterverhangenen, stürmischen Himmel gemalt und fertig war die verdunkelte Sonne, und damit war die Beleuchtung für eine Flucht nach Ägypten gerade richtig.

Jeder Krippenfreund weiß, daß zum Abschluß des Weihnachtskreises die Hochzeit von Kanaa gehört, sozusagen das erste Wunder. Ein beliebtes Thema, bei dem schon die Krippenbauer des 18. Jahrhunderts alle Liebe mit hineingestaltet haben. Der Wein ist bei dieser Hochzeit ausgegangen, Jesus wandelt Wasser zu Wein – nachzulesen im Evangelium nach Johannes. Wie köstlich ist diese Hochzeit von Kanaa in der Aufstellung des Klosters Reutberg bei Tölz oder auf Frauenchiemsee, wie liebevoll die in der Stadtpfarrkirche von Weilheim, für die eigens Puppenküchentorten gebacken werden und die Jahr für Jahr mit unglaublicher Geduld aufgestellt wird. Im allgemeinen stehen diese Szenen von Lichtmeß bis Aschermittwoch.

Dann kam meine nächste Bitte: »Hogger, jetzt waar's halt schön, wenn man für des Kastl noch a Hochzeit von Kanaa hätt'n.« Darauf hat er nicht so reagiert wie sonst. Er hat vielmehr etwas herumgezweifelt, nicht ja und nicht nein gesagt. Ich hab' nicht recht gewußt, warum er so herumdruckt. Immer wieder, wenn ich nach Berchtesgaden gekommen bin, hab' ich ihn hartnäckig besucht und gesagt, wie denn das mit der Hochzeit von Kanaa jetzt wäre, und daß die halt noch gut in

den Krippenkasten passen tät'. Er hat mich dann immer etwas zweifelnd angeschaut. Wie er dann endlich gefragt hat: »Mei, wie soltat ma denn die machen?« hab' ich geantwortet: »Wie a Ramsauer Bauernhochzeit halt. Als Pfarrer können S' ja den Pfarrer Schüller von Berchtesgaden zum Brautpaar setzen.« Der Pfarrer Schüller ist übrigens der ältere Bruder des vorhin genannten ausgeliehenen Krippenbauers. Und da hat der Hogger auf einmal keine Zweifel mehr gehabt. Ich aber hab' jetzt gewußt, warum er so gemauert hat. Für den unmittelbaren Weihnachtskreis hat es keine weiteren Überlegungen gebraucht. Die Verkündigung, die Herbergssuche, die Geburt, die Heiligen Drei Könige, die Flucht spielen daheim, spielen bei uns. Bethlehem ist ein Bergdorf, die Krippe ein Stall, ein Behelfsstall wie bei uns auch. Da hat es keinen Zweifel gegeben. Aber bei der Hochzeit zu Kanaa war er sich nicht sicher. Schließlich war die schon durch die Bilder im Katechismus fast hinüberdiktiert ins Heilige Land. Jetzt aber sollte er sie gestalten und schnitzen, als spiele sie in der Ramsau, damit war der Bann gebrochen. »Ja!« hat er gemeint, »aber wenn i die machn soll, na brauch i den Kast'n.« Er hat ihn bekommen über einige Monate. In den Tagen vor Weihnachten hab' ich das Krippenkastl dann wieder geholt und da hab' ich allerdings nur noch staunen können. Das Kripperl war kaum mehr wiederzuerkennen.

Da war auf voller Breite ein Gasthof, ein Berggasthof, so hoch, daß gerade noch die Kirche und die Dächer von Kanaa darüber schauen. Aus Bethlehem war Kanaa geworden. Das Hinterzimmer dieses Gasthofs war in die Nische zu schieben, in der auch der Krippenstall seinen Platz hat. Da kann man, natürlich auch beleuchtet, die Hochzeitsgesellschaft sehen, das Brautpaar, eingerahmt von der Mutter Maria und dem Pfarrer. Vor dem Gasthof dann Jesus mit den sechs Krügen, ein Brunnen zum Wasserholen, die Hochzeitslader, unterhalb der Stufen der arme Lazarus als Bettler und der Hund, der seine Brosamen vom Tisch der Reichen bekommt. Rechts und links außen im Gebäude je ein kleines Kellergewölbe. Das eine ist dem Weinkeller vorbehalten, das andere ist der Vorratsraum für den Metzger. Und was ist das für ein Leben auf der Wiese vor dem Gasthof. Eine stattliche Hochzeitsgesellschaft auf den Bänken im Freien, dazu eine Blasmusik und ein Tanzboden, eine Kegelbahn mit Kegelbuben und eine Schießstatt für ein angemessenes Hochzeitsschießen. Sogar an einen Hochzeitsgast, der ein bisserl zuviel erwischt hat, ist gedacht. Er liegt erschöpft am Boden und ein Bub versucht ihn mit einem Kübel Wasser zum Leben zu erwecken. Als der Hogger seine kanaäisch-berchtesgadenerische Hochzeit fertig gehabt und der Enkel dieses köstliche kleine Kunstwerk aufmerksam betrachtet und begutachtet hat, sagt der doch zu seinem Großvater: »Opa, oans aber hast vagess'n – as Heisl.« Da sagt der Opa nicht: »Des ist drin im Haus«, sondern er setzt sich hin und macht eines. Hinten im Eck, hinter einem Felsen steht es. Man steckt es auf einen kleinen eigenen Stecker, damit auch in diesem Gehäuse ein schwaches Lichtl brennt. So begegnen sich heilige Szenen mit sehr menschlichen Bedürfnissen. Aber das ist nichts Neues. Dafür haben die Krippenbauer von ehedem auch Verständnis gehabt.

Jetzt könnt' ich noch lange weitererzählen, denn im Lauf der Zeit ist eine Jahreskrippe daraus geworden. Die Passion in allen Stationen hat der Hogger geschnitzt, dazu die entsprechenden Versatzstücke mit Jerusalem und dem Stadttor, alles auswechselbar, dazu das Abendmahl, Jesus und Pilatus oder das Heilige Grab. Am Feuer der Hirten von Weihnachten wärmt sich nun Petrus und auf der Säule daneben kräht der Hahn; nach dem Wort »Ehe der Hahn kräht, wirst du mich dreimal verleugnen.« Das Spiel ist weiter gegangen bis zum Sturm auf dem See Genezareth, bis zum Paradies und der Arche Noah. Aber das führt doch etwas zu weit von Advent und Weihnachten weg. Nur eines möchte ich noch kurz erwähnen. Eine Bäuerin hat mir einmal von einer Wallfahrt ins Heilige Land einen kleinen Stein vom Feld der Hirten in Bethlehem mitgebracht für meine Krippe. Seitdem liegt er in der Weihnachtskrippe und drum herum grasen die kleinen hölzernen Schafe.

P. E. R.

Biblisches Land in bayerischen Herzen

Es ist schon eine herzerwärmende Sache, in Kindheits- und Jugenderinnerungen einzutauchen, sie brauchen nicht einmal glanzvoll in unserem Leben zu stehen; bescheidene, einst kaum als besonders merkwürdig empfundene Erlebnisse am Rand des Alltags erweisen sich nicht selten im Alter von großer Leuchtkraft. Sie durchdringen das Dunkel so vieler Stunden, die uns das Schicksal in den Tälern der Bedrängnisse bereitet hat, und strahlt über Jahrzehnte in unser Heute herein.

Was ist da schon groß dabei – wie es mir geschehen ist – wenn ein Onkel mit seinem Neffen sonntags in den Kreuzlinger Forst oder in den Forst Kasten radelt, durchs Jungholz kriecht, auf Lichtungen Ball spielt, faustdicke Rindenstücke von gefällten Eichen säbelt und Schiffe daraus schnitzelt, um die Wette rennt und schließlich todmüde aufs Moospolster sinkt, alle viere ausgestreckt wie die Schlaraffen, und Wurstbrote pampft zur Stärkung für die Heimfahrt mit reicher Beute im Rucksack? Was ist da schon groß dabei, mag mancher fragen, ich aber sage, mit keinem Prinzen hätte ich getauscht, mit keinem von damals und erst recht nicht mit einem Prinzen von heute. Denn was wir da in seliger Müdigkeit heimschleppten an Beutestücken im Rucksack, verhieß selbstvergessene Stunden in der winterlichen

Stube, wenn Frost und Schnee die Radln in die großväterliche Remise verbannten. In jener Remise wurde die Beute ausgekramt und geborgen: Plattenmoos, Rindentafeln, Wurzelwerk von Fichten, die der Windbruch ans Licht geworfen hatte. Ein Nichts also für andere, Requisiten weihnachtlicher Verzauberung für uns beide, für den Onkel Josef und mich.

Denn der Onkel Josef hatte eine Krippe. Ein anderer Onkel väterlicherseits hat sie dem jüngeren überlassen, aber Maßstäbe, die bei zünftigen Krippenbauern gelten, durfte man bei ihr nicht anlegen. Ich verrate ohne Beschämung, daß es sich bei ihr eigentlich nur um eine Cichorienkiste handelte, die, ohne Deckel und Vorderwand, den Mantel der Krippe bildete. Die Innenwände waren so einfach wie wirkungsvoll mit Rindenstücken verkleidet, und niemals schien mir eine Szenerie überzeugender als Hochgebirge dargestellt. Zwei Treppchen mit Geländern liefen an den Seiten vom Boden bis zur Höhe des Hintergrunds, ein Quergang, ebenfalls durch ein Geländer gegen Absturz gesichert, verband beide. Darunter befand sich der Stall, aus Pappe oder dünnen Brettchen gefertigt, es ließ sich nicht genau ausmachen, denn das Material war mit grüngrauem Schweißsand übersprüht, und so war es dem kleinen Krippenbarbaren wirklicher Stein. Von dem steinernen Gemäuer floß altersgraues Flechtwerk. Es war, ich muß es sagen, ein in vielen Speichersommern ausgedörrter Krippenstall. Alles war mürbe geworden daran: die Rindenverkleidungen der Innenwände, die Treppchen samt den Geländern, die Cichorienkiste selbst, deren Hersteller ja keineswegs den hohen Zweck ins Auge gefaßt hatte, das biblische Geschehen von Bethlehem darin aufzunehmen. Doch muß ich gestehen, daß gerade diese alljährlich zutage tretende Hinfälligkeit unseren Eifer mächtig anspornte. Was gab es da stets zu nageln und zu leimen, noch bizarrere Felsformationen

den spröden Rinden abzutrotzen, aus den Ritzen Wacholder sprießen und über das Dach des Stalles moosige Flechten wuchern zu lassen! Man mußte höllisch aufpassen und eine Himmelsgeduld walten lassen, denn regelmäßig geschah es, daß, während man an einer Ecke nagelte, an der entgegengesetzten die spröden Rindenstücke abfielen, doch immer vollendeten wir sie, die Arbeit des Sisyphus, wenigstens in den Augen der Nichteingeweihten, die von einer knochentrockenen Cichorienkiste und einem Felsgebirge aus Eichenrinde nichts verstanden.

Der schwierigste Teil der Aufstellung aber stand uns erst noch bevor. Das unter so viel Geduldsproben erstandene biblische Land mußte nun ja bevölkert werden mit Mensch und allerlei Getier. Ich möchte den Orang Utan, den Leoparden und den Löwen, die geringelte Schlange, den Braunbären und den Eisbären gerne verschweigen, doch ich habe mich nun einmal zur Wahrheit entschlossen. Heute weiß ich es so gut wie irgendeiner, daß diese Tiere, den Braunbären ausgenommen, allenfalls bei der Flucht nach Ägypten, nie und nimmer aber, wie bei uns damals, bei der Geburt Christi mitwirken dürfen; doch wie wenig machte uns so ein Regiefehler aus! Unschuldsvoll wie im Paradies weideten auf unserem Moosgrund das sanfte Lamm neben dem reißenden Panther, und Ochs und Esel fürchteten nicht den Zahn des Löwen. Inwendig freilich glichen sich ihre Naturen wie die beiden berühmten Eier: sie waren nämlich allesamt aus Papiermaché. Später dann, am Heiligdreikönigstag, kamen auf weichen Sohlen ein Kamel und ein Elefant, dazu ein Apfelschimmel, dessen fehlendes viertes Hinterbein teils zur Tarnung des Makels, teils aus statischen Gründen durch ein dem Moosgrund entsprießendes Wacholderreis ersetzt wurde. Trotz all dieser Kreatur wäre unsere Krippe natürlich nichts weiter gewesen als eine Menagerie, die Figuren mußten dazukommen, die ja selbst in kunstvollen Landschaftskrippen weit mehr als bloße Staffagen. Aber auch was diese Personen betrifft, kann ich leider nicht mit Trümpfen aufwarten. Wenn ich mich bemühe, nichts zu beschönigen, muß ich sie samt und sonders steifleinene Gesellen nennen, obwohl ihre Arme und Beine beweglich waren dank eines Stückchens Eisendraht, das ihre Gliedmaßen mit dem Rumpf verband, der aus einem Stoffstreifen gewickelt war. Die Sprödigkeit jenes Stückchens Eisendraht allerdings ließ es geraten erscheinen, den Figürchen keine allzu gewagten Körperhaltungen abzufordern, er brach leicht ab, und so mußte ich an einem meiner drei Hirten leider zeitlebens ein Schlenkerbein hinnehmen.

Gekleidet waren sie ziemlich einförmig grau in grau aus Resten männlicher Anzugstoffe, deren Beschaffenheit keinerlei kühne Faltenwürfe erlaubte. Zwei von ihnen waren um die Lenden gegürtet mit einem Fetzchen Pelzstoff, was sie, ich muß es sagen, noch plumper erscheinen ließ. Obwohl ich damals den Labetrunk des Bieres noch nicht liebgewonnen hatte, empfand ich die Kürbisflaschen, die ihnen, an einem Spagat befestigt, an den Hüften baumelten, als ungemein dekorativ. Die Meinung, daß sie mit Bier gefüllt waren, darf man einem Münchner Buben, der in der Nachbarschaft von drei Brauereien aufwuchs, gewiß nicht übelnehmen. Leider machte das heilige Paar, was die Vierschrötigkeit betraf, keine Ausnahme. Immerhin waren sie bunter gekleidet in den herkömmlichen Farben, der heilige Josef in Ockergelb und Violett, die Gottesmutter in Rot und Blau. Aber noch habe ich nicht von der Hauptsache erzählt, von den Köpfchen, dem Mienenspiel der biblischen Leute meines Bethlehem. Sie waren aus Wachs bossiert, denn Kunststoffe, aus denen sie jetzt fabrikmäßig hergestellt werden, gab es ja vor dem Ersten Weltkrieg nicht. Sie waren hübscher als die heutigen, muß ich sagen, denn kein anderer

Stoff erreicht in so hohem Maße wie das durchscheinende Wachs die menschliche Natürlichkeit. Freilich, die aufgeklebten Haupthaare waren im Lauf der Jahre lichter geworden und fielen gar zu leicht ab. Mit Klebstoff war da nicht viel auszurichten, und die Locken durch leichtes Anschmelzen wieder zu befestigen, führte bei mehrmaliger Anwendung der Prozedur leider zu Mißbildungen der Schädelform. Kurz gesagt, die Köpfe waren nicht im rechten Verhältnis zu den Körpern. Einem Schulfreund, der einmal meine Krippe anschaute, ist deshalb die böse Feststellung entschlüpft, die Figuren hätten »Klufernköpfln«. Das habe ich ihm lange Zeit nachgetragen, und wenn ich ihm heute, nach so vielen Jahrzehnten begegne, muß ich die Erinnerung an die »Klufernköpfln« mannhaft hinunterschlucken, ehe ich ihm die Grußhand hinstrecke.

So also war die Krippe meines Onkels Josef beschaffen, die dann die meine werden sollte. Dem Urteil der zünftigen Krippenschöpfer von heute darf ich mich, wie gesagt, damit gar nicht stellen: »Kitsch, erbärmliches Kripperlzeug, das in die Folterkammer der Krippengeschichte verbannt gehört«, werden Sie sagen. Lassen Sie mich weitererzählen, ehe Sie diesem Verdammungsurteil beistimmen.

Ich muß nun weiter enthüllen, daß weder mein Onkel Josef noch ich selbst von sanftem Gemüt waren. Leute unserer Art sind meist flatterhaften, unbeständigen Wesens, das Basteleien abgeneigt ist und bei der mindesten Schwierigkeit die Flinte ins Korn wirft. Ja, so waren wir beide. So waren wir aber keineswegs, wenn wir uns daranmachten, unsere Krippe aufzubauen. Ich weiß nicht, wie es kam, daß schon beim Auspacken der Figuren aus dem kleinen Kistchen alle ungute Hast von uns abfiel. Vielleicht weil wir wußten, wie verletzlich sie im Laufe der Jahre geworden waren und schon ihr Enthüllen aus dem Seidenpapier, in dem sie elf

Monate lang geschlummert hatten, einer zarten Hand bedurfte. Engelshände hätte man haben müssen und trotzdem wäre da und dort ein Weihnachtshändchen oder das Bein eines Schafes abgebrochen. Vielleicht war es wirklich diese äußere Besorgnis um die Unversehrtheit unserer Krippe, die uns so merkwürdig still werden ließ. Und wir leimten und feilten, bohrten und schliffen, nagelten und bosselten, kaum daß einer von uns eine halblaute Bemerkung fallen ließ. Über all dem wurden wir der Gegenwart und der »Schwanthalerhöh« gänzlich entrückt und sanft hinübergeflügelt in das biblische Land, wie wir es verstanden, mit einer Spiegelscherbe als See Genezareth, mit Wacholder als Palmgewächs und Plattenmoos aus dem Kreuzlinger Forst als Jordangras.

Ich will nun nicht behaupten, ich wäre davon die ganzen Adventwochen und bis zum Dreikönigstag hin der brave Knabe von heiligmäßiger Empfindung geblieben, das nicht, aber in dieser Weihnachtsstube und vor dieser Krippe schwand in mir der unruhvolle Webergeist, wie meine Großmutter mein bubenhaftes Umgetriebensein nannte, auf unerklärliche Weise. Das Geschehen an jenem Tag Null in Bethlehem ist mir nie mehr so nahe ans Herz und mitten ins Begreifen getreten als damals vor unserer Krippe. Wer möchte da den Übermut haben und sie ein elendes Kripperlzeug nennen?

Als mein Onkel im sechzehner Jahr in Flandern geblieben war, erbte ich die Krippe. Ein paar Jahre bemühte ich mich in alter Weise um sie, aber ihre Lebenskraft schien endlich aufgezehrt zu sein. Der Brüchigkeit der Cichorienkiste war mit keinen Listen mehr beizukommen, die Hirten und sogar der heilige Josef waren unansehnliche Kahlköpfe geworden, ihre Wachshände hatten sie auch zum Teil eingebüßt, und als eines Tages ein Freund mit begehrlichen Blicken meine Heiligen Drei Könige rühmte, die ihm in seiner Krippe fehlten, gab ich sie ihm in einer Aufwallung hin. Auch die übrigen Figuren verloren sich, ich weiß nicht mehr wohin, meine Krippe war nur noch eine Bubenerinnerung, von der mir nichts weiter verblieben ist als der Elefant.

Ein erhebendes Fest voll Innerlichkeit ist mir Weihnachten auch in den folgenden Jahren geblieben, doch blieb ein peinlich fühlbarer Rest. Es war kein rechtes Weihnachten mehr ohne Krippe. Es half nicht viel, wenn ich in der Nachbarschaft zu einem Freund meines Vaters Heimgarten ging, der ein kunstreicher Mann war und eine Krippe besaß, an der er alles selbst geschaffen hatte. Die Figuren, auf Zigarrenkistchenholz entworfen, ausgesägt und mit schönen Farben bemalt, konnte man künstlerisch nennen, aber zu basteln gab es an ihnen nichts mehr, und die Krippe war fertig, sobald man sie mit ihren Bodenbrettchen ins Moos gestellt hatte. Die Verzauberung, die mir meine Bubenkrippe zuteil werden ließ, schenkte mir diese Krippe nicht.

Den Tändler Zitzelsberger muß ich nun zitieren, der gegenüber in unserer Straße seine Tändlerei betrieb. Er war Witwer, und die ordnende Hand seiner verstorbenen Frau fehlte ihm an allen Ecken und Enden. Die Jahre hatten Wust und Trödel in seinem Laden wirr aufeinandergeschichtet, und irgendwohin, nur ihm selbt vertraut, hatte sich auch ein Krippenstall verirrt. Seltsam genug war, daß der kauzige Mann, wenn es gegen Weihnachten ging, den Krippenstall hervorkramte und ihn zuoberst eines der Trödlerhaufen stellte, jedermann auffällig, der den Laden betrat. Figuren besaß er nicht, doch für immer entbehrlich schienen sie ihm nicht zu sein; denn als ich ihn einmal ermunterte, sich doch auf dem Krippenmarkt wenigstens das Heilige Paar und etliche Hirten um billiges Geld anzuschaffen, meinte er, er warte nur auf eine Gelegenheit, bis ihm die Figuren bei einer Versteigerung »einstehen« würden. Sein

Tandler-Ethos ließ es einfach nicht zu, an einen anderen Erwerb als über eine Versteigerung zu denken. Es bot sich ihm aber niemals eine solche Gelegenheit. So stand denn der leere Krippenstall Jahr um Jahr auf einem Wust alter Kleider und Fahrradreifen, und so unansehnlich das Ställchen und so unwürdig sein Standplatz auch war, bedauerte ich doch die Unvollkommenheit der Zurschaustellung. Es sei ihm genauso, als ob die heilige Maria samt Josef und dem Christkind darin wären, meinte er, als ich ihn darauf ansprach. Ich aber achtete diese Einbildung, so seltsam sie auch sein mochte. Wer weiß schließlich, was in einer verwittibten Tändlerseele vorgeht, wenn es auf Weihnachten zugeht?

Ja, und an die Familienausflüge an Sommertagen muß ich denken, die den heimlichen Wunsch nach einer neuen Krippe nie ganz einschlafen ließen. Nach Planegg hinaus beispielsweise und seiner Wallfahrt Maria Eich mit ihrer großen Krippe, die damals noch nicht so kunstvoll, wie sie heute die Augustiner gestalten, das ganze Jahr über zur Erbauung zu sehen war. ... Ins Ampertal kamen wir an solchen Sommersonntagen auch, bei Wanderungen von Fürstenfeldbruck über die Amperleite und nach Wildenroth. Eines schönen Ausflugstages ging es mir plötzlich auf, was mich immer so merkwürdig angeweht hatte, wenn wir über die Amperbrücke gewandert waren und der Blick über die grünen Hügel von Wildenroth die Erinnerung an meine Bubenkrippe heraufgerufen hat. Ich sagte es dem Vater, der neben mir schritt, und als wir uns über das Brückengeländer lehnten und ins Treiben der Wasser schauten, meinte er: Das habe schon seine Richtigkeit mit meiner Empfindung, und man nenne dieses Wildenroth darum auch das bayerische Bethlehem.

Jahre später hatte ich geheiratet, und als uns eine Tochter gegeben war, gab es kein Ausweichen mehr; es durfte kein Weihnachten mehr ohne Krippe geben. Mit dem Heiligen Paar und dem Christkind fing es im ersten Jahr an, die folgenden brachten Hirten, die drei Könige, schließlich noch die Diener der Magier und nebenher alles Getier, holzgeschnitzt wie die Köpfchen und die Hände der Figuren, die im übrigen ansehnlich gekleidet und beweglich waren. Mein Elefant aus der Bubenzeit hat diese Auferstehung noch rüstig erlebt. Ich brachte es nicht über mich, ihm den Laufpaß zu geben. Einem Elefanten, den man einst am liebsten jeden Abend mit ins Bett genommen hätte, wenn es eines Buben nicht unwürdig gewesen wäre, gibt man nicht den Gnadenstoß, sondern das Gnadenbrot.

Ich bastelte viel an allerlei Kleinzeug wie dem Gepäck der Heiligen Drei Könige, an Brunnen und Brücken, Schilden und Speeren, und meine Frau wunderte sich ein ums andere Mal mehr über die Geduld, deren Faden mir doch bei weit geringeren Belastungen so rasch riß. Aber das ist nun einmal so beim Krippenwerken, daß man still und demütig wird, auch wenn unsere Natur im Grunde dem dawider ist.

Ein Kunstwerk ist meine neue Krippe freilich nicht, ich konnte meine alte Vorliebe für Rinden, Wacholder, Wurzelwerk und viel Moos einfach nicht zähmen, und sie als Kastenkrippe aufzubauen, die allein die Illusion der Weite zu erwecken erlaubt, dazu fehlte mir der Platz. Aber eine innige Krippe, an der es viel zu schauen und zu sinnen gibt, ist sie doch geworden, und wir selbst, wie die kleinen Besucher aus der Nachbarschaft, die gelegentlich zum Beschauen kamen, haben ihre Innigkeit auch empfunden. Und das ist, meine ich, doch das beste, was man von einer Krippe sagen kann.

Karl Spengler

Lippal, sollst g'schwind aufsteh!

1. Lippal, sollst g'schwind aufsteh!
»Was denn toa?«
Mi wundats, daß d' schlaffn magst!
»I schlaf scho.«
Geh mit mir auf die Weid,
Schaugn, was 's für Wunda geit!
Is so liacht wia beim Tag.
»Was waar das?«

2. So steh doch auf amal!
»Gebts an Fried!«
D' Lampal sand all dahi –
»Glaab enk 's net!«
Alle sand s' auf da Woad;
Leg di doch hi' meinoad!
Mir miaßn suachen geh!
»Des waar schee!«

3. Die Musi währt scho lang!
»I hör nicht.«
Trag dei Pfeif aa mit dir!
»Bi scho g'richt.«
D' Engerl de singan obn:
Es ist ein Kind geborn.
Wann 's da Messias waar –
»Das waar rar!«

4. Bethlahem hoaßt der Ort –
»Wer hat 's g'sogt?«
I hab's vom Engel g'hört –
»Hast 'n g'frogt?«
A Jungfrau keusch und rein
Soll seine Muatta sein.
Dort, wo da Stern obn brinnt –
»Geh na g'schwind!«

5. Wolln ma an Opfa tragn?
»Is scho g'recht.«
I taat a Lampei habn –
»Wann er 's möcht!«
Er is so volla Not
Und is der große Gott!
Hat gar koa Herberg net.
»Liag doch net!«

6. 's Kindel liegt auf dem Heu –
»Hat 's koa Bett?«
Esel und Ochs dabei –
»Fressen 's G'sod.«
I gib mei Röckerl her,
Sunst hab i aa nix mehr.
Mit dem muaß 's z'friedn sei.
»Bild ma 's ei!«

7. Iaz geh ma all dahi!
»Gehts awegg!«
I nimm a Schmalz mit mir –
»I an Speck!«
I hab mei' ganz Vermögn
alls dem kloan Kindel gebn.
Tuat eahm die Treu so wohl!
»Das waar toll!«

8. Buß dem Kind d' Hand am erst!
»Taat scho noat.«
Er hat uns all dalöst –
»Das waar guat!«
O allerliebstes Kind,
Verzeihe uns die Sünd!
Mir wollen 's nimma toa,
»Bitt di schee!«

9. So schee is koans geborn,
»Wia des Kind.«
Daß 's auf an Heu muaß liegn –
»Is recht a Sünd.«

I tua ge' d' Muatta fragn,
ob i's mit mir derf tragn.
I hätt die greßte Freud.
»Du redst g'scheid!«

10. Warts eahm na fleißig auf
»Dem Kind, dem kloan!«
I kimm scho nomal her –
»Und suach enk hoam.«
Wia 's nit vom Stall heraus
Streckt seine Handerl aus!
Er will uns denken dran –
»Der Gottessohn.«

11. Iaz hamma no was z'letzt –
»I hab g'nuag.«
Mei Hals is ganz valechzt –
»Nimm an Kruag!«
Gar lang werd 's nimma währn.
»G'scheida is 's gar aufhörn.«
Is weiters aa scho wahr.
»Iaz is 's gar!«

Pfeffernüsse

225 g Zucker
2 Eier
220 g Mehl
30 g Zitronat
30 g Orangeat
1 Teelöffel Zimt

1 Messerspitze Nelken
1 Messerspitze
   Kardamom
½ Messerspitze Pfeffer
½ Messerspitze
   Hirschhornsalz

Eier und Zucker werden dick schaumig gerührt.

Dann rührt man sämtliche Gewürze ein, ebenso das aufgelöste Hirschhornsalz und das gesiebte Mehl. Man knetet den Teig gut durch, walkt ihn fingerdick aus und sticht kleine Plätzchen aus. Diese läßt man auf dem gewachsten Blech über Nacht trocknen und bäckt sie dann bei mäßiger Hitze.

Herbergsuche

WIRT
(tritt auf, hat eine grüne Schlegelhaube, kurze Hosen, weiße Wadelstrümpf und einen weißen Schaber [Schurz] an.)
Ich hab vernommen,
Daß ankommen
Hoch und Nieder, Standspersonen –
Ei so setz ich mein Leben
Und will keinem Armen kein Herberg geben.

(JOSEPH klopft draußen an. WIRT: »Herein!« MARIA und JOSEPH treten ein; erstere trägt [...] ein blaues Hütchen mit roten Bändern; in der Rechten einen Stab, in der Linken ein »Zeckerl« [geflochtene Tasche]. Joseph hat einen Filzhut mit gelbem Band, ebenfalls einen Stab und einen »Zecker«, aus dem Zimmermannswerkzeuge [Säge, Hölzer etc.] herausschauen.)

JOSEPH
Grüß Gott, Herr Wirt, mein lieber Freund!
Könnt ihr uns nicht herbergen heint?
Wir sind sehr matt von weiter Reis,
Wie's jeder Wandersmann selbst wohl weiß.

WIRT
Nein, nein, mein Mann!
Bei mir bist ein unwürd'ger Gast;
Bei mir hast du keine Rast.

WIRTIN
(tritt auf; hat einen altmodischen Rock mit weiten Ärmeln, eine weiße Schürze, Geldtasche und ein paar Schlüssel. Zum Wirt:)
Was hast du da für Lumpersleut?
Was tust das Maul aufspreizen weit?
Geh 'nein, mach d' Zech! Die Baurn sind voll
Mein Haus und Keller versich mir wohl!
(Zu Joseph:)
Was hab ich mit dir und deinem Weib zu schaffen?
Wer weiß, wo ihr seid hergeloffen!
Packt euch fort von meiner Tür,
Macht mir keine weitere Unruh hier!
Ich hab eine Wohnung für die Reichen;
Schauts enk a-r-um enkersgleichen!

MARIA
(kniet nieder)
Erbarmen wollst dich, o höchster Gott,
Daß wir abziehn müaßen mit solchem Spott!
Vor Angst und Kälten müaßen wir sterben,
Wenn wir nicht bald eine Herberg erwerben.

WIRT
Mein Frau! was habt ihr für ein Klagen?
Mir scheint, ihr wollt ja gar verzagen.
Ihr seht bei der Zeit selber wohl,
Daß mein Haus ist von Fremden voll.
Wollt ihr aber in' Stall hinein,
So soll's euch unverwehret sein

Dort könnt ihr halt,
Wann's euch gefallt,
Vor'm Wetter unterstehen.

JOSEPH
Vergelt euch's Gott, mein lieber Herr Wirt,
Weil's doch der göttliche Willen ist!
(Wirt zuerst ab, dann Maria und Joseph)
August Hartmann

MARIA
– Es gilt uns alles gleich,
Ob wir heint liegn hart oder weich,
Wenn uns nur nicht der Schnee bestreicht
Und der Wind etlichermaßen abweicht.

WIRT
Dort vor dem Thor
– Folgt nur dem Gspor! –
Werdt ihr ein Hütten sehen.

Liabe Nachbarn, laßts enk sagn

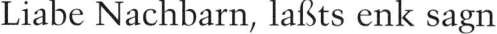

1. Liabe Nachbarn, laßts enk sagn,
I muaß enk fragn, i muaß enk 's klagn;
Zwoa Nächt nix g'schlaffa, dös tua enk klagn!

2. I siehg dir's o, mei liaba Bua;
Nimm dir a Ruah!
Leg di na nieda und schlaf dir grad g'nua!

122

3. Mir, Veichtel, wollen wachbar sein,
Gelt, Brüderlein?
Der Lenzel schlaf' in Gottsnam ein!

4. I hör a Musi; wia hat s' klunga!
Wia ham s' g'sunga!
San d' Engei kreuzweis umag'sprunga.

5. Da Hansel, der sollt g'schwind aufsteh,
Sollt g'schwind aufsteh
Und sollt mit uns zum Losen geh!

6. Weckts den Lenzel aa dazua,
Laßts eam koa Ruah!
Oda hast dir no net g'schlaffa gnua?

7. I ko iazt nit, i mag iazt nit;
Laßts mir an Fried!
Und bal 's Tag is, geh i scho mit.

8. Auf d' Roas wolln ma uns iazt geben gern
Wohl zu dem Stern!
Was 's dort alls geit, des miaß ma erscht hörn.

9. Geh, faula Lenzel, g'schwind aufsteh
Und mit uns geh!
Was wischt dir d'Augn? Toan s' dir denn weh?

10. So muaß i halt ge' gehen mit,
Weil 's ma laßts koan Fried –
Vor lauta Schlaf so mag i schier nit.

11. Laufts, ihr Hirten, nach Bethlehem g'schwind!
Dort liegt ein Kind
Wohl zwischen Ochs und Eselein drin.

12. Wir wolln das Jesulein beten an,
Was jeder kann;
Aft gibt er uns den Himmel z' Lohn.

13. O kleines Kind, o großer Got!
Hilf uns aus Not!
Nimm uns zu dir nach unserem Tod!

14. Nach Haus wir wiedrum kehren wolln,
Sonst wern 's uns g'stohln,
Der Wolf möcht unsre Schafai holn.

Springerle

250 g Zucker
250 g Mehl
  2 Eier
  1 Messerspitze Pottasche
das Abgeriebene einer halben Zitrone/Schale

Die Eier werden mit dem Zucker längere Zeit sehr schaumig gerührt. Dann gibt man die abgeriebene Zitronenschale, die mit einem Eßlöffel lauwarmen Wassers aufgelöste Pottasche und das gesiebte Mehl dazu und knetet einen Teig daraus, den man mindestens eine Stunde kalt stellt. Auf den ca. 6 mm dicken, ausgewalkten Teig drückt man die mit Mehl bestäubten Holzformen und schneidet sie dann aus. Man legt sie auf ein mit Wachs bestrichenes und mit Anis bestreutes Blech und läßt sie über Nacht trocknen. Am nächsten Tag bäckt man sie bei mittlerer Hitze. Sie müssen hell bleiben

Von Herbergssuche und Klöpfelngehn

»Es begab sich aber zu der Zeit, daß ein Gebot von dem Kaiser Augustus ausging, daß alle Welt geschätzt würde. Und diese Schätzung war die allererste und geschah zu der Zeit, da Cyrenius Landpfleger in Syrien war, und jedermann ging, daß er sich schätzen ließe, ein jeglicher in seine Stadt. Da machte sich auf auch Joseph aus Galiläa, aus der Stadt Nazareth, in das jüdische Land zur Stadt Davids, die da heißt Bethlehem, darum daß er von dem Hause und Geschlecht Davids war, auf daß er sich schätzen ließe mit Maria, seinem vertrauten Weibe ...« Wir alle kennen diese Stelle aus der Heiligen Schrift und wissen, daß Maria und Joseph Herberge gesucht haben. Umsonst, denn überall sind sie abgewiesen worden. Nirgends war Platz für sie. So hat man es ihnen jedenfalls überall gesagt. Von einem Haus zum andern sind sie gegangen und nirgendwo hat man sie behalten.

An diese Herbergssuche des Heiligen Paares vor fast 2000 Jahren erinnern zwei Bräuche.

Der eine – er war schon recht vergessen – ist in unseren Tagen wieder mehr zu Ehren gekommen, nämlich das sogenannte Frauentragen. Meistens sind es Kinder, die diesen Brauch ausüben. Eine Muttergottesfigur oder eine Figurengruppe der Mutter Gottes und des heiligen Joseph wird jeden Tag in ein anderes Bauernhaus getragen und meist unter dem Herrgottswinkel abgestellt. Dort bleibt sie über Nacht, findet sie sozusagen Herberge. Am nächsten Abend dann kommen die Kinder wieder, singen ein altes Herbergssuche-Lied, holen die Figur wieder ab, und tragen sie in das nächste Haus. Das geht so, Tag für Tag, Abend für Abend, bis zur Heiligen Nacht. In der Christnacht dann wird diese Figur meist in die Kirche oder in den Pfarrhof gebracht.

Der andere Brauch ist das Klöpfeln- oder das Klöckelngehen, wie es in Südtirol heißt. Es ist ein Brauch, der kaum mehr ausgeübt wird. An den drei Donnerstagen zwischen dem ersten und vierten Adventssonntag, nach Einbruch der Dunkelheit, ist man Klöpfeln gegangen. Wenn aber zwischen dem vierten Advent und dem Heiligen Abend noch ein Donnerstag gelegen ist, so ist man an diesem Tag nicht klöpfeln gegangen. Mit der Zeit ist daraus ein Kinderbrauch geworden, aber ursprünglich einmal hat jeder zum Klöpfeln gehen können, vor allem für die armen Leute waren diese Tage gedacht. Früher hat man ja keine Sozialversicherung gekannt, und es hat folglich mehr arme Leute gegeben als heute. Sie alle waren dem Erbarmen und dem Opferwillen ihrer Mitmenschen ausgeliefert. Und gerade diese armen Leute sollten eben an diesen drei Donnerstagen die Möglichkeit haben, ein bißchen Butter oder Speck, Mehl, Kletzenbrot oder Wurst, vielleicht auch etwas Geld zu erbetteln, um sich damit den so kargen Speisezettel wenigstens zu Weihnachten etwas aufzubessern. Meistens sind die Klöpfler alle vermummt gewesen. Wer hat sich schon zu erkennen geben wollen, wenn er von Haus zu Haus betteln gegangen ist?

Wenn man sie in Südtirol Klöckler nennt, so kommt der Name von den Kuhglocken, die sie mittragen, während die Klöpfler ihren Namen ohne Zweifel vom Anklopfen, vom Anbossen an Türen und Fensterladen ableiten. In manchen Gegenden hat man dazu sogar eigens kleine hölzerne Hämmer gehabt. Heugabeln hat man auch benützt oder Stöcke.

Im Werdenfelser Land hat man das Klöpfeln auch »Berchtngehn« geheißen. Am Westrand vom Murnauer Moos nennt man es heute noch so. In einem Bericht wird um 1860 erzählt, daß sich gewöhnlich drei Personen zusammengetan, sich mit alten Kleidern vermummt und über den Kopf einen abgenützten Sack gestülpt hätten, in den Löcher für die Augen und den Mund geschnitten waren. »Einer hatte eine lange Kette am Gürtel, ein zweiter eine Einkenter, wohl ein Schürhakl, und der dritte einen Besen. Wenn sie an ein Haus hinkamen, wurde mit der Kette gerasselt und an die Haustür geklopft, mit dem Einkenter auf dem Boden gescharrt und mit dem Besen gekehrt. Dies alles geschah zur gleichen Zeit. Die Leute im Hause haben dann schon gewußt, daß die Berchten gekommen sind und haben Birnen, Brot oder Nudeln hergegeben ...« In solchen Nächten sind die Klöpfler oft weit gelaufen; von den Mittenwaldern erzählt man, sie seien die Isar abwärts bis Lenggries und gar nach Tölz gekommen und hätten vor den Haustüren gerufen: »Holla, holla! Klopf o! D' Frau hat an schöna Mo! Gibt mir d' Frau a Küchl zum Loh'/daß i an Herrn g'lobt ho/a Küachl und an Zeltn (Früchtebrot)/der Peter wird's vergelten/der Peter is a heiliger Mo/ der alle Ding vergelten ko.« Und im alten München war um die Mitte des vorigen Jahrhunderts der gleiche Spruch üblich, allerdings mit einem recht massiven Nachtrag: »... Will sie mir keine Kücheln geben/ Will i's Haus auf d' Seiten legen/d' Hennen will i all derschlagen/'n Gockel will i im Hof rumjagn.«

Im Rinchnacher Gebiet, im Bayerischen Wald, sind meist erwachsene Burschen mit einer Heugabel mit eisernen Zinken von Haus zu Haus gezogen, haben die Tür aufgestoßen und die Gabeln in den Gang hineingesteckt und gerufen:
»... Klopf, klopf, klopf o/Der Bauer is a brava Mo/ d' Schüssel hör i klinga/d' Krapfa hör i springa/ Krapfa raus, Krapfa raus, oder i stich enk a Loch ins Haus.« Und eh sich ein Bauer ein Loch ins Haus hätte stechen lassen, hat er halt dann doch lieber an die Heugabel Würste gehängt oder einen Speck draufgesteckt.

Wer an einem Donnerstag vor Weihnachten nach Oberammergau kommt, kann das Klöpfeln, als einen Kinderbettelbrauch natürlich, heute noch erleben. Es mag um 1950 gewesen sein: Die Uhr vom Kirchturm schlägt um sechs Uhr am Abend – es ist schon dunkel, die Lichter brennen und es liegt schon Schnee –, da kommen aus allen Gassen die Kinder, rennen in die Geschäfte und singen ihr Lied: »Wir ziehen daher so spät in der Nacht, denn heut ist die heilige Klöpfelesnacht ...« Acht Strophen hätte dieses Lied, aber kaum haben sie ihr Zuckerl oder ihre Wurst bekommen, dann geht's aus dem Laden hinaus und im Trab in den nächsten, bis sich der kleine weiße Sack füllt mit

Schwammdosen und Würstln, mit Griffel und Äpfeln, Bonbons, Orangen, alles kreuz und quer durcheinander. Und zu mehr als einer Strophe bleibt den kleinen Klöpflern dann kaum Zeit.

Ich bin einmal mit vier Buben gegangen, zwei haben gesungen, zwei haben diesen Gesang auf Geigen begleitet. Sie sind vor ein Bauernhaus gegangen, haben gesungen und gespielt. Die Bauernleut haben zugehört. Allzu schön haben sie ja nicht gespielt. Deshalb hat die Bäuerin, als sie mit ihrem Lied fertig waren, mit einigem Recht gesagt: »Na ja, falsch gspuit habt's ja scho, aba wart's, ihr kriagts scho was!«

Da haben sie schmollend gewartet, haben schmollend ihre Äpfel genommen und sind schmollend gegangen. Der eine hat vor sich hinräsoniert, aber der andere hat ihn getröstet: »Reg' di net auf, de war halt unmusikalisch. «   *P. E. R.*

Frohlocket, ihr Brüder

1. Frohlocket, ihr Brüder,
Seid alle voll Freud,
Legt ab eure Sorgen
Und denkt auf kein Leid!
Iaz werds eh' bald kemma
Die gewünschte Zeit,
Von der König David
Schon lang prophezeit.

2. Zu Bethlehem drunten
In an alten Stall
Liegt schön in der Krippen
– Betrachtet amal! –

Ja unser Erlöser,
Ein Kindlein ganz klein,
Mit Nam hoaßt er Jesus,
Das tuat mi recht freu'n.

3. Iaz woll ma halt schleunig
Auf Bethlehem geh!
Schauts, Buama, dort siehg i
An Stall offn steh;
A Stern tuat hell leuchten,
A Schrift hängt dabei,
Hoaßt: Gloria pax dawis,
Der Fried sei mit euch!

4. Gott griaß enk beisamma
In Stall da herinn!
Schau, Jodl und Thamma,
Da liegt des kloa Kind!
So liabli, so freundli,
So zart und so schee!
Vor Freuden dean mir scho
Die Augn übergeh.

5. I sollt enk was schenka
Hab aba net viel
Oar, Schmalz und an Butta,
A Kanndl Goaßmill';
Und i hätt no doda
An Zweschpenbrandwei,
Der g'hört für dein Vadda,
Dir möcht er z'stark sei.

6. O du göttlichs Büabei,
Mir bitten di schee,
Tua unser gedenkn,
Wann 's zum Sterben sollt geh!
Tua unser gedenkn,
O liabs Jesulein,
An Himmi tua schenkn
Und laß uns all ei!

7. O du liabster Jesu,
Mir bitten allzeit:
Von Feuer und Wasser
D' Stadt Laufen befrei!
Und schicke uns heuer
Ein glücklichs neus Jahr,
Von Kriag und von Unglück
Des ganz Land bewahr!

Elisenlebkuchen

500 g Zucker
5 Eier
8 g Zimt
⅓ Muskatnuß gerieben
2 Zitronenschalen gerieben
1 Löffel Arrak
500 g ungeschälte Mandeln gerieben
65 g Zitronat
65 g Orangeat

Der Zucker wird mit den ganzen Eiern sehr gut schaumig gerührt. Anschließend reibt man die halbe Muskatnuß, die Schalen von zwei Zitronen darunter, gibt den Zimt, Zitronat und Orangeat und einen Löffel Arrak dazu. Zuletzt vermengt man das ganze gut mit den geriebenen Mandeln. Auf ein gewachstes Blech setzt man hohe Leibchen jeweils auf Oblaten und bäckt sie bei guter Hitze hellbraun.
Man läßt sie auskühlen und bestreicht sie mit Zuckerguß und streut etwas bunten Streuzucker darüber.
Zuckerguß: 1 Eiweiß wird mit 90 g Zucker schaumig gerührt und etwas Zitronensaft darangegeben.

Von der Krippenlegung in Niederalteich

Der Weg führt uns nach Niederbayern, in das Kloster Niederalteich an der Donau, nicht weit von Deggendorf, nahe Hengersberg. Ich will von einem Brauch erzählen, der einst vergessen war, im Jahr 1927 wieder seine Freunde gefunden, ja sogar sehr von sich reden gemacht hat, nun aber, in unseren Tagen, wieder vergessen worden ist.

Damals, in den zwanziger Jahren, war der später in Niederbayern so bekannt gewordene Max Peinkofer Schulleiter in Niederalteich. Während dieser Zeit, im Sommer 1927, sind aus Innsbruck und aus Volders bei Innsbruck Benediktiner in das Kloster an der Donau gekommen. Und diese Mönche aus dem Krippenland Tirol haben sich bald mit dem Schulleiter angefreundet und viel Verständnis gehabt für seine Vorstellungen, vor allem aber für einen ganz besonderen Plan.

Im Januar 1927 hatte Peinkofer im Altöttinger Liebfrauenboten gelesen, daß der Pfarrherr von Aldersbach in der herrlichen ehemaligen Klosterkirche am Heiligen Abend in die Christmette eine kleine Szene eingebaut hat. Er hat vor den großartigen Altar eine kleine Krippe gestellt, voll Stroh geschüttet, und dann sind Joseph und Maria gekommen, um das Christkind in diese Krippe zu legen. Die Anregung dazu soll dieser Pfarrherr damals aus Schlesien gehabt haben. Aber so ganz neu war dieser Gedanke auch wieder nicht, denn schließlich erzählt ja die Überlieferung, daß schon der heilige Franziskus im Jahr 1223 die Krippenlegung des göttlichen Kindes feierlich begangen haben soll. Als aber Peinkofer damals von dieser Krippenlegung in Aldersbach gelesen hatte, ließ ihn der Gedanke nicht mehr los, auch in Niederalteich so eine Krippenlegung einzuführen.

Die Säkularisation hatte auch vor Niederalteich nicht halt gemacht und das Kloster war, wie so viele andere auch, 1803 aufgehoben worden. Erst 1918 zogen wieder Benediktiner ein, denen 1927 dann weitere aus Tirol folgten. Weil den jungen Lehrer der Bericht von der Krippenlegung in Aldersbach nicht losgelassen hat, lädt er an einem Adventsabend dieses Jahres 1927 den Abt, den Prior und Patres zum Kaffee ein. Sie sitzen in seinem Arbeitszimmer, das einmal die Zelle eines Mönches gewesen war, und da erzählt Peinkofer den Patres von der Krippenlegung von Aldersbach und von seinem Plan, auch hier in Niederalteich so eine Feier zum Leben zu erwecken. Er versteht es, die Mönche zu begeistern, und schnell ist man sich einig: Das machen wir auch, aber wir suchen uns eine eigene Form. Darüber ist man sich schnell einig und noch zur gleichen Stunde legt man alle Einzelheiten dieser Feier fest. Das Vorhaben spricht sich natürlich schnell in Niederalteich und Umgebung herum, und als dann endlich die Mettennacht 1927 anbricht, ist alles bestens vorbereitet. In großen Scharen kommen die Gläubigen, oft von weit her, bis von den hintersten Dörfern und Einöden, bei Schnee und Eis, zu Fuß und mit Schlitten, von dampfenden Rössern gezogen. Alle wollen dabei sein bei der Krippenlegung von Niederalteich.

Es wurde ein großes Fest damals in Niederalteich,

ein Fest, das dann durch die Jahre zur Tradition werden sollte.

Wer weiß, wo Niederalteich liegt, weiß auch, wie allein, wie beherrschend das Kloster an der Donau steht, die mächtige Klosterkirche mit den beiden hohen, engstehenden Türmen. Es ist Nacht, geht auf Mitternacht zu, Schnee liegt und weit sieht man die hellerleuchteten Fenster der Basilika. Bis weit in die Vorberge des Bayerischen Waldes hört man die große Glocke, die die Gläubigen zur Mette ruft. Max Peinkofer hat das selber einmal beschrieben: »... die große Glocke ladet mit wuchtigen Klängen zur Mette. Die Kirche ist überfüllt. Sie hat reichsten Weihnachtsschmuck angelegt. Über die Empore der Oberkirche schwingen sich purpurne Tücher. Hunderte von Lichtern funkeln auf den Galerien. Überall an den Altären grünen Christbäume mit glitzernden Silberfäden. Kostbares altes Gerät ist zur Schau gestellt. Die schönste Barocksakristei Deutschlands hatte ihre prunkvollen Schränke geöffnet, um alle Wertstücke zur Verherrlichung des Christkindes in der Krippe herzugeben. Vom Gewölbe des Presbyteriums leuchtet der Weihnachtsstern auf das noch leere Kripplein. Es steht auf einem kostbaren Teppich und ist umstellt von lichterprangenden Christbäumen und hohen Silberleuchtern mit Kerzen. Droben auf der Empore mit der prachtvollen Barockorgel stimmen sie schon die Instrumente ...«

Die Matutin, die Mitternachtsvesper, ist beendet. Die Patres, noch angetan mit den weiten festlichen Mänteln, den sogenannten »Flocken«, verlassen ihre Chorstühle, beugen vor dem Allerheiligsten das Knie und ziehen feierlich zurück in die Sakristei. Aber lassen wir das Max Peinkofer selbst erzählen: »... Wie wird es jetzt bunt und lebendig! Alteichs achtzigster Abt, Dr. Gislarius Stieber legt die Pontifikalgewänder, der Konvent die herrlichen alten Ornate an. Nun ist es halb zwölf geworden. Die Sakristeiglocke ertönt, und die große Christkindlprozession zieht aus der Sakristei in die Hallen des Münsters.«

Die Sakristei des Klosters gehört zu den schönsten, die es in unserem Land gibt. Reiche, herrliche barocke Schränke, in denen, wie Halbräder, die prächtigsten Rauchmäntel hängen. Von hier aus setzt sich die Prozession nun in Bewegung. Ein Engel trägt den Weihnachtsstern voraus. Ihm folgen noch andere Engel. Nach ihnen die Ministranten in den roten Röcken und den frischen, blütenweißen Chorhemden. Dann folgt in reichen Ornaten der Konvent, der Abt mit Mitra und Stab und endlich der Baldachin, getragen von vier Männern aus dem Dorf, die in weite, weiße, wallende Mäntel gehüllt sind. Unter dem Baldachin geht der Senior der Mönche, im prächtigsten goldglänzenden Ornat; in seinen Armen trägt er ein köstliches, gewickeltes, gefatschtes, kleines, wächsernes Christkind. Der letzte Abt des alten Klosters hatte einst verfügt, daß es nach seinem Tod der verwaisten Klosterkirche übergeben wird. Und hier hat dieses Fatschenkind mehr als hundert Jahre überlebt. Durch das Seitenschiff geht die Prozession zurück zur Orgelempore, um dann durch das Mittelschiff feierlich auf den Hochaltar zuzuziehen. Dreimal hält die Prozession an. Jedesmal singt der Abt »Ehre sei Gott in der Höhe!«, und jubelnd antwortet der Chor »Und Friede den Menschen auf Erden ...« Jedesmal singt der Abt um einen Ton höher, und ebenso auch der Chor. Vor dem mächtigen, reichen, goldstrotzenden Altar steht unscheinbar und armselig eine grobe, kleine Krippe, mit Stroh gefüllt. Die Engel, Ministranten und Patres stellen sich im weiten Halbkreis um diese kleine Krippe. Der Abt nimmt das Weihrauchfaß, die dünnen Ketten klirren, der blaue Rauch legt sich träg um die Krippe. Dreimal beräuchert der Abt die leere Krippe. Dann übernimmt er aus den Händen des alten, des ältesten Mönches, das kleine, gewickelte, gefatschte Kind,

129

um es in die Krippe zu legen, um es dann noch dreimal in Weihrauchwolken zu hüllen.

Während der Abt von Niederalteich damals das Fatschen-Christkindl in die Krippe gelegt hat, hat der erste Kantor in deutscher Sprache – das war damals etwas ganz Besonderes – die frohe Botschaft von der Geburt des Erlösers gelesen und die Orgel hat ihn dabei leise begleitet. Den Abschluß dieser Feier hat uns Max Peinkofer ebenfalls geschildert: »... Jetzt betet der Abt das deutsche Weihnachtsgebet aus der Mitternachtsmesse. Aus dem Mönchschor hinterm Hochaltar erklingt, wie Gesang aus geheimnisvollen Sphären, das mehrstimmige Lied: ›Schlaf wohl, du Himmelsknabe Du!‹ – Nun bereiten die Schulkinder dem Gotteskind in der Krippe ihre Huldigung. Sie singen ›Jesukindlein, komm zu mir!‹, treten paarweise an das Kripplein und küssen die Füße des Kindes. Das Lied von der stillen, der heiligen Nacht, von allem Volk gesungen, beschließt die Krippenlegung. – Inzwischen haben sich Abt und Konvent und Ministranten in die Sakristei zurückgezogen, um sich für das Pontifikalamt zu rüsten, in dem nun wieder die unverrückbaren Gesetze der Liturgie herrschen werden.«

Diese erste feierliche Krippenlegung im Kloster Niederalteich findet damals großen Anklang. Auch in Zeitungen wird darüber berichtet. Das bischöfliche Ordinariat in Passau aber nimmt diese Feier mit Wohlwollen und Befriedigung zur Kenntnis, ja findet so viel Gefallen daran, daß man diese Feier der Krippenlegung gerne in allen Kirchen der Diözese sehen möchte. So macht man sie mit der Aufnahme in das Rituale für alle Pfarreien möglich. Ist es Zufall, ist es Fügung, jedenfalls wird damals das Rituale des Bistums Passau neu bearbeitet. Der damalige Bischof Sigismund Freiherr von Ow-Felldorf und sein Generalvikar führen mit der zuständigen Stelle beim Vatikan Verhandlungen und es wird tatsächlich mit der Erlaubnis Roms möglich, diesen neuen Brauch ganz offiziell in das neue Rituale der Diözese Passau aufzunehmen. Es tritt mit dem Kirchenjahr 1929/30 in Kraft und in ihm ist – wohlgemerkt in lateinischer Sprache – die Anweisung für eine würdevolle Feier der Krippenlegung festgelegt. Damit kann sie auch in der einfachsten und kleinsten Kirche abgehalten werden, überall dort, wie Peinkofer schreibt, »wo ... bereiter Sinn, guter Wille und rechte Weihnachtsfrohe Herzen vorhanden sind.«

Bereits in der Christnacht des Jahres 1930 wird die Krippenlegung in vielen Pfarrkirchen der Diözese Passau gefeiert, in den Städten und draußen auf den Dörfern. Bald wird die Krippenlegung genauso volkstümlich wie die Auferstehungsfeier, die man damals am Karsamstag festlich begeht. Aber auch außerhalb der Diözese Passau hat man davon gehört und übernimmt nun diesen Brauch, so im nahen Österreich, drüben über der Grenze im Böhmischen und sogar in Norddeutschland.

Dieser Brauch ist, auch im Kloster Niederalteich, in den stürmischen Jahren des Zweiten Weltkrieges und in den bitteren Jahren der Nachkriegszeit wieder in Vergessenheit geraten.

In manchem Gotteshaus hat er der Welle der neuen Liturgie weichen müssen, in anderen mag diese Krippenlegung aber noch heute gefeiert werden, ohne Rücksicht darauf, daß einige besonders Gelehrsame sagen, so ein Brauch sei Folklorismus, er sei ein Theater, das in der Kirche nichts oder nichts mehr zu suchen habe. Ich weiß nicht!? – Manchmal denk ich, wie schön wäre es, wenn man diesen Dingen mit ehrlicher Einfalt begegnen könnte. Denn Einfalt ist etwas anderes als Dummheit. Einfalt kann Gnade sein – Dummheit nie! Und war – oder ist – jene Krippenlegung nicht ein ganz sinnfälliges, liebenswertes Gleichnis dafür, daß vor bald 2000 Jahren in Bethlehem ein Kind geboren worden ist? Ein Kind – Gottes Sohn – von dem das Volk in Altbayern singt: »... kleines Kindl – großer Gott!«   *P. E. R.*

Es blühen die Maien

1. Es blühen die Maien;
Bei kalter Winterszeit
Ist alles im Freien
Auf unsrer Schäfersweid;
Ja, alles ist in schönster Blüh,
Die Erd bringt süeßen G'ruch herfür;

Es singet
Und klinget;
Flautenblasen, Harpfenschlagn
Und ich mag's ja net alls dersagn,
Was sich zu hat getragn.

2. Heut ist uns geboren
Der Heiland dieser Welt
Und Gott ist Mensch worden,
Wie jene Stimm vermeldt.
Es singt die schöne Nachtigall:
Ich siehg vom Himmel einen Strahl
Von feren
Auf Erden:
Es steigt die Sonn vom Himmelssaal
Und neiget sich auf einen Stall;
Die Engel singen all.

3. Ein schönes Kindlein
Es liegt auf bloßem Heu
In blühenden Windlein;
Zwei Tier seind nebenbei
Und schnaufen seine Füßlein an,
Daß ihm der Frost net schaden kann;
Es greinet
Und weinet;
Ist dann in dieser ganzen Stadt
Kein Ort, daß Gott ein Herberg hat?
O wohl ein Schand und Spott!

4. Ach ruhe, ach schlafe,
O allerschönstes Kind!
Ich wache und klage,
Bereue meine Sünd.
Es ist ja heint die letzte Nacht,
Die ich in Sünden g'schlafen hab;
Will büßen;
Es fließen
Die Zäher voll in's Angesicht.
Ach liebes Kind, verlaß uns nicht,
Wann jene Stund anbricht!

5. Ach Kindlein, laß g'schehen,
Daß ich in voller Freud
Dich einmal kann sehen
In deiner Herrlichkeit!
Du wirst einmal mein Richter sein
Und ich werd viel zu g'ring erschein':
Dein Weinen
Laß scheinen!
Gib mir noch heute wahre Reu,
Weil noch die Zeit der Gnaden sei!
O Kindlein, steh mir bei!

Thomaslaiberl

250 g Farinzucker
250 g Mehl
4 Eier, nicht zu groß
9 g Zimt
8 g Nelkenblüte

Farinzucker und Eier schaumig rühren und dann die Gewürze dazugeben. Anschließend wird das gesiebte Mehl dazugerührt. Von dem weichen Teig setzt man mit dem Löffel auf ein gebuttertes Blech kleine Häufchen, mit etwas größerem Abstand, denn sie laufen beim Backen etwas auseinander. Bei mittlerer Hitze hellbraun backen.

Das Leben und Leiden des heiligen Apostels Thomas

Der heilige Thomas ist in Galiläa gebürtig, und ein armer Fischer gewesen. Als aber unser gütigster Heiland im Jüdischen Land predigte, nahm er ihn erstlich zu seinem Jünger, darnach zum Apostel an.

Nach Christi Auferstehung wollte der heilige Thomas den Aposteln nicht glauben, daß sie den Herrn lebendig gesehen hätten, sondern sprach: Es sei denn, daß ich die Mal der Nägel an seinen Händen sehe, und meine Finger in die Mal der Nägel, und meine Hände in seine Seiten lege, so will ichs nicht glauben. Über acht Tag darnach erschien der Heiland seinen Jüngern abermal, und sprach: Reiche deine Finger her, und siehe meine Hand. Reiche deine Hand her, und lege sie in meine Seiten, und sei nicht ungläubig, sondern gläubig. Da erkannte der heilige Thomas seine schwere Sünd, und sprach mit zerknirschtem Herzen: Mein Herr und mein Gott. Nach Ankunft des Heiligen Geistes, als die Apostel den ganzen Erdenkreis unter sich austeilten, fiel dem heiligen Thomas die Unterwelt oder Indien zu bekehren heim. Der eifrige Apostel begab sich eilends auf diese gefährliche Reis, und kam in Indien auf der Insel Zocotora, so am Arabischen Meer liegt, glücklich an. Allda fing er an mit großem Eifer das heilige Evangelium zu verkünden, und seine Lehre mit vielen Wunderzeichen zu bestätigen. Gott der Herr gab auch seinen Worten solche Kraft, daß sich etliche tausend Seelen zu Christo bekehrten, und mit größtem Eifer die Abgötterei verdammten.

Als er auf dieser Insel viele Seelen gewonnen hatte, reiste er in die äußersten, und weit entlegensten Städte und Landschaften, und verkündigte aller Orten das heilige Evangelium. Er kam letztlich in das Königreich China, und nachdem er auch daselbst Christo viele Seelen gewonnen hatte, kehrte er wieder zurück, und besuchte die Städt und Flecken, in welchen er vorhin den Samen des göttlichen Worts ausgesät hatte. Letztlich hielt er sich in der Stadt Meliapor auf, so anjetzo die Stadt des heiligen Thomas genennet wird, und bauete Christo zu Ehren einen herrlichen Tempel. Der König Sagamus samt seinen Götzen-Pfaffen wollte solches keineswegs zulassen und die Heiden unterfingen sich, den heiligen Apostel an seinem Bau zu hindern.

Es hatte das Meer einen gewaltigen großen Block ausgeworfen, und der König hätte ihn gern zu seinem angefangenen Bau gebracht. Er ließ die stärksten Männer daran arbeiten, und es war keine Möglichkeit, ihn vom Platz zu bringen. Es wurden auch viele Elefanten daran gespannt, welche ebenfalls nichts ausrichten konnten. Als das der heilige Thomas sah, bat er den König, er möge ihm das große Holz schenken, damit er es zum Dienst des wahren Gottes anwenden könne. Er wolle es ohne Hilfe in die Stadt ziehen. Der König hielt dies Begehren für eine Vermessenheit, und war spottweis zufrieden. Da tat der heilige Thomas seinen Gürtel ab, band ihn an einen Ast des Baums, und machte das heilige Kreuzzeichen darüber. Als er

nur ein wenig an dem Gürtel zog, folgte ihm die ganze Last ohne einige Mühe, und er brachte sie zur Stadt, mit höchster Bestürzung des Königs und des Volks. Er richtete an der Kirchen ein steinernes Kreuz auf und predigte das Wort Gottes diesen Ungläubigen ohne Hindernis und bekehrte ihrer viele durch Mirakel. Das verdroß die Brahmaner und Götzen-Pfaffen sehr, dieweil sie nicht mehr in so hohen Ehren waren. Einer von ihnen erschlug in seinem Haß sein eigen Söhnlein, und klagte den heiligen Thomas, als dessen Mörder beim König an. Als aber der heilige Apostel den Knaben in Christi Kraft wieder von den Toten erweckte, sprach er zu ihm: durch Christum, welchen ich verkündige, sage, o Kind, wer dieser so großen Übeltat Urheber gewesen ist. Da tat das Kind seinen Mund auf, und bekannte öffentlich, daß sein leiblicher Vater aus purem Haß, um den heiligen Apostel um Ehr und Leben zu bringen, diese grausame Tat begangen habe.

Als der König Sagamus dies Wunder sah, glaubte er an Christum, und verfluchte die Abgötter samt der Gottlosigkeit der Brahmaner. Seinem Exempel folgten viel tausend Heiden nach, und der christlich Glaub ward in allen Städten und Flecken des Königreiches ausgebreitet. Dieweil er dann vielmals aus Inbrunst des Geistes verzückt war, nahmen seine Feind die Gelegenheit in Obacht, und fingen anfänglich an ihn zu steinigen, wie auch mit Pfeilen zu beschießen. Als sie aber sahen, daß er nach ihrem Verlangen nicht alsbald starb,

rannte einer auf ihn mit einer Lanzen, und durchstach ihn grausam, daß er unverzüglich starb. Seinen heiligen Leichnam erhoben seine Jünger von dannen, mit Ehrerbietung und begruben ihn in die neuerbaute Kirchen. Allda tat der Herr durch seine glorwürdige Fürbitt viele Wunderzeichen, und es geschah zu seinem Begräbnis von allen Orten großer Zulauf des Volks.

Als viel hundert Jahre hernach die Portugiesen mit ihren Schiffen in das Königreich kamen, haben sie alles nicht allein von den Inwohnern vernommen, sondern auch mit klaren Worten in ihren uralten Jahresgeschichten beschrieben gefunden. Sie sahen mit großer Verwunderung, daß sie dermal das Amt der heiligen Meß hielten, die Sterbenden mit der heiligen Kommunion versahen, und vierzigtägige Fasten hielten, wie sie es vom heiligen Apostel erlernt hatten.

Dieweil all das Johannes dem dritten König in Portugal berichtet wurde, hat er seinem Vicekönig in Indien, mit Namen Eduardo ernstlich anbefohlen, die Kirch und das Grab des heiligen Apostels Thomas fleißigst zu suchen. Er fand letztlich den Ort,

darauf die ehedem uralte Stadt Meliapor gestanden, und sah davon nur etliche alte Mauern und zerfallene Türm übrig. Unter anderem trafen die Seinigen auch die Fundamente eines uralten Tempels an, wie auch eine gegen den Sonnenaufgang stehende Capellen, so von außen und inwendig mit vielen in die Seiten gehauenen Kreuzen geziert war. Diese uralte Capell war sehr baufällig, welche sie vor allem erneuerten, und darin einen Sarg fanden, als sie in der Erden gruben. Derselbe war mit einem schönen Deckel überzogen, darauf mit indianischen Buchstaben eingehauen waren, daß dieser Tempel von alters vom heiligen Thomas erbaut, der oben genannte König Sagamus ihm den Zehnten der Stadtrenten zuverordnet habe.

An diesem Ort halten die Christen jährlich den achtzehnten Dezember, drei Tag vor dem Fest des heiligen Thomas, zu Ehren der Verkündigung Mariä das Amt der heiligen Meß; unter welchem sich im Jahre Christi 1561 ein großes Wunderzeichen zugetragen hat. Als der Priester zum heiligen Evangelium gekommen war, fing ein steinernes Creutz, so in obgesagter Kirchen gefunden worden, häufig an Blut zu schwitzen. Der Priester, der das göttliche Amt verrichtete, stieg nach vollbrachtem hochheiligen Geheimnis auf den Altar und machte viele geweihte Tücher davon blutig, im Abtrocknen und das Kreuz schien viel glänzender als zuvor. Dies Mirakel hat sich in folgenden Jahren am selbigen Tag und Stund allzeit sehen lassen, was bei den Christen große Andacht und die Besserung ihres Lebens verursachte.

An dem genannten Kreutz waren etliche Sprüch mit alten indianischen Buchstaben eingehauen, welche niemand in selbiger Gegend lesen konnte. Man hat letztlich zwei alte und in vielen Sprachen erfahrene Brahmaner gefunden, welche sie also ausgelegt: Thomas ist ein göttlicher Mann gewesen, und von Gottes Sohn, dessen Jünger er war, zu

den Zeiten des Königs Sagami in diese Gegend geschickt worden, damit er diese Völker in den Wissenschaften des wahren Gottes unterweisen sollte. Er hat daselbst einen Tempel erbaut, und als er letztlich vor diesem Kreuz mit gebogenen Knien sein Gebet verrichtet, ward er von einem Brahmaner mit einer Lanzen durchstochen. Das Kreuz aber so mit seinem heiligen Blut besprengt worden, hat man zur ewigen Gedächtnis daselbst aufbehalten.

Dieweil dann dies große Wunderzeichen, je länger je mehr ausgebreitet worden, geschah dahin jährlich an diesem Tag so wohl von den Christen als Saracenern großer Zulauf. Der Herr hat auch daselbst durch die Fürbitt des heiligen Apostels Thomas viel Wunderzeichen zu Trost und Auferbauung seiner Kirchen getan, wovon viele bewährte Scribenten Meldung tun. Es erzählen auch etliche Historien-Schreiber, daß zu den Zeiten Callisti, des zweiten römischen Papstes, ein Patriarch aus Indien nach Rom gekommen sei, und im öffentlichen Consistorium vor dem Papst, und vielen Cardinälen und Bischöfen erzählt habe, daß der heilige Apostel Thomas jährlich in ansehnlicher Gestalt öffentlich in der Kirchen erscheine, und mit eigenen Händen das hochheiligste Sacrament des Altares den Christen austeile. Bei denen aber, so dessen unwürdig, gehe er vorbei.

Martin von Cochem

Jodel, sing!

Jo - del, sing! Má - xel, spring! i hör draußt Wun-dǎ-ding. Mû - sǐ - klang,

En-gel-G'sang wäascht hei˜t d'Nacht lang. Auf von Schlaf! losts nǎ˜ zua,

weil s'hei˜t gebn gar koan Rua! Lieb - lǎ toll, freu - den - voll!

Bua! mir g'fallt's wohl.

1. Jodel, sing!
Maxel, spring!
I hör draußt Wundading.
Musi-Klang,
Engel-G'sang
Währt heit d' Nacht lang.
Auf vom Schlaf! Losts nur zua,
Weil s' heit gebn gar koan Rua!
Liabli toll!
Freudenvoll!
Bua! Mir g'fallt 's wohl.

2. Kimmt ma für,
Wettert schier:
Offen steht d' Himmelstür.
's G'sang is raar;
Wollt, i waar
Drinn ohn alls G'fahr.
I taat dann sekundiern
I ließ ma 's gar net wirn.
Gloria!
Hopsasa!
Victoria!

3. Geh ma all
Zu dem Stall!
Z' Betlehem drunt im Tal
Leid't das Kind
Für die Sünd;
Buama, laafts g'schwind!
Dort liegt der große Gott;
Barthel, war wohl a Spott!
Is a Wort:
I geh fort,
Siehg Gott alldort.

4. Gar koa Pfoad,
Nix von Kload!
Mir is um 's Schatzerl load
Nackert, bloß
– D' Kält is groß –
Im Muattaschoß!
Se! Da hast mein Brustfleck!
Gib da'n von Leib hinweg.
Busch di zua!
Gib an Rua!
Schlaf, liaba Bua!

5. Subtil! G'schlacht!
Dös betracht:
Sei Muatta nimmt 's in acht.
Wia s' mit Lust
's Kindel bußt,
Halt 's an die Bruot!
Gleicht ja koan Hirtenweib,
Weil s' hat so zarten Leib.
Der alt Greis,
Der schneeweiß,
Holt flugs a Speis.

6. Schlaf süß ein,
Liabs Kindlein,
Auf dem Strohbettelein!
Trag Geduld
Mit der Schuld!
Bitten um Huld.
Wanns d' kommst auf deinen Thron,
Sieh uns doch gütig an!
D' Sünd verzeich,
Gnad verleich,
Schenk uns dein Reich!

Zum Thomas-Tag im Bayerischen Wald

Am Vorabend des Apostelfestes St. Thomas (21. Dezember) erscheint in manchen Waldgegenden und auch anderswo hin und wieder der »bluatige Thamerl«, der ein blutbesudeltes Bein zur Tür hereinreckt, die Stube aber niemals zu betreten wagt. Zuweilen zeigt sich der Thamerl auch mit einem Hammer, mit dem er Kindern das »Hirn« einschlagen will. Sein Auftreten in dieser Form soll an den altdeutschen Gott Donar, den Donnergott, erinnern, der mit seinem Hammer an die Wolken schlug und so den Donner erzeugte.

So zeigt er sich beispielsweise um Mitterfels im oberen Waldgebirge deutlich als der Nachfahre Donars. Hier tritt er als Schmied auf. Mit einem schweren Hammer pumpert er erschreckend an die Stubentür. Er stellt sich dann vor, wobei er sich frevlerisch und sozusagen hochstaplerisch als den großen Heiligen Thomas von Aquin (1225 bis 1274), den bedeutenden Kirchenlehrer und Weltweisen aus Italien, bezeichnet. Aber er tut das wohl nur des Reimes wegen, wenn er sagt:

I bin der Thomas von Aquin,
in mein' Sackl han i mein' Hammer drin.

Die Thomasnacht ist tatsächlich die längste Nacht des Jahres. Sie gilt in meiner Waldheimat als erste Losnacht. Der Weihnachtsabend und der Vorabend von Dreikönig bringen die anderen beiden Losnächte: die Mettennacht und die Rauhnacht, alle geheimnisumwittert, gefahrenreich, bedroht von dem Treiben finsterer Mächte, umrankt von Abwehrzauber und anderm seltsamem Brauchtum. Die Thomasnacht gestattet einen Blick in die Zukunft. Strohsacktreten, Scheitlklauben, Bleigießen, Pantoffelwerfen, Zaunsprießlzählen und Schütteln des Zwetschgenbaumes geben Heiratslustigen erwünschte Auskunft. Die Hochwaldleute am Lusen schleudern den Pantoffel mit dem Fuß über die Schulter der Tür zu. Weist nun die Schuhspitze zum Stubenausgang, muß einer der Hausinsassen im kommenden Jahr die Heimstatt verlassen, oder es muß eins hinaus in die Fremde. Vom Thomastag zum Heiligen Abend sind nur mehr wenige Tage. Rasch vergessen unsere Kinder die Schreckensgestalten der Luzia und des blutigen Thomas. Aus der ewigen Dämmerung der kurzen Tage bricht schon leise das Licht des Weihnachtssternes, das alle Finsternis der Herzen und der Nächte sieghaft überstrahlen wird.

Max Peinkofer

Kokoshäufchen

250 g Zucker
  4 Eiweiß
250 g Kokosflocken
  1 Teelöffel Zitronensaft
Oblaten

Die Eiweiß werden zu steifem Schnee geschlagen und dann muß man den Zucker löffelweise dazugeben. Zuletzt rührt man den Zitronensaft unter die Masse, und rührt vorsichtig die Kokosflocken unter. Mit einem Kaffeelöffel setzt man kleine Häufchen auf Oblaten und bäckt sie bei schwacher Hitze.

Der bayerische Weihnachter

Was im Hause sitzt und steht, krabbelt und zappelt, also jung und alt: Vater, Mutter, kleine Ware, Ähnl und Ahnl, Knecht und Dirn, das sammelt sich in der Christabendwoche um den »Weihnachter«. Diesen Hochnamen führt in Bayern die wohlgemästete Mettensau.

Und halb und halb kein Wunder, wenn der Weihnachter der Brennpunkt der ganzen Familie ist! Ist er ja doch der goldene Born, aus welchem die weihnachtlichen Tafelfreuden alle quellen: die Mettenblunze, der Speck, die Brühsuppe, die Leber- und Röselwürste, der duftende Schweinsbraten. Der Weihnachter zeigt ebenfalls untrüglich die Begüterung an. Hält er zwei Zentner, so signalisiert er den Großhof, mit anderthalb Zentnern den Mittelbauer, aber selbst das bayerische Tagwerkerhäusl hat seinen Weihnachter mit einem Dreiviertelzentner.

Vielfach sticht der bayerische Bauer mit höchsteigener Hand die Mettensau, oder der Baumann, oder der Oberknecht. Vielfach auch macht der Metzger die Runde im Dorf und auf den Einöden;

und so hört man die halbe Christabendwoche die verschiedenen großen und kleinen Weihnachter ihren Schwanengesang halten.

Schon der Metzeltag selbst, falls er nicht etwa ein rotes Abstinenzkreuzlein trägt, führt einen wichtigen Leibschmaus mit sich: die sogenannte »Britsuppe«. Sie kommt vom Abbrühen der Würste und gilt als Leckerbissen dann, wenn vom Wurstelstock noch ein erklecklicher Fleischrest in den Kessel abfällt und ganz besonders, wenn etliche Leberwürste bersten und ausrinnen. Fehlte die Britsuppe, der ganze Bauernhof käme in Aufstand. Eine Extrafreude macht den bayerischen Buben die »Saublattern«, wie sie auf gut ländlich die Schweinsblase nennen. Schon stehen sie mit dem Federkiel bereit, üben an dem Ding ihre Lungen und blasen um die Wette auf. Mittlerweile tritt der Oberknecht in ihren Kreis ein und bläst auch mit und möglicherweise blast der Bauer in höchsteigener Person, umschnürt zuletzt den Hals der Blase und hängt sie an die Ofenstange.

Von nun an bedarf es ein väterliches Gnadenwort, wenn die Buben mit ihr noch den Fangball spielen wollen. Die Schweinsblase ist nämlich ein Wertstück im bayerischen Bauernhaus; in ihr liegen noch immer die silbernen Barschätze, sie vertritt dem Hausherrn die Stelle der Schatulle. Vom regelrecht zerstückelten Weihnachter werden nun die Viertel an die Eisenhaken aufgehängt, der Speck und die Würste in Schüsseln küchenfertig gestellt und das Speisgewölbe diebessicher verschlossen.

Die Mettensau hat nämlich verschlagene Feinde. Dem bayerischen Bauer seinen Weihnachter lebendig oder tot aus dem Stall oder Keller wegfingern, das gilt weit eher nur für ein lustiges Schelmenstücklein als für eine Sünde. Zum Schaden kommt noch das Gespött. Die Diebe lachen sich ins Fäustlein und lassen sich ihren wohlfeilen Weihnachtsbraten schmecken, während die Bauern den Ausgestohlenen auch noch bis aufs Blut hänseln.

Das um so mehr, wenn er nicht lammgelassen seine Mettensau verschmerzt oder wenn ihm gar die langfingernden Spottvögel noch einen rechten Tort aufspielten. Wenn sie z. B. ehe sie mit dem Leibschmause abzogen, noch alle Milchweitlinge vor seiner Schlafstube auftürmten, so daß, als die Morgenstunde kam, die zehntausend Geschirre krachend und polternd auf die heraustretende hocherschrockene Hausfrau hereinpurzelten.

Darum ist der bayerische Bauer in jenen kritischen Nächten, die dem heiligen Abend vorangehen, auf seiner Hut. Gegen den Diebeshumor führt er den Bauernhumor ins Treffen.

Ein Bayer am Isargemünd, dem seine Mettensau lieber war als ein paar Nächte in seinem Himmelbett, legte sich 1868 frischweg entschlossen zu seinem Weihnachter ins Stroh. So lange er lauerte, stiegen die Diebe nicht ein; aber kaum schlief er ein, kamen die Spitzbuben und faßten den ersten am Kragen. Das war der Bauer selbst, der natürlich aufwachte und einen mordialischen Mannsschrei ausstieß. Das war das Fluchtsignal für die Langfinger, die zum Stalle mehr herausfielen als sprangen aus lauter Schrecken.

Im nämlichen Jahre, in welchem die bayerische Mettensau besonders viele Liebhaber hatte, ersann sich ein Gäubauer ein anderes Hausmittel. Da er seinem Kanonschlafe mißtraute, so band er sich in der heiligen Christnacht seinen wohlausgevierten Weihnachter mit nagelneuen Groschenstrick- lein an seine beiden großen Zehen. »Wer d' Sau furttragn will, muaß mi a mittragn!« sprach er grimmig entschlossen, schlief getrost ein und stand mit geretteter Mettensau wieder auf.

Joseph Schlicht

Alle fangt an

Al - le fangt an, wer sin - gen kann, pfei - fen und gei - gen! kei - ner soll schwei - gen! laßt euch nur hörn dem Kindlein zu Ehrn!

1. Alle fangt an,
Wer singen kann,
Pfeifen und geigen!
Keiner soll schweigen!
Laßt euch nur hörn
Dem Kindlein zu Ehrn!

2. Jesulein süß,
Von Herzen dich grüß!
Tust mir gefallen;
Lieb dich vor allen.
Du bist ganz mein:
Schließ mich ins Herz ein!

3. Maria, sitz zu!
Leg 's Kindlein in d' Ruh,
Daß es tut schlafen
Und net erwachen!
Denn es liegt hart,
Ist klein und ist zart.

4. Öchslein, net brüll,
Wann 's Kind schlafen will!
Den Atem laß gehn
Über's Kindelein schön,
Daß es tuet net erfriarn!
Der Joseph soll's wiagn!

Zimtsterne

250 g Puderzucker
4 Eiweiß
300 g unabgezogene, geriebene Mandeln
20 g Zimt
½ Messerspitze Nelken
das Abgeriebene einer halben Zitrone
Saft einer halben Zitrone

Das Eiweiß muß man zu sehr steifem Schnee schlagen, den Zucker sowie den Zitronensaft zugeben. Von dieser Masse nimmt man eine halbe Tasse für den Guß weg und rührt unter den Rest die Gewürze und Mandeln. Den Teig etwas stehen lassen. Dann in kleinen Portionen auf einem mit Zucker bestreutem Brett ca. zentimeterdick auswalken, kleine Sterne ausstechen und diese auf dem gut gewachsten Blech einige Stunden abtrocknen lassen. Nun bestreicht man die trockenen Sterne mit dem zurückbehaltenen Guß und bäckt sie bei schwacher Hitze ungefähr 20 Minuten.

Die Weihnachtsschützen

Wenn man sich bei uns, draußen am Land, kein Fest so recht vorstellen kann ohne Böllerschießen, so ist es noch heute, wie schon Aventin, Bayerns erster Geschichtsschreiber, vor bald 500 Jahren gesagt hat, die Freude am »Wehr tragen«, am Schießen, am Krach und Spektakel, aber nicht die Freude am Krieg. Vor allem in den Bergen, wo ja das Echo jeden Schuß dutzendfach zurückwirft. Man muß nur eine Woche vor dem Heiligen Abend, nachmittags um drei Uhr, vor allem aber am Heiligen Abend selber oder in der Silvester-Neujahrsnacht im Berchtesgadener Land sein, dann kann man das miterleben, wenn etwa 800 Schützen der »Vereinigten Weihnachtsschützen des Berchtesgadener Landes« in Schützenketten auf ihren Standplätzen, oder wie man dort sagt: auf ihren Passen, stehen und mit dröhnenden Salven und krachendem Reihenfeuer das Christkindl oder das neue Jahr anschießen.

Bis aus dem ehedem wilden Schießen der Berchtesgadener das geordnete von heute geworden ist, hat es eine lange Zeit gedauert. Eine lange Zeit, in der viele Gebote und noch mehr Verbote erlassen worden sind, Verordnungen, die immer das gleiche Schicksal gehabt haben: sie sind nämlich kaum oder gar nicht befolgt worden.

Berchtesgaden ist einst ein reichsfreies Augustinerchorherrenstift gewesen und »Seine hochfürstlichen Gnaden«, der Herr Stiftspropst, war auch Herr dieses kleinen Landes zwischen den Bergen, von dem die Nachbarn immer gspottet haben, daß es eigentlich eben so hoch wie breit und lang sei. Immerhin, wenn es notwendig war, hat es sein Salz verteidigt und sich seiner Haut gewehrt.

Bereits in der alten Zeit waren nämlich die bäuerlichen Lehensträger verpflichtet, ihrem Fürstpropst in Kriegs- und Notzeiten mit der Waffe beizustehen. So steht es schon in einem Landbrief von 1377: »… Wann wir fordern zu unserer Landsnotdurft, so sollen sie mit ihrem Harnisch kommen, ohne Verziehen; es soll auch jedermann auf seinem Erblehen haben seinen Harnisch zu unserer Landeswöhr als ihm darauf verschrieben ist. Wer das nit hat, der ist verfallen um ein halb Pfund Pfennig und dazu soll ihme der Richter den Harnisch kaufen von seiner eigenen Hab, wo er die ankumbt.« – Wie in der Schweiz heute noch, so war es damals auch in Berchtesgaden üblich: Jeder hat seine Waffe zu Hause haben müssen, keiner aber sollte sie ohne Not tragen: »… von niemand ist verpotene Wöhren, Armprost, Schieß, überlengte Messer und Wurfpfeyl zu tragen, allein zu der Landt-Nottdurft …«

1517 wird in Nürnberg das Steinfeuerschloß erfunden und man kann annehmen, daß bald darauf auch die Berchtesgadener Landesverteidigung mit Feuerwaffen ausgerüstet wird. Jedenfalls tragen im ausgehenden 16. Jahrhundert die Chorherren in ihren Raittbüchern Ausgaben für Schießübungen ein. Jeder Lehensbauer wird von nun an zu regelmäßigen Schießübungen einberufen und jeder Waffenträger hat nun statt Armbrust und Spieß seinen Schießprügel im Kasten stehen. So braucht man sich eigentlich nicht zu wundern, wenn den einen oder andern die Jagdleidenschaft packt, wenn er Hirsch und Gams wildert. Weil aber das Jagdrecht, der Wildbann, zu den Vorrechten des Landesherrn gehört, hagelt es bald auch strenge Verordnungen, wie zum Beispiel das »Gaißverboth« von 1606: »… zum andern ist auch in Erfahrung kommen, welcher gestalten sich die Eingesessenen wann sey im Landt hin und wieder raissen Pixen und Rohr bei sich tragen und in Gewälden abschießen und schnallen. Wenn aber dadurch nit allein der Wildpann versenkt und das Wild scheich gemacht und vertrieben, sondern auch wohl anders dabei mitlaufen mag, so lassen Ihro Durchlaucht hiemit gnädig bei Straff befehlen, daß hiefür kein Unterthan Bixen und Rohr tragen, sondern sich darin gänzlich mießigen und enthalten solle, es wäre denn daß er zu der Jagd oder des Landes Nottdurft mit der Pixen aufgebotten oder daß er sich zu einem Gesellschießen begeben würde … In der Zeit er jedoch auf Weg oder in Gewälde das Abschüssen soll unterlassen …«

1616 gibt es einen weiteren Beweis dafür, daß man in Berchtesgaden Feuerwaffen kennt. In diesem Jahr nämlich hat man das sogenannte Alarmschießen eingeführt. Hat sich ein Einbrecher oder irgendwelches Gesindel herumgetrieben, ist Feuer ausgebrochen, so hat man den Nachbarn durch Schüsse alarmiert. Im gleichen Jahrhundert machen sogar schon Berchtesgadener Büchsenmacher von sich reden. Auf einer Reliefkarte des Berchtesgadener Landes aus dem Jahr 1628 ist in der Schönau eine recht beachtliche Büchsenmacherei zu sehen. Meister oder Besitzer ist entweder der Büchsenmacher Hans Winkler gewesen oder der Paul Wurm. Man weiß auch, daß in dieser Werkstatt damals bereits auch Frauen gearbeitet, daß sie Gewehrläufe gebohrt haben. Im Tiroler Landesmuseum ist sogar ein Gewehr aus Berchtesgaden erhalten. Es trägt den Stempel »Hans Winkler, Berchtesgaden«.

All diese Dinge sind wohlgemerkt nur die Voraussetzungen dafür, daß auch in der Weihnachtszeit, in den Rauhnächten geschossen worden ist. Ob in diesen Nächten geschossen worden ist, können wir nur vermuten, allerdings mit Recht vermuten. Wirklich wissen tun wir es erst durch ein Verbot aus dem Jahr 1666. Unter dem 26. Oktober jenes Jahres gibt es ein »Fürstlich Berchtesgadenerisches Ratsprotokoll«, das sich mit dem »Weih-

nachtsschießen« befaßt. Es ist sozusagen der Taufschein, nachdem wir keine Geburtsurkunde haben: »… Weil man bishero villfällig verspört, welcher Gestalten zu Weihnachten, den drei Rauchnächten, auch andern Zeiten mit unaufhörlichen Plenkhen des Schießens gar nicht die Ehre Gottes befördert, sondern nur allerhand Bubereyen verübt, und noch andern Unfug die Gelegenheit an Hand geben werde. Also soll erstlich was das Schießen anbelangt, welches ehe an kheinem rechten Ort nit gebräuchlich, noch geduldet würdet bei empfindlicher Straff verbotten werden.«

Wenn man das so liest, kann man mit Fug und Recht annehmen, daß diese »Unsitte« nicht gerade erst gestern aufgekommen ist. Sie scheint schon recht verbreitet gewesen zu sein. Und das fürstpropstliche Landgericht ist mit seiner Beschwerde nicht allein. Der Dekan von Berchtesgaden hat Tage später, am 29. Oktober 1666, auch etwas dazu zu sagen. Verärgert beschwert er sich, »… daß an verliedenem (vergangenem) Weihnachtsabend, auch die nacht und den Tag darauf wider das mäniglich bey Straff publizierte Verbott, sich dennoch einige, des öftern schißen mit zu geringe respectis und beschimpfung der hohen Obrigkeit sträfflich vermessen haben …«. Der hochwürdige Herr Stiftsdekan bittet ein hoch fürstliches Landgericht, die Schuldigen zu bestrafen.

Aber es vergehen zehn Jahre und zwanzig, dreißig und vierzig Jahre und das Verbot will und will einfach nichts fruchten. 1708 wird dem Jakob Landthaler zum Feggen in der Ramsau zur Strafe

»Hauswöhr und Kugelpixen abgenommen«. Dem Andre Resch zum Reschen in der Ramsau ergeht es nicht besser. 1712, 1737, es ist immer das gleiche. 1796 wird ein Stanggassinger wegen Übertreten des höchsten landesherrlichen Gebots mit vier Gulden und 50 Kreuzern bestraft und es wird ihm gleichzeitig gedroht, daß es im Wiederholungsfall nicht mehr so leicht abgeht, daß dann das Zuchthaus fällig ist. Vor allem häufen sich dann im 19. Jahrhundert die Strafen. Berchtesgaden ist ja seit 1810 bayerisch, und statt des Fürstpropstes regiert nun seine Gestrengen, der Herr Landrichter, und wehe, wehe, wenn dem ein unglücklicher »Wild- oder Weihnachtsschütz« in die Finger kommt. 1831 in der Christnacht rücken königlich-bayerische Gendarmen an, das Haus des bürgerlichen Seifensieders Reitmann gründlich zu visitieren. Dabei kommt tatsächlich eine Pistole zum Vorschein. Und als der Seifensieder dann um eben diese Pistole, um 32 Gulden Strafgeld und die Gerichtskosten ärmer wird, da gehen ihm sicher ein paar Seifensieder mehr auf.

Schlimm ist es, als das Weihnachtsschießen von 1834 mit einem tödlichen Unfall endet. Der Landrichter, es ist damals Karl Freiherr von Aretin, erläßt daraufhin ein drakonisches Schießverbot: »… Jedem in der Gemeinde ist es erinnerlich, wie in der Weihnacht des Jahres 1834 ein Menschenleben das Opfer ward einer leider sich bekundenden allgemeinen Widerspenstigkeit gegen das längst bestehende Verboth des Schießens an den Häusern und Straßen zu Markt und zu Land. Der Religion und altem Brauch glaubte man zu huldigen, da fiel im Dienste seines Königs ein braver Soldat …, er fiel durch die Hand Eines jener Vielen, denen damals, nicht der Genuß irgend eines erlaubten Vergnügens, nein, die Befriedigung ungezähmter Lust und Widersetzlichkeit gegen Regierungsbefehle mehr am Herzen lag, als die öffentliche Ruhe und Sicherheit.« Und er wettert: »… man muß für die kommenden Weihnachten und die Rauhnächte vor dem Mißbrauch und dem Strafwürdigen des Schießens warnen« und grollt: »… erfolglos geschah dieses im vorigen Jahre«. Heuer aber werde man sich Gehör verschaffen, werde man sich durchsetzen: »… Man verkennt es nicht: das Übel steckt tief. Die Neigung des Gebirgsbewohners ist zur Leidenschaft herangewachsen. Aber gebändigt soll, gebändigt muß sie werden. Der Wille des Gesetzes, der Wille des Königs befiehlt es.« – Und wenn diese Berchtesgadener Bauernbüffel nicht hören wollen, dann werden eben Seine Majestät der Allergnädigste König nicht nur die Christmette verbieten, sondern den Berchtesgadenern am Ende die Freundschaft aufsagen, und der königliche Hof werde Berchtesgaden eben nicht mehr besuchen. Das hat sicher einen großen Eindruck gemacht, aber ob es auch geholfen hat?

Jedenfalls folgen diesem Vorwort drakonische Ausführungsbestimmungen. Hier ein Beispiel: »Viertens: Die Excedenten selbst unterliegen, im Falle des Vergehen nicht in höherem Grade, namentlich criminell strafbar werden sollte, nebst Confiskation des Schießgewehrs und willkürlicher Geldstrafe einer öffentlich zu vollziehenden körperlichen Züchtigung von zehn bis zwanzig Ruthenstreichen.« – Aber auch das scheint alles wenig bis gar nichts geholfen zu haben.

Die Gemeinden erheben Einspruch. Das war schon 1835 so, und so geht es hin und her. Es folgen zwei mildere Verordnungen, aber das alles hilft durchaus gar nichts. Das wilde Schießen wie man es nennt, hört nicht auf. Zwar schließen sich schon in jenen Jahren einzelne Bauern und Burschen zu kleineren Gruppen zusammen, aber einen Schützenverein wie heute gibt es nicht. Den zu gründen ist dem Sebastian Bieler, dem sogenannten »Fotzenschmied Wastl« vorbehalten. Sein Verein von 1887 wird zum Auftakt. Im Lauf der Zeit werden es dann sechzehn verschiedene Vereine und heute darf jeder schießen, wenn er 18 Jahre alt und Mitglied eines solchen Vereins ist. Keiner braucht mehr Gerichtsstrafen fürchten oder vor dem Schandi, dem Gendarmen, Angst haben, daß er ihm den Handböller abnimmt. Im Gegenteil, die Fronleichnamsprozession, Weihnachten, die Neujahrsnacht, das alles kann man sich im Berchtesgadener Land ohne das Donnern und Dröhnen der Böller gar nicht mehr denken. Und was das für ein gewaltiges Schießen ist, kann man sich am besten vorstellen, wenn man weiß, daß allein für Weihnachten 80 000 bis 90 000 Zündhütl bestellt und daß zu Weihnachten und Neujahr jedesmal wenigstens 25 Zentner Pulver verschossen werden.

Daß das Schießen der Erwachsenen für die Buben das nachahmenswerte, erstrebenswerte Vorbild abgibt, ist eigentlich selbstverständlich. So haben hoffnungsvolle Knaben von Berchtesgaden 1906 einen illegalen Verein, einen »Kinderschützenverein« gegründet. Buben sind mit kleinen Ambos-

sen, mit Schlüsseln, Hämmern und anderen Instrumenten auf den Kalvarienberg gezogen und haben mit diesen zweckentfremdeten Gegenständen lustig drauf losgeschossen. Dieser Verein ist allerdings nur ein einziges Mal in Erscheinung getreten, und das läßt sich leicht erklären. Man braucht sich ja nur vorstellen, wie wütend der Herr Lehrer dazwischengefahren sein wird. Die Eltern sicher auch. Doch ist dieser Kinderschützenverein ein Beweis für die tief eingewurzelte Schießleidenschaft. Hin und wieder hat sogar ein Mädel drauflosgefeuert. Wir brauchen auch hier nur in den Straflisten blättern. 1924 zum Beispiel hat die Rosa Bieler, Tochter des »Fotzenschmieds«, 24 Reichsmark Strafe zahlen müssen, weil sie beim Christkindlanschießen besonders nachhaltig mitgeschossen hat.

Von den Weihnachtsschützen und denen, die welche werden wollten, gibt es eine schöne Geschichte. 1926 – Burschen aus Strub wollen Mitglieder beim Weihnachtsschützenverein werden. Das geht nicht, denn sie sind noch keine 18 Jahre alt. Warten wollen sie nicht und so gründen sie einen illegalen Verein. Es gelingt ihnen sogar, sich außer Pistolen einen schweren Böller

anzuschaffen. Einen erfahrenen Schützen, den alten Breininger, kriegen sie herum und wählen ihn zu ihrem Anführer. Und mit ihm nun ziehen 17 Mann – Jungweihnachtsschützen – in der Neujahrsnacht zu ihrem Schießplatz hoch oben am Boschberg, am Losbichl.

Drei Tage vorher hat aber der Vorstand der Struber Schützen Wind gekriegt von diesem Plan. Irgendwer hat die Jungen verpfiffen. Die alten Schützen sind wütend. Sie sind erbittert, und wenn nicht der Schützenführer Gotthard Brandner, ein ruhiger besonnener Mann, zu einer List greifen würde, scheint eine handfeste Rauferei unvermeidlich. Der Brandner Gotthard steckt sich hinter den Bürgermeister Fendt und bittet ihn, er soll ihm zwei Gendarmen mitgeben, mit denen er eine scheinbare Verhaftung vornehmen kann. Der Schießplatz auf dem Boschberg ist ihm verraten worden und so marschiert er heimlich mit den beiden Gendarmen in der Neujahrsnacht hinauf. Sie sind noch nicht ganz oben, da blitzt es auf und mit gewaltigem Krach fällt eine mächtige Salve. Aber nur ein paar Sprünge und schon stehen die drei hinter den Jungschützen: »Im Namen des Gesetzes, ihr seid verhaftet und ihr habt euch nun zu verantworten!« und zum Anführer, dem alten Breininger, haben sie gesagt, er habe sich wegen Verleitung Jugendlicher noch ganz besonders zu verantworten. Dann haben sie alle etwas kleinlaut ihre Büchsen und Messer bei den Gendarmen abgegeben, nur den großen Böller haben sie über die Wand hinuntergeworfen. Er ist erst am nächsten Tag gefunden worden.

Nach dieser radikalen Abrüstung sind ihre Namen aufgeschrieben und harte Strafen vorausgesagt worden, dann hat man sie heimgeschickt. Das Bier und die Fressalien, die für das Schützenmahl gedacht waren, sind zu den Struber Schützen gebracht worden, und die haben das alles schon aus Schadenfreude und den Jungen zum Fleiß gegessen. Aber es ist alles noch ganz gut ausgegangen, denn angezeigt sind die Jungschützen nicht worden. Sie haben auch ihre Pistolen zurückbekommen, nur der alte Breininger hat vom Bezirksamt eine Verwarnung gekriegt.

Das mit dem Hantieren von Böllern, der Umgang mit dem Pulver war übrigens auch so eine Sache. Da hat doch tatsächlich in der Weihnachtsnacht 1897 ein Weihnachtsschütz seinen Böller geladen im Rucksack herumgetragen. Er ist in die Kirche gegangen, in die Stiftskirche. Dabei ist er noch auf der linken, auf der Weiberleutseiten gestanden und, wie's der Teufel will, geht der Böller mit einem gewaltigen Donnerschlag während der Christmetten los. Der Rucksack hat ein Loch gehabt, aber sonst ist nichts passiert.

Ein Pulvermüller, der junge Votzlbauer von Ilsank, hat am 20. November 1893 einen ähnlichen Schutzengel gehabt. In jener Zeit hat es nur sehr grobes Böllerpulver zu kaufen gegeben und man hat mit ihm erst Böllerschießen können, wenn es mit einem Nudelwalker feiner pulverisiert war. Da hat der junge Votzlbauer gemeint, wenn er das Pulver zwischen die Mühlsteine seiner Getreidemühle legt, könnte er sich viel Arbeit sparen. Gedacht getan, aber da hat es mit einem Mal einen furchtbaren Schlag getan, und er ist zwölf Meter draußerhalb in der Wiese gesessen. Von der Mühle war kein Stein mehr auf dem andern. Aber er hat Glück gehabt. Ein paar Brandwunden, ein paar Beulen und blaue Flecken, sonst hat ihm nichts gefehlt. In der weiten Umgebung hat man ihn dann halt nimmer den Votzlbauern geheißen, sondern nur mehr den Pulvermüller von Ilsank.

Die Böller der Weihnachtsschützen sind überschwere Pistolen. In ihrer jetzigen Form sind sie um die Jahrhundertwende fast ausschließlich vom vorhin erwähnten Bieler Wastl, dem Schmied, hergestellt worden. In der Schönau hat die Pistolenherstellung übrigens Tradition, denn es ist urkundlich überliefert, daß im Winkllehen schon im 16. Jahrhundert solche Schießeisen gemacht worden sind. Der Handböller unserer Tage sieht so aus: Ein starker, aus Eisen getriebener Lauf, der kaum über den kurzen schweren, nußbaumenen Schaft hinausreicht. Als Schloß hat man ehedem jenes der alten Amberger Militärgewehre verwendet. Als man es nicht mehr fertig beziehen hat können, hat der Bieler Wastl die Schlösser halt selber geschmiedet. Das Pulver wird wohl abgewogen vorne in den Lauf geschüttet. Dann schlägt der Schütz einen selbstgeschnitzten Holzpropfen in den Lauf. Dazu hat er einen eigenen Holzschlegel. Zuletzt spannt er den Hahn und setzt ein Zündhütl auf. So braucht er nur am Abzug zu ziehen und der Hahn schnappt auf das Zündhütl. Der Funke bringt das Pulver zur Entzündung und mit einem gewaltigen Donner fliegt der hölzerne Pfropfen in die Gegend.

Es ist schon ein Erlebnis, bei so einem Weihnachtsschießen oder, was doch leichter möglich ist, bei einem Silvester-Neujahrsschießen dabei zu sein; allein schon, wie sich die Schützen gegen einhalb elf Uhr nachts »zusammenschießen«, wie sie auf dem Weg zu ihrem Standplatz bereits ihre Böller abfeuern, allein, zu zweit oder zu dritt. Am Standplatz dann darf nur mehr auf Kommando geschossen werden. Ehe sich die Weihnachtsschützen aufstellen, beten sie in ihrer Herberge drei Vaterunser, eines, damit kein Unglück geschieht, eines für die armen Seelen im Fegfeuer und eines für die Herbergsleut. Dann stellen sie sich draußen im Schnee auf, in einer langen Schützenkette, und die Salven, die Rotten, das Reihenfeuer, blitzen und donnern in die Nacht, und das Echo grollt von Berg zu Berg. Blendend grell ist der Feuerschein und er erlischt in einem glühenden Regen verglimmender Funken. Das Schießen steigert sich zu ohrenbetäubenden Detonationen, doch wenn die Kirchenglocken von Berchtesgaden das neue Jahr einläuten, fällt kein Schuß. Die Schützen beten ein Vaterunser und ein Ave Maria für ein gutes Jahr, dann fangen sie erneut zu schießen an und wieder kracht und donnert das Reihenfeuer und Schnellfeuer, um in Salven zu enden.

Als der letzte Fürstpropst Konrad von Schroffenberg, von längerer Krankheit genesen, im Oktober 1784 nach Berchtesgaden zurückkehrte, wurde ihm ein triumphaler Empfang bereitet. Ein Zeuge dieser Feierlichkeit hat darüber geschrieben. Dabei erzählt er von den in Parade aufgestellten Feuerschützen, an deren rechtem Flügel ein Schild aufgestellt war und auf diesem Schild ist gestanden, was die Schützen noch heute als Motto führen könnten: »Feuerschützen von Berchtesgaden / Die nur Bley und Pulver laden / Nicht wie dort zu Gibraltar / Wo der Brand von Eisen war. / Nur aus Lust knallt hier das Rohr / Nur aus Lust für Aug' und Ohr.«

P. E. R.

Heiligste Nacht!

1. Heiligste Nacht!
Finsternis weichet, es glänzt hienieden,
Harfen verbreiten den süßesten Klang,
Engel erscheinen, verkünden den Frieden,
Lieblich ertönet ihr froher Gesang.

Christen, erwachet und kommet geschwind!
Folget den Hirten, die eifriger sind!
Eilet nach Bethlehem,
Seht euer Diadem!
Hier liegt das Kind

2. Göttliches Kind!
Du warst der seufzenden Väter Verlangen;
Sei mir von Herzen demütig gegrüßt!
Sei mir von brünstiger Liebe umfangen
Und mit der zärtlichsten Wonne geküßt!
Göttlicher Heiland, der Christen ihr Haupt,
Was uns der Apfelbiß einstens geraubt,
Bringet uns deine Huld,
Tilget die Sündenschuld
Jedem, der glaubt.

3. Christen bedenkt:
Zitternd vor Kälte, in Windeln gebunden
Liegt hier der große gewaltige Gott!
Ach, soll dies liebe Kind einstens voll Wunden
Leiden am Kreuze den schmählichsten Tod?
Hört, wie beweglich er Menschen zuspricht:
Sündige Seele, erbarm ich dir nicht?
Der mich beleidiget,
Von neuem kreuziget,
Liebet mich nicht.

4. Liebreiches Kind!
Einen zerknirschten Geist bring ich zur Gabe.
Keinen Verblendungen geb ich mehr Platz.
Kind! O dich liebt mein Herz; wenn ich dich habe,
Hab ich den besten, den göttlichen Schatz.
Außer dir werde mich nichts mehr erfreu'n,
Denn ich verlange, vereinigt zu sein
Nur mit dir, Göttlicher!
Du bist mein Gott und Herr;
Ich bin ganz dein.

Vanilleringe

5 Eiweiß
250 g Puderzucker
2 Eßlöffel Vanillezucker
bunter Streuzucker

Die Eiweiß werden zu festem Schnee geschlagen, der Puderzucker und Vanillezucker werden dann langsam daruntergemengt. Dann füllt man die Masse in eine Spritze und formt kleine Ringe auf ein mit Fettpapier abgeriebenes und dann gut bemehltes Blech. Man kann sie mit buntem Streuzucker verzieren. Nun gibt man sie in das schwach vorgewärmte Backrohr und läßt sie bei höchstens 50° Wärme einige Stunden trocknen. Sie dürfen nicht gelb werden, sondern müssen weiß bleiben.

Vom Lebensbaum und vom Christbaum

Heutzutag' hat man mehr und mehr den Eindruck, daß sich viel weniger Menschen die Mühe machen, einen Christbaum zu schmücken, als vor zehn, zwanzig Jahren. Festlichkeit macht Arbeit und der geht man lieber aus dem Weg. Zu Hunderttausenden fahren sie in diesen Tagen weg und erwarten in der Hotelhalle oder ihrer Pension den fertig geschmückten Christbaum. Dabei ist der Christbaum für uns alle etwas so Selbstverständliches, daß sich niemand so recht vorstellen kann, es könnte ihn einmal nicht gegeben haben.

Im Raum um München sehen manche im sogenannten Paradeisl, jenem pyramidenförmigen Gesteck aus Äpfeln, Stäben, Kerzen und Buchs, einen Vorläufer des Christbaums. Mag dieser Vergleich zwischen Lichterpyramide und Christbaum auch etwas weit hergeholt sein, eine Verwandtschaft zum christlich gedeuteten Weihnachtsbaum mag man hier schon erkennen. Das Paradeisl leitet ja seinen Namen vom Paradiesbaum ab, der zum Lebensbaum wird, endlich zum Kreuzesbaum, der als kostbarste Frucht den Erlöser getragen hat. In der Kirche in Pens, einem Dorf am Ende des Sarntals in Südtirol, ist auf dem Hochaltar Christus an den Lebensbaum geschlagen; unter ihm Jerusalem, die hohe Stadt. Von diesem Paradiesbaum erzählt eine hübsche Legende.

Als nämlich Adam und Eva im Paradies den Apfel vom Baum der Erkenntnis – der Erkenntnis des Guten und des Bösen – gegessen haben, sind sie ja aus dem Paradies vertrieben worden, damit sie nicht auch noch vom Lebensbaum essen konnten.

Adam hat um diesen Lebensbaum gewußt und hat deshalb drei seiner Samenkörner mit aus dem Paradies genommen. Als Adam dann gestorben war, hat ihm sein Sohn Seth diese drei Samenkörner mit ins Grab gegeben. Da ist aus den drei Körnern ein einziger Baum gewachsen, von dem man sich allerhand wundersame Geschichten erzählt hat. Aus dem Holz dieses Baumes habe nämlich Moses den Stab geschnitten, mit dem er das Lebenswasser aus dem Felsen geschlagen hat. Joseph hat einen Zweig von diesem Baum gepflückt, als er um Marias Hand angehalten hat, und sie hat ihn an diesem Reis erkannt. Zum dritten aber ist aus dem Stamm des Baumes das Kreuz gezimmert worden, an dem Christus die Menschheit erlöst hat.

Da gibt es aber noch eine andere Legende. Sie erzählt, daß Adam auf seinem Sterbelager seinen Sohn Seth in das Paradies geschickt habe, er möge ihm Öl vom Baum des Lebens oder der Barmherzigkeit holen, zur Linderung seiner Schmerzen. An der Pforte zum Paradies aber sei abweisend der Erzengel Michael gestanden und habe ihm mit feurigem Schwert den Weg verwehrt, und er sagte zu Seth, 5500 Jahre müsse die Welt warten; erst dann werde der Sohn Gottes auf die Erde kommen, um die Menschen zu erlösen. Auch Adam werde erlöst und vom Herrn zum Baum der Barmherzigkeit und Gnade geführt werden. Dann überreichte der Erzengel Michael dem Seth ein Reis vom Lebensbaum. Und der ging heim und pflanzte es ein.

149

Seit wann nun wissen wir vom grünen Reisig um die Weihnachtszeit? Da heißt es im berühmten »Narrenschiff«, einem Buch des Sebastian Brant aus dem Jahr 1494: »und er nit etwas nuwes hat / und um das nuw jor singen gat / und grün tannris steckt in sin huus / der meint, er lebt das jor nit uß …« Wenn also einer um Neujahr kein grünes Tannenreis hat, überlebe er dieses Jahr nicht. Vierzehn Jahre später wetterte der Straßburger Prediger Geiler von Kaisersberg gegen diesen Volksglauben und gegen Bräuche, die am Neujahrstag üblich sind. Tanzen, Springen und Gabenschicken sei eine heidnische Sache, und der Brauch, »Dannenreisig in die Stube zu legen«, ebenfalls.

Es heißt ja immer, der Christbaum habe seine Heimat im Elsaß. Ob es wirklich so ist? Jedenfalls sprechen die frühesten Zeugnisse für einen Weihnachtsbaum, für einen Christbaum dafür. So besagt eine Waldordnung von Ammerschweier aus dem Jahre 1561, daß kein Bürger »uf die Weihnachten mehr dann einen Meyen hawen« dürfe, und der »soll nit lenger sein dann 8 Schue lang«. Also bis etwa zweieinhalb Meter kann er sein, länger nicht. Nun versteht man in Bayern unter dem Wort »Maien« eher eine Birke, ähnlich denen, die entlang von Prozessionswegen aufgestellt werden. Im Fränkischen, in Effeltrich, hat eine Bäuerin noch nach dem Zweiten Weltkrieg so eine Birke zum Christbaum verwendet. Rechtzeitig in einen Kübel Wasser gestellt, hat sie bis zum Heiligen Abend getrieben wie ein Barbarazweig. Und dann ist sie entsprechend mit Oblaten und »Zischgold« geschmückt worden. Es gibt Radierungen aus dem späten 18. Jahrhundert, die solche Bäume zeigen. Im Elsaß des 16. Jahrhunderts müßten es aber schon Tannenbäume gewesen sein.

Die erste zuverlässige Schilderung von geschmückten Weihnachtsbäumen im Elsaß zitieren R. Pinzl und G. Tögel in ihrem 1968 im Don Bosco Verlag erschienenen Büchl über den Christbaum.

Die kurze Schilderung verdanken wir dem Fragment des Reisetagebuches eines Unbekannten aus dem Jahr 1605. »Auf Weihnachten richtet man Dannenbäume zu Straßburg in den Stuben auf, daran henket man Rosen, aus vielfarbigem Papier geschnitten, Äpfel, Oblaten, Zischgold, Zucker usw. … Man pflegt darum einen viereckigen Rahmen zu machen und vorn …« An dieser Stelle endet das Fragment, das angeblich in den Wirren des Zweiten Weltkriegs verlorengegangen ist.

Einst einmal war es üblich, die Predigten von berühmten Kanzelrednern zu drucken. So auch 1654 die Predigten des Pfarrers Konrad Dannhauer aus Straßburg. Ihr Titel: »Catechismusmilch«. Er donnert im Jahr 1642, als er von allerlei Bäumen spricht, von der Kanzel: »Unter anderen Lappalien, damit man die alte Weihnachtszeit oft mehr als mit Gottes Wort begeht, ist auch der Weihnachts- oder Tannenbaum, den man zu Hause aufrichtet, denselben mit Zucker und Puppen behängt und ihn hiernach schüttelt und abblümen läßt. Wo die Gewohnheit herkommt, weiß ich nicht. Es ist ein Kinderspiel, doch besser als andere Fantasey, NB. ja Abgötterey, so man mit dem Christkindlein pflegt zu treiben, und also des Satans Capell neben der Kirche bauet, den Kindern eine solche Opinion (allgemein Meinung) beybringet, daß sie ihre inniglichen Gebätlein für den Vermummten und vermeynten Christkindlein fast abgöttischer Weise ablegen. Viel besser wäre es, man wiese sie auf den geistigen Cedernbaum, Christum Jesum!«

Es kommt wohl nicht von ungefähr, daß man sich gerade im Elsaß eine Legende um den Christbaum erzählt hat. Aus welcher Zeit sie stammt, ist nicht überliefert. Aber sie kann höchstens zu einer Zeit entstanden sein, in der es üblich geworden ist, neben Papierblumen, Äpfeln, Oblaten, Zischgold, sogar Puppen, zum ersten Mal auch Kerzen aufzustecken.

Am Vorabend des Heiligen Abends geht ein armer Bub aus der Nähe von Molsheim nahe Straßburg in die Stadt, um zwei kleine Tannenbäume zu verkaufen. Er hofft, ein bisserl Geld dafür zu bekommen. Weil er sich scheut, sich an eine Straßenecke zu stellen, geht er zu einem Gärtner nahe der Aurelienkirche. Bei dem stehen viele Christbäume, die noch darauf warten, mitgenommen, in die Häuser geholt und geschmückt zu werden. Sie sind auch viel schöner als die beiden kleinen, krummen Bäumchen, die der Bub angeschleppt hat. Da hat der Gärtner Mitleid mit ihm. Er kauft ihm die Bäumchen ab und schenkt ihm viel mehr,

als sie wert sind und der Bub erwartet hat, nämlich ein Goldstück. Glücklich geht der Bub wieder heim. Noch am Abend wirft der Gärtner die kleinen Bäumerl achtlos in eine Ecke. Am nächsten Tag entdecken die beiden Kinder des Gärtners die kleinen, krummgewachsenen Tannenbäumchen, verziehen sie hinter die Aurelienkirche und pflanzen sie ein. Es ist ein Kinderspiel, denn die Bäume haben ja keine Wurzeln mehr. – Während der Mitternachtsmesse bemerken die Gläubigen hinter den Fenstern des hohen Chores Licht. Ein Licht, das immer heller und strahlender wird. Dabei hat es damals ja kein künstliches Licht gegeben. Die Gläubigen hatten bei der Mitternachtsmette Kerzen und Wachsstöcke. So ein strahlendes Licht haben sie in ihrem Leben noch nie erblickt. Als der Gottesdienst zu Ende ist und die Menschen aus der Aurelienkirche kommen, sehen sie zwei Tannenbäume an einer Stelle, wo vorher keine gestanden haben, kerzengerade sind sie gewachsen, so groß, daß sie die Spitze des Kirchturms überragen. Auf ihren Zweigen strahlende Lichter, wie Rosen anzusehen. Das alles betrachtet der Gärtner fassungslos. Und er denkt an den Buben, dem er gestern die kleinen Bäumchen abgekauft hat. Ob der nicht gar der Bruder desjenigen war, der in der Krippe von Bethlehem gelegen ist? Dessen Geburt sie alle eben in der Kirche gefeiert haben? Wie ihm das alles so durch den Kopf geht, sieht er, wie eine weiße Taube aus dem Kirchenfenster fliegt, obwohl das Fenster geschlossen ist, wie sie sich auf die Spitze der einen Tanne setzt, dreimal mit den Flügeln schlägt und damit die Lichter löscht. Dann fliegt sie zur zweiten Tanne, setzt sich dort auch auf die Spitze, schlägt auch hier dreimal mit den Flügeln, und auch hier verlöschen die Lichter. Er kann noch erkennen, wie die weiße Taube durch das Kirchenfenster in der Kirche entschwindet, und dann wird es hellichter Tag.

Jenes Jahr, in dem ein Weihnachtsbaum, so hat man ihn ursprünglich wohl genannt, zum erstenmal mit Kerzen geschmückt worden ist – unter welchem Dach das geschehen ist, in welcher Kirche? Wir wissen es nicht.

Wenn von Berichten über den Christbaum die Rede ist, wird immer Liselotte von der Pfalz genannt. Sie stammt aus dem Haus der pfälzischen Wittelsbacher, hat eigentlich Elisabeth Charlotte geheißen und von 1652 bis 1722 gelebt. Sie wurde mit einem Bruder König Ludwigs XIV., dem Herzog von Orléans, verheiratet. »Wider Willen, aus purem Gehorsam«, wie sie schreibt, geht sie nach Frankreich. Glücklich wird sie dort nicht. Von ihr sind rund 3000 Briefe erhalten, Briefe, die nicht nur zu einer hochrangigen Quelle über das Leben am französischen Hof geworden sind, sondern auch immer wieder großes Heimweh verraten. Sie schreibt wohl als erste über einen lichtergeschmückten Weihnachtsbaum. In ihrem Brief ist allerdings nicht von einem Tannen- oder Fichtenbaum die Rede, sondern von einem Buchsbaum, den – so darf man jedenfalls annehmen – die Hofgärtner kunstvoll zurechtgeschnitten hatten. Liselotte schreibt über das Weihnachtsfest ihrer Kindheit zudem: »Es stehen vier lange Tische, worauf die Collation ist (ein Buffet mit den entsprechenden Köstlichkeiten), allerhand Sachen, Obstkuchen, Kunfituren. Das sieht eben aus, wie die Christkindertafeln am Christkinderabend.« In einem Brief aus dem Jahr 1708 an ihre Tochter, die mit dem Herzog von Lothringen verheiratet ist, schreibt sie vom Heiligen Abend daheim bei ihrer Tante, der Kurfürstin von Hannover, etwas mehr: »Ich weiß recht gut, was St. Nikolaus in ganz Deutschland bedeutet.« Und sie fährt wenig später fort: »… aber ich weiß nicht, ob ihr ein anderes Spiel habt, das jetzt in ganz Deutschland üblich ist, man nennt es ›Christkindel‹, das bedeutet ›L' Enfant Christ‹. Da richtet man Tische wie

Altäre her und stattet sie für jedes Kind mit allerlei Dingen aus wie: neue Kleider, Silberzeug, Puppen, Zuckerwerk und alles mögliche. Auf diese Tische stellt man Buchsbäume und befestigt an jedem Zweig ein Kerzchen, das sieht allerliebst aus, und ich möchte es noch heutzutage gern sehen. Ich erinnere mich, wie man mir in Hannover das Christkindel zum letztenmal kommen ließ.« Das ist im Jahr 1662 gewesen. Zehn Jahre war sie damals alt. Sie erzählt dabei übrigens auch von einem Spiel. »Man läßt Schüler kommen, die ein richtiges Schauspiel aufführen; zuerst kommt der Stern, dann der Teufel und der Engel, hierauf Christus mit St. Peter und anderen Aposteln. Der Teufel klagt die Kinder an und verliest ihre Sündenregister. Hierauf sagt Christus, er sei gekommen, ihnen Geschenke zu bringen, da sie aber böse seien, wolle er nicht bei ihnen bleiben. Der Engel und St. Peter bitten für sie und versprechen, daß sie sich bessern werden. Christus verzeiht ihnen und St. Peter führen sie zu den Tischen. Wenn es deren fünf oder sechs sind, läßt sich nichts Hübscheres schenken (als die kleinen mit Lichtern besteckten Buchsbäume), denn alles ist mit buntfarbigen und silbernen Bändern behangen.«

Liselotte von der Pfalz möchte diesen Brauch auch am französischen Hof einführen, aber sie stößt auf taube Ohren. Am 11. Januar 1711 schreibt sie an ihre Tante Sophie, die Kurfürstin und Herzogin von Hannover: »Zu Hannover – erinnere ich mich wohl – wird das Christfest drei Tage gefeiert. Es ist mir aber leid, daß der schöne Stern und das Christkind nicht mehr von den Schülern agiert wird. … Ohne Zweifel wird der Buchsbaum nicht vergessen gewesen sein bei der Kurprinzeß Kinder, woran man die Lichter steckt. Wie gern hätte ich das Christkindel gesehen! Hier weiß man gar nicht davon, ich wollte es introduzieren (also einführen), allein Monsieur (ihr Herr Gemahl, der Herzog von Orléans) sagte ›Madame, Sie wollen uns Ihre deutschen Moden einführen, um Ausgaben zu machen.‹« Das war das Ende ihrer Bemühungen.

Ein weiterer Brief sei genannt, auch wenn er mit dem Christbaum unmittelbar nichts zu tun hat. Er geht ebenfalls an Liselottes Tante, die Kurfürstin Sophie: »Ich erinnere mich noch gar wohl, welch eine herzliche Freude es für mich war, wenn man mir ein ›Christkindchen‹ gab, und wie bang ich vor die Schüler trat, wenn sie mit dem Stern kamen. Aber was mich merken machte, daß es ein Spiel war, ist, daß St. Peter, so mich führen sollte, wo das Christkindchen beschert, mir die Hand bot ohne Hendschen« (also ohne Handschuhe). Und die Hand war »grindig, und ich konnte mich nicht wohl einbilden, daß man im Paradies grindig ist; ich konnte nicht lassen, darüber zu lachen …«. Da sagt die Erzieherin, »die gute Frau Harling, sobald das Christkindl nicht geglaubt wird, beschert es nichts mehr. Und seitdem habe ich es nicht mehr zu sehen bekommen.«

Wie sieht es nun mit dem Christbaum in Bayern, vor allem in Altbayern aus? Da hat Josef Fendl um 1980 eine überraschende Entdeckung gemacht, wobei die Vermutung, der Christbaum käme aus dem Elsaß, eine niederbayerische Konkurrenz bekommt: eine Quelle aus dem Jahr 1590, die somit 15 Jahre älter ist als die aus dem verschollenen Tagebuchfragment, das von geschmückten Straßburger Tannenbäumen erzählt. Da haben die Bürger von Schwarzach in Niederbayern, im Bayerischen Wald, um 1590 sichtlich mit ihrem Pfarrer einige Schwierigkeiten gehabt. Wohlfang Schopper hat er geheißen, und er muß ein grober, jähzorniger Mensch gewesen sein. So grob, daß sich die Schwarzacher Bürger sogar entschlossen haben, eine Beschwerde an das Ordinariat zu schreiben, in dem sie um eine Versetzung des Pfarrers bitten. 21 Punkte umfaßt dieses Schreiben. Darunter steht unter Punkt sechs, er habe »… sel-

ben Jhars am Hayligen Weyhennachttage, zu der Vesper, vorm Hochwürdigen Sacrament mit ainem Tannen Peiml, daran Öpfl gesteckht gewest, vnder die Kinder geschlagen, auch Tausent Sacra: Öffentlich gefluechet …«. Dieser hochwürdige Herr muß schon ein besonderer Lümmel gewesen sein. Die Regensburger Domkapitulare hat er öffentlich »faule Polster Hundt« geheißen, den Rat der Stadt Straubing »Padt Hurrn«. Aber wir müssen ihm wohl dankbar darum sein, daß er Anlaß zu dieser Beschwerde gegeben hat. Wir hätten sonst keine Ahnung von den mit Äpfeln behangenen Tannenbäumerln in der Kirche von Schwarzach.

Das Erstaunliche ist, daß hier nicht nur von einer Kirche in Bayern die Rede ist, sondern von einer katholischen; nachdem der bisherigen Meinung nach der Weg des Christbaums über evangelische Kirchen und Familien in unser Land führt. Sicher scheint jedenfalls, daß der Christbaum hierzulande zunächst einmal keine größere Verbreitung gefunden hat. Im 18. Jahrhundert gibt es häufiger schriftliche Hinweise auf Christbäume, aber sie alle erzählen von westlichen, mitteldeutschen und norddeutschen Gebieten. In diesem Zusammenhang ist die Schilderung des aus Zittau stammenden Dozenten der Rechte Gottfried Kißling interessant. Er erzählt 1737 von einer Frau, die auf einem Gutshof lebt, und wie sie den Heiligen Abend für die Familie und das Gesinde vorbereitet. Leider sagt Kißling nicht, wo er das erlebt hat. »Am heiligen Abend stellte sie in ihren Gemächern so viel Bäumchen auf, wie sie Personen beschenken wollte. Aus deren Höhe, Schmuck und Reihenfolge in der Aufstellung konnte jedes sofort erkennen, welcher Baum für es bestimmt war. Sobald die Geschenke verteilt und darunter ausgelegt, und die Lichter auf den Bäumen und neben ihnen angezündet waren, traten die Ihren der Reihe nach in das Zimmer, betrachteten die Bescherung und ergriffen jedes von dem für es bestimmten Baum und den darunter bescherten Sachen Besitz. Zuletzt kamen auch die Knechte und Mägde in bester Ordnung herein, bekamen jedes seine Geschenke und nahmen dieselben an sich.«

Es gab also in diesem Haus genauso, wie es Liselotte von der Pfalz auch erzählt, für jeden Beschenkten ein Bäumchen, nicht wie später, einen großen Baum für alle.

Als Goethe 1775 nach Weimar kommt, ist der Weihnachtsbaum in der herzoglichen Residenz eine Selbstverständlichkeit und in vielen Bürgerhäusern auch. Schiller kennt ihn, und schnell führt der Siegeszug des Baumes bis nach Königsberg.

In der katholischen Welt gilt der Christbaum zunächst als ein protestantischer Brauch und findet neben der Krippe nur zögernd Eingang.

Wie kommt nun der Christbaum nach München? Es hält sich ja hartnäckig die Rede, die evangelische Königin habe ihn nach München mitgebracht. Es müßte folglich Königin Caroline, eine badische Prinzessin, die Gemahlin König Max' I., gewesen sein. 1816 muß man den Christbaum in München gekannt haben. Die bislang früheste Darstellung ist jedenfalls unter den zwölf Monatsbildern zu finden, die um 1960 der Silberschmied Blachian in Neuötting besessen hat. Es sind Flachdioramen aus Papiermaché, die Szenen aus dem Münchner Leben zeigen. Das Bild, das den Schrannenmarkt am Marienplatz darstellt, trägt die Jahreszahl 1816, auf der Rückseite des Dezemberbildes steht 1810–20. Es zeigt einen Blick vom Max-Joseph-Platz in die verschneite Residenzstraße. Vor der Residenz patrouillieren Hartschiere von der königlichen Leibwache; rechts im Vordergrund ein Stand mit Kinderspielzeug; vorne links ein halbwüchsiger Bub, der auf dem Kopf eine große Holzscheibe trägt; von einem kleinen Geländer eingefaßt, darauf in der Mitte aufgesteckt, nicht ganz so groß wie der Bub ein Christbaum, mit Äpfeln und Flitter geschmückt, aber nicht mit Kerzen, auf dem Wipfel ein Stern. Unter dem Baum ist eine kleine Krippe. – Zudem gibt es aus der Zeit um 1840 eine Radierung, die ein Münchner Dienstmädchen zeigt und im Hintergrund einen Christbaumverkäufer.

Rudolf Kriß erzählt in seinem 1947 erschienenen Buch »Sitte und Brauch im Berchtesgadener Land«, daß im Land um Berchtesgaden der Nikolaus, so wie es sich gehört, am Abend des 5. oder 6. Dezembers gekommen ist, um seine bescheidenen Geschenke zu bringen, denn einst hat man sich an Nikolaus beschenkt, nicht am Heiligen Abend. Später dann ist er ein zweites Mal gekommen, nämlich zu Weihnachten. »Die Sitte seiner weihnachtlichen Einkehr ist jedoch nur auf dem Land bekannt«, nicht bei den Markterern, also im Markt Berchtesgaden. »Früher brachte er nur Äpfel und Nüsse und Berchtesgadener Holzspielzeug, seit der Einführung des Christbaums bringt er den geschmückten Baum ins Haus.« Der Kunstmaler Reimbold war dann in den zwanziger Jahren der erste, der für seine Familie den Baum mit Berchtesgadener Holzspielzeug behängt hat.

Christbäume haben sich auf dem Land, vor allem bei den Bauern entlang der Berge, erst nach der Jahrhundertwende 1900 langsam durchgesetzt. Im Markt Berchtesgaden in bürgerlichen Familien etwas früher. Rudolf Kriß erzählt auch vom Weg des Christbaums auf die Gräber. »Das Anzünden von Christbäumen am Friedhof, eine Sitte, die uns heute so besonders ans Herz gewachsen ist, … ist gleichfalls noch recht jung. Meine eigene Urgroßmutter, Frau Marianne Kriß, war es, die auf dem Grab ihres früh verstorbenen Gatten in den achtziger Jahren zum ersten Male einen Christbaum aufstellte, eine Gewohnheit, die dann rasch allgemeine Nachahmung fand.« Daneben berichtet Kriß von den Christbäumen in der Kirche. »Auch die beiden großen Bäume, die in der Stiftskirche während des Christamtes brennen, sind nicht älter, wogegen der übrige Lichterschmuck des Gotteshauses, der brennende Weihnachtsstern und die mit Kerzen besetzten Strickleitern schon viel früher eingeführt wurden.«

Noch kurz etwas über die Verbreitung des Christbaums. So ist überliefert, daß die Gemahlin des Erzherzogs Karl, eine Prinzessin aus dem Hause Nassau-Weilburg, 1816 den Christbaum am Wiener Hof eingeführt hat und daß er ihrem Schwager, dem österreichischen Kaiser Franz I., zum Vorbild geworden ist. So ist der Christbaum nicht nur über den Adel in die Bürgerhäuser gekommen, sondern auch in alle Länder der Donaumonarchie. Nach

England bringt ihn Prinz Albert von Sachsen-Coburg, der Gemahl der Königin Viktoria. Damit war der Weg rund um die Welt schon vorgegeben. Deutsche Einwanderer bringen den Christbaum nach Amerika, wo er schnell Verbreitung findet. Missionare, Matrosen, Kaufleute tragen ihn in alle Welt. Deutsche Soldaten 1870/71 nach Frankreich, im Ersten und Zweiten Weltkrieg dann in weitere fremde Länder.

Hat ursprünglich ein kleiner Christbaum seinen Weg um die Welt gemacht, so ist er Ende der zwanziger, Anfang der dreißiger Jahre groß aus Amerika zurückgekommen. Es muß 1932 gewesen sein, als ich zum ersten Mal einen so großen Baum vor dem alten Rathaus in Regensburg gesehen habe. Heute gibt es wohl kaum eine größere oder kleinere Stadt, in der vor dem Rathaus oder auf dem Hauptplatz während des Advents keiner steht.

Was hat im Lauf der Zeit der Christbaum alles mitmachen müssen! Mit was allem hat man ihn behängt! Die Geschichte des Christbaumschmuckes wäre einer eigenen Betrachtung wert. Selbst den Wandel zum Kunststoff hat er sich gefallen lassen müssen. So steht am 6. Dezember 1983 in einer Münchner Zeitung: »Plastik-Tannen und schicker Schmuck Renner im Weihnachtsgeschäft«. Viele »um den Bestand unserer Wälder besorgte Münchner« seien mittlerweile bereit, auf den natürlichen Tannenbaum zu verzichten und mit einer künstlichen Tanne vorlieb zu nehmen. »Ein Material aus Synthetik und Seide wurde entwickelt, das seinem natürlichen Vorbild täuschend ähnlich sieht.« Und weiter heißt es: »Was soll's denn sein? Ein Weihnachtsbaum auf Mickey-Mouse-Füßen, mit Blechspielzeug behängt oder von einer überdimensionalen rosa Schleife umhüllt. … Nicht nur was den Weihnachtsschmuck anbelangt, ist ›Kunst‹ heuer die große Masche; selbst die gute alte Fichte oder Tanne muß in vielen Haushalten der faltbaren, nichtnadelnden Plastikimitation weichen. In den großen Kaufhäusern … ist der Bestand schon sehr reduziert. Dort werden Kunststofftannen in allen Größen feilgeboten. Auch bei den Industriebäumen gilt: je größer, desto teurer und um so perfekter die Imitation, um so mehr Geld muß der Kunde anlegen: Eine 2,30 Meter große Tanne, ländlich geschmückt, kostet bei Hertie über 300 Mark, der billigste Plastikbaum, auch mit blauen Nadeln zu haben, 30 Mark.«

Eine ganz besondere Abart war um jene Jahre in einem anderen Münchner Kaufhaus zu sehen: ein wie ein Schlauchboot aufblasbarer Christbaum. Bei der genannten Reportage wurde auch ein Sprecher des Landwirtschaftsministeriums befragt. Die Auskunft: Das Baumsterben gäbe keinen Anlaß, auf einen natürlichen Weihnachtsbaum zu verzichten. Die Fichten und Tannen, die bei uns

zu haben sind, wurden alle eigens für den weihnachtlichen Zweck gezüchtet.

Neben dem genannten Bericht sind in einer eigenen Spalte noch drei Frauen und zwei Männer befragt worden, was sie vom Christbaum aus Kunststoff halten: Man war sich ziemlich einig, daß der echte Baum schöner ist, nur einer war sich nicht ganz so sicher. Er habe zwar schon einen echten Baum daheim, aber: »Wenn er recht fesch aussehen würde, tät' ich mir schon einen Plastikbaum fürs Fest kaufen.«

Nun sei dem Fernlastfahrer das kleine, mit bunten Lichteln geschmückte Plastikbäumchen von Herzen gegönnt. Er hat ja keine andere Möglichkeit. Aber zum Abschluß sei gesagt, daß zu einem Christbaum etwas Wichtiges gehört, was bislang nicht angesprochen ist: der Geruch. Der Duft des Baums, der Kerzen, eine Wärme, die Kunststoff und elektrische Kerzen halt nicht ersetzen können.

P. E. R.

Weihnachten

(MARIA und JOSEPH kommen herein; MARIA trägt ein Körbchen mit dem Christkind.)

MARIA (kniet nieder und setzt das Körbchen hin)
Sei mir gegrüßt, du edles Kind,
Vom hochen Himmel kommen!
Hast von mir armer schlechter Magd
Ein Fleisch und Blut ang'nommen.
Drum nimm ich dich und küß ich dich,
Drück dich in meine Arme – – –
Joseph, komm eilends her
Zum Wunder auserkoren!

Der g'wohnet hat im Himmelssaal,
Ist uns ein Mensch geboren.
Bet an mit mir das Jesulein
Und grüße ihn von Herzen!
Er kann mindern jede Pein
Und lindern alle Schmerzen.

JOSEPH (kniet nieder)
Sei auch gegrüßt, Herr Jesu Christ,
Vom hochen Himmel kommen,
Weil du ein Mensch geboren bist!
Sonst wären wir verloren.

MARIA
Nein, nein, mein Mann, laß's heint nur sein!
Morgn werden wir schon kaufen ein.

JOSEPH
Is a scho recht, o mei Maria!
(JOSEPH und MARIA ab.)

(ZWEI HIRTEN mit spitzen Hüten und weitärmeligen Röcken treten auf.)

MARIA
Joseph, ein Licht anzünd!
Was ich dir schaff, verricht fein gschwind!

JOSEPH (steht auf, nimmt aus seinem »Zecker«
Stein und Stahl und schlägt Feuer)
Hutsch! Hutsch! O mei – Maria!
Wia is die heiti Nacht so kalt!
Empfind nit meine Hände bald.
I koch dem Kind a Müasela
Und warm dabei sei Windela.
(holt aus dem Zecker noch ein Pfännlein, eine
Flasche und einen Loffel und kocht)
O mei Maria! iaz is ma d' Milli z'runna,
War ma bal 's Müasel mitsamt 'n Pfandel
vobrunna!
Und bleib fei fleißi bei Haus!
I will um a woazas Mehlai aus
Und will mi drüber bsinna
Und a pfiwatö Milli a mitbringa.

157

1. HIRT
Mei liaber Gspa!
Wia is nöt heint so grimmi kalt!
So kalt is's gar nia gwesen.
Und wann i zecha Joppna hiat,
So tat mi deanascht friasen.
Die Kuit durch alle Zecha schlüag.
I mua mi schier gar fretten.

2. HIRT
I ha dahoam a stoanalts Buach,
Ka 's schier gar Neamd derlesen – – –
Was gschecha ist und gschecha soll – – –
Mei groußer Bua vosteht's gar wohl,
Tuat machti Vil draus macha – – –

1. HIRT
Liaber Isaak, red nöt so Vil!
Es kunnt a mügla sa,
Daß von ara Jungfrau uvoseascht
A Kind tat kemma auf die Easchd.

2. HIRT
Afer Got durch sei Allmacht und Voursichtigkeit
Kunnt do macha a Müglakeit.
Iaz wellma ge waschten auf den alten Bascht,
Der uns soat vo der alten Ascht,
Und gar vil halt't af den Got,
Der uns geit das tagla Brot.

3. HIRT
(der alte, tritt auf)
I kimm dahera ohn alls Gefar;
Mag wahr oder nöt sa, liabe Gspa –
Höaschts auf enker Dischpadiern!
Mi tat schier gar in die Knia friern.
Die Kuit kimmt mir in alle Glider;
Vou Froust legn mar uns all drei da nider!

2. HIRT
So legn mar uns all drei daher
Zu unsern Schafen auf die Easchd
Auf daß uns koas geboucha weaschd!

3. HIRT
So legen mar uns halt ge nider
Und rastent unsre matten Glider!
(Alle drei schlafen ein.)

ENGEL
Gloria in excelsis Deo!
Ach wie schlafen die Hirten so bloß
Und das Kind ligt in Maria Schoß!
Auf, auf, verweilet euch nicht!
Denn Gott, der Welt Heiland, hat mich zu euch
geschickt.

ALTER HIRT
A Stimm hör i, gar hell und klar;
I moan, es ist an Engelschar.
Isaak! Jackel! stehts auf, ös fain Loder!
Was hilft denn enker Herschlaffen
(Bei enkern Heaschden Schafen?)
Bin i so munter und so rund,
Da ma nöt glei so a Schnopfezer nachkummt!

(MARIA tritt mit dem Kind im Körbchen auf und
setzt sich auf einen Stuhl.)

ALTER HIRT
Hoia! Hoia! iaz wüllma ge nach 'n Kindel fragn;
Es weaschd's uns 's Weibi nöt vosagn.

DIE DREI HIRTEN (stoßen mit ihren Stecken auf
den Boden)
Hoi! hoi! is Neamd bei der Tür,
Der uns in's begeaschte Ouascht führ'?

MARIA
Meine Hirten, wen suchet ihr?
Was ist euer Begehren und eifriger Sinn?

HIRTEN
Mei Frau Muader! mir suachen Gottes Kindela,
Das uns hie soll gebourn sa.
Gehren zu wissen, ob's wahr und gwiß,
Was uns vom Engel verkündet ist.

MARIA
Wann ihr dieses suchet, so tretet herein!
Hier ligt es bloß im Krippelein.

ALTER HIRT
Schau, schau! iaz geht ma der Tram aus;
Lacht mi der Jackel allwei aus!

1. HIRT (kniet nieder)
Sei mir gegrüßt, du Kind so jung!
Vor Freuden mir mein Herz aufsprung
Und weil i ha vo dir hörn reden,
So bin i halt zu dir hertreten.
O mein Jesu, wie ligst so hart!
Dein Bett ist nicht von Federn zart,
Dein Geburtstag nicht in Sommerszeit,
Sondern in Winters Bitterkeit.
Da verehr ich dir ein wenig Woll,
Worein man dich einwickeln soll.

2. HIRT
O gulders Kind, o Liabela!
Nimm hi vo mir dös Lampela!
An anners Mal möcht's besser sa
(zu Maria)
An kloan Wecka Brout han i bei mir,
Den schenk i allsamt 'n Kind und dir.
Aber höisch mei Muader! gib den alten Vadern
a an Brocka!

3. HIRT
Frische Goaßmilli und nuine Oar!
Ha s' nacht erst kaft von unsern Moar.
Und wann i hiad a Künireich,
So schenkat i dir's greha gleich.
Weil i aber Nix ha in mein Güatel,
So tuan i dir halt singa a Liadel.

DIE HIRTEN (singen)
Wir singen Victori, es ist schon die Zeit,
Wo Jesus geboren im Kripplein da leit.
Wir fallen zu Füßen dem liebreichen Kind;
Es wird uns verzeichen all unsere Sünd.

MARIA
Ihr Hirten! ich sag euch fleißig Dank
Um euer Opfer und Geschank.
Wollt wider hinziehn eure Straßen
Und mein Kindlein ruhen lassen!

HIRTEN
Is a scho recht, o mei Maria!
(Hirten ab, dann auch Maria.)

August Hartmann

Wunder in der Christnacht

Andächtige Seel, wann du dich das ganze Jahr jemals erfreuet hast, so erfreue dich jetzt vielmehr; und danke Gott von Grund deines Herzens, daß er dich diese heilige Nacht hat lassen erleben. Lege all deine Geschäfte auf eine Seit und begebe dich zur Ruh deines Herzens, damit du die unergründliche Süßigkeit dieser honigfließenden Nacht recht betrachten mögest. Die heilige Osternacht ist zwar sehr glorwürdig, aber diese heilige Nacht ist so süß und lieblich, daß ihr keine Nacht des ganzen Jahres vorgeht. Wo man sich hinwendet und kehret, da ist lauter Frohlockung. Es erfreuten sich die Himmel, es erfreute sich die Erde, und es erfreuten sich die lieben Altväter unter der Erden. Es erfreute sich Gott der Vater, es erfreute sich Gott der Sohn, und es erfreute sich der Heilige Geist. Es erfreute sich die Mutter Gottes, es erfreute sich der heilige Joseph, und es erfreuten sich die Hirten. Es erfreuten sich die neun Chöre der Engel, es erfreuten sich alle himmlischen Herrschaften, und erfreuten sich alle Kreaturen. Denn der himmlische Vater will haben, daß diese heilige Nacht von allen Christen-Menschen mit Freuden zugebracht werden solle, und daß alle Kreaturen etlicher massen sollen teilhaftig werden der Freud seines göttlichen Herzens. Daher hat er in dieser Nacht so viel Wunder gewirkt, dergleichen er in keiner Nacht getan hat.

Erstlich zwar entstand in dieser heiligen Nacht, sobald als das liebe Christkindlein geboren ward, ein solcher heller Glanz um die Gegend Bethlehem, als wanns ein heller Tag wär. Welches ja ein so großes Mirakel war, daß sich alle Menschen mußten darüber wundern.

Zum andern war auch verwunderlich zu sehen, wie in dieser Nacht die Weinberg Engaddi, welche zwei Meilen hinter Bethlehem liegen, und damals die edelsten Weinberg im ganzen gelobten Land waren, wunderlicherweise anfingen zu blühen, und zeitige Trauben zu tragen. Welches ja ein Wunder wider alle Natur war, und notwendigerweis seltsame Gedanken bei allen Menschen verursachte.

Drittens ist sonderlich zu beherzigen, was sich zu Rom über dem Fluß Tiber, allwo damals viele Juden wohnten, hat zugetragen. Denn in der heiligen Christnacht entsprang ein neuer Brunn, dergleichen nimmer in der Welt entsprungen war. Denn anstatt des Wassers quellte wohlschmeckendes klares Öl hervor, welches nicht allein die übrige ganze Christnacht, sondern auch den folgenden ganzen Christtag so überflüssig floß, daß es, obschon die Leut häufig daraus schöpften, sich dennoch bis in den Tiber ausgoß. Über diesen Ort ist hernach zum ewigen Gedenkzeichen eine Kirche zu St. Maria über dem Tiber genannt, gebaut worden, in welcher man noch jetziger Zeit sieht, woraus das Öl gequillet. Viertens geschah zu Rom wieder ein großes Wunder, indem der Tempel des Friedens einfiel. Die Römer hatten zu Ehren des allgemeinen Friedens einen herrlichen Tempel auf eine wunderliche Weise erbaut, und den Tempel des Friedens genannt. Als derselbige fertig war, fragten sie ihre Götzen, wie lang dieser Tempel stehen würde? Diese antworteten: So lang bis eine Jungfrau gebären wird. – Da sprachen sie: dann wird der Tempel ewig stehen. – In dieser heiligen Nacht aber, als Maria geboren hatte, fiel der Tempel mit den Fundamenten über einen Haufen, daß man kaum konnte merken, wo er gestanden wäre.

Dies alles tät der himmlische Vater die Menschen teils zu erfreuen, teils in Verwunderung zu setzen, damit alle sollten gedenken, es müßte etwas Wunderliches diese Nacht vorgegangen sein. Dieses geistlichen Trostes wollte er auch die lieben Altväter in der Vorhöll teilhaftig machen, damit sie sich zugleich mit allen himmlischen und irdi-

schen Kreaturen erfreuten. Denn sobald das liebe Christkindlein geboren war, kam ein Engel mit großer Klarheit in die Vorhöll, daß er den ganzen finsteren Ort erleuchtete. Da ward die Prophezeiung Jesajä erfüllt, als er sprach: Das Volk, so da saß in der Finsternis hat ein großes Licht gesehen. Und denen, so da wohnten in der Landschaft des Schattens des Todes, ist ein Licht aufgegangen. O was für Freud hatten die lieben Väter, als sie einen solchen Glanz sahen, dergleichen noch nimmer an selbigem Ort erschienen war. Da sprach der Engel: Siehe, ich verkündige euch große Freude, denn in dieser Nacht ist geboren der Heiland der Welt, nach welchem ihr so lang verlangt habt. – Es fielen die frommen Väter auf ihre Knie, legten ihre Häupter auf die Erden, mit tiefster Demut beteten sie Gott an. Darnach hoben sie Händ und Augen gegen Himmel und dankten dem höchsten Gott gar herziglich.

Wie gern wären sie nach Bethlehem gefahren, das liebe Kindlein zu sehen. Weil sie aber es nicht konnten, baten sie den Engel, er wolle den neugeborenen Heiland in ihrem Namen grüßen, und ihm wegen seiner gnadenreichen Geburt unendlichen Dank sagen.

Endlich schickte auch Gott seinen Engel zu den Hirten, welcher ihnen diese fröhliche Zeitung bringen sollt, sprechend: Siehet, ich verkündige euch große Freud, welche allem Volk sein wird. Denn heut ist euch geboren der Heiland der Welt. – Zu diesem Engel kam ein ganzes Kriegs-Heer der himmlischen Heerscharen, welche mit unglaublicher Lieblichkeit sangen: Ehre sei Gott in der Höhe, und Fried auf Erden den Menschen, die eines guten Willens sind. – Diese Freude war so groß, daß sie sich erhebte über die Himmel, hinabstieg unter die Erden, und ausbreitete bis zum Ende der Welt. Also daß keine empfindliche Kreatur in der weiten Welt war, die dieser Freuden nicht teilhaftig wurde. Was die frommen Men-

schen anlangt, ist kein Zweifel daran, daß sie an dem heiligen Christtag überaus große Freud gehabt, obschon sie die Ursach derselben nicht wußten. Ich vermeine, daß nicht allein die frommen, sondern auch die unfrommen, nicht allein die rechtgläubigen Juden, sondern auch die abgöttischen Heiden an diesem heiligen Tag große Freud in ihren Herzen gespürt haben. Denn weil das liebe Christkindlein nicht allein wegen der Frommen, sondern vielmehr wegen der Sünder auf die Welt kommen war, so wird der mild-reiche Vater nicht allein die Frommen, sondern auch die Sünder dieser allgemeinen Freuden teilhaftig gemacht haben. Daher ist wohl zu glauben, daß alle und jede Menschen an diesem Tag so wohl getröstet, und so voller Freude gewesen sind, daß sie nicht genugsam sagen konnten wie wohl ihnen war. Ja nicht allein die Menschen, sondern auch die unvernünftigen Tiere erzeigten an diesem Tag

eine sonderliche Lust. Denn die Ochsen und Esel, Rinder und Schaf, Kälber und Lämmer, und alles zahme Vieh sprangen vor Freude auf. Die lieben Vöglein flogen mit großen Freuden durch die hellen Lüfte, und sangen so lieblich, als wanns im Frühling wäre. Die wilden Tiere in den Wäldern erzeigten sich ganz zahm, und liefen vor Freuden hin und her. Die liebe Sonne schiene viel heller und lieblicher, und ging etwas früher auf, als sie sonst zu tun pflegte. Die Luft und Wolken waren viel heller und anmutiger, und es war so liebliches Wetter, als wanns im Sommer wäre.

Damit Gott erzeigte wie froh er diesen Tag ehrte, war es ihm nicht genug, daß er in der vorigen Nacht große Wunder gewirkt hatte, sondern wollte auch an diesem heiligen Christtag solche Mirakel tun, durch welche die Menschen mußten erkennen, daß etwas Wunderliches an diesem Tag war vorgegangen. Unter diesen Wundern war das erste, daß die liebe Sonn viel früher aufginge, als sie sonsten pflegte. Ja in Spanien sah man drei Sonnen mit wunderschönem Glanz am Himmel stehen, welche, nachdem sie alle Menschen zur Verwunderung gesehen hatten, allgemach wieder zusammen gingen, und sich in einer Sonn vereinigten.

Zum andern geschah in Rom noch ein großes Wunder, welches alle Menschen mit Augen haben sehen können. Denn als die Römer dem Kaiser Augusto wollten göttliche Ehr beweisen, berufte dieser eben am heiligen Christtag eine Sibyllen, und fragte sie, ob er diese Ehr sollt annehmen. Als diese Sibylla starrend gegen Himmel sah, siehe, da erschien um Mittag rings um die Sonn ein goldener Zirkel oder Kreis, und in demselben saß eine Jungfrau, welche ein schönes Kindlein auf ihrem Schoß hatte. Dies zeigte Sibylla dem Kaiser, sprechend: Dies Kind ist größer als du. Darum bete dasselbige an. – Da fiel der Kaiser nieder, betete das Kindlein an und ließ ihm zu Ehren auf dem

Rathaus zu Rom einen Altar aufrichten, wohin zur ewigen Gedächtnis hernach ein Kirch gebaut worden, welche noch heutigen Tags genennet wird Ara Coeli, der Altar des Himmels.

Drittens erschlug der Blitz in vielen Orten, sonderlich in Rom, viel Götzenbilder in unterschiedlichen Tempeln, daß sie von ihren Stellen niederfielen und zerschmolzen. Unter welchen das Bildnis Romuli und Remi, der zwei Brüder, so Rom gebaut hatten auch waren. Es erschienen die Buchstaben an den Säulen im Rathaus, darauf die Gesetze geschrieben waren, teils ausgekratzt, teils ganz verwirrt, daß der Rat heftig darüber erschrak und vermeinte, es müßte dem römischen Volk ein anderer König geboren sein, welcher die alten Gesetz und Gottesdienst abschaffen, und neue ansetzen würde. Dieser Argwohn war nicht allein beim Rat, sondern auch bei allem Volk, welches durch ein gemeines Geschrei in alle Welt ausgebreitet wurde. Gleichwie durch diese Wunder alle Menschen in der Welt erfreuet wurden, also wur-

fragten, was die Ursach dieses Klagens sei? Da verstummten etliche und wollten nichts sagen, aber andere bekannten, es sei ein hebräisch Kind geboren worden, welches sie peinigte, und ihnen alle ihre Kraft nehme.

Kaiser Augustus war ein sonderlicher Liebhaber des Abgottes Apollinis, und verehrte denselben gar hoch, hatte auch ihm zu Ehren einen herrlichen Tempel in seinem Palast erbaut. Darum wollte er ihn mit einem herrlichen Opfer bewegen, daß er ihm die Ursach sage, warum er nicht mehr Antwort gebe. Er ließ derowegen viele Ochsen, Rinder, Kälber und Schaf schlachten, und dem Abgott zu Ehren aufopfern. Als er nun in seinem kaiserlichen Habit lang vor dem Götzenbild auf der Erden kniete, und den Abgott demütig bat, er wolle ihm Antwort geben, fing das Bild mit trauriger und grausamer Stimm an zu reden: Ein hebräisch Kind, welches Gott selbst ist, und die Heiligen regieret, befehlet mir, aus meinem Sitz zu weichen und in die traurige Höll wieder zu kehren. Darum gehe von diesem Altar still hinweg. Verehre mich forthin nicht mehr. – Ob dieser Antwort ward der Kaiser samt allem Volk so heftig verstört, daß er nicht wußte, was er gedenken oder sagen sollte. Als er wieder nach Rom kam, ließ er einen köstlichen Altar auf dem Capitolio aufrichten, mit der Überschrift: Der Altar des erstgeborenen Sohns Gottes.

Martin von Cochem

den die verstockten Sünder und die höllischen Geister von ganzem Herzen erschreckt. Denn sowohl in der heiligen Christnacht als am Christtag hörte man schier in allen Orten der Welt die Teufel, welche in den Götzenbildern, und in den besessenen Menschen waren, erbärmlich schreien und heulen, nicht anders als wann ihnen das höchste Leid widerfahren wäre. Dies Brüllen und Heulen war so grausam, daß alle Menschen darob erschraken. Und die Teufel in den Götzenbildern

Glühwein

1 Flasche Rotwein
200 g Zucker
2 Stückchen Zimt
4–5 Nelken
Schale einer ganzen Zitrone fein abgeschnitten

Der Rotwein wird mit sämtlichen Zutaten in einem Topf bis zum Sieden gebracht. Aber nicht kochen lassen! Dann seiht man den Glühwein ab und gießt ihn sogleich heiß in die Gläser.

Die Christmetten

Der bayerische Magen steht mit den Fastenkasuisten auf sehr gespanntem Fuß. Am heiligen Abend indessen nimmt es der Bayer ungewöhnlich streng. Morgens ißt er gar nichts; mittags speist er bloß einiges Warmes: Erbsen (die »Arbis-Suppn«), Nudeln und gesottene Kletzen; abends »kollatzt« er, d. h. er ißt nur mehr ein bißchen Kaltes: Dörrobst und Gebackenes.

Der festliche Charakter tritt nun schon deutlicher in den Familienkreis herein. Die Stube ist an keinem Tag im Jahr so ausnehmend blank gefegt wie am heiligen Christabend, der Boden mit appetitlichem frischen Schnittstroh mattenartig belegt: eine lang ersehnte Kinderfreude. Unersättlich kugeln und purzeln sie im Stroh herum, vergessen sind Bank und Stuhl und »Lodern und Höllwinkel«, die sonstigen Lieblingsplätzlein um den Ofen herum.

Aber es ist auch der »heilige Abend«. Schon hat der bayerische Bauer die Hauslegende, sitzt am Tisch und um ihn herum Weib und Kind, Knecht und Dirn. Nun hebt er zu lesen an gar rührend und schön von der heiligen Familie: Christkind, Maria und Joseph, von der Stallherberge, von den Hirten und Engeln. Die ewig alte Geschichte mit der ewig neuen Lehre. Strahlenden Auges lauscht das Kleinvolk den Erzählungen von Christkindleins Bescheerungen und geht alsdann auf väterliches Kommando in die Federn. Aber erst, nachdem in ihrem Beisein die Mutter an das Fenster die geräumigste Schüssel gestellt hat, damit ja das Christkind recht viel »einnickelt«, d. h. einlegt wie Sankt Nikolaus, auf gut bayerisch der Nikel genannt.

Das Großvolk dagegen hat freien Entscheid: die einen bleiben auf bis zum Mettenamt, die andern gehen ins Bett und lassen sich mitternachts wecken. Die Regel ist: daß das ganze weibliche Hofvolk bis auf die Bäuerin in die Metten geht.

Eine alte Dirn in der Stallwänger Pfarr, die es ohnehin mit dem Beten und Kirchengehen nicht recht hatte und jedenfalls das warme Bett mehr liebte als den beschwerlichen Weg zur Christmetten durch kaltes Schneegestöber, stieß einmal die schöne christliche Volkssitte um, legte sich bis an die Ohren ins Bett und sprach den andern zu Spott und Trutz: »Gehts ös Heiling nur brav in enka Christmetten, i bleib in mein Bett dahoam und schlaf ma grad gnua!« Wie gesagt, so getan. Aber sieh, unter der Christmetten kam eine unheimliche »Weiz« in die Schlafstube hereingehuscht, rüttelte derb die alte Dirn aus ihrem Schlaf und sprach ihr mit schauriger Stimme ins Gesicht: »Steh auf, alte Frettn, und geh in d' Mettn!« Die Dirn fuhr entsetzt unter die Decke, getraute sich den Kopf nicht mehr herauszustrecken und erzählte, als die andern zurückkamen, in Angstschweiß gebadet, ihr Schreckenserlebnis. Das war vor einem guten Jahrzehnt. Wie ein Lauffeuer ging das seltsame Frevelgericht auseinander im ganzen bayerischen Vorwald, so oft die Weihnacht kommt, wird die unheimliche Begebenheit aufgetischt und seither bleibt kein weibliches Wesen mehr aus der Christmetten weg, um faul in den Federn zu schlafen.

Die bis zum Mettenamte aufblieben, rückten den Tisch zum praschelnden Ofen und in der Regel setzt nun das leseferligste Familienglied die Weihnachtslegende fort. Die heilige Stimmung paart sich freilich unwillkürlich mit Scherz, wenn sich der alte Baumann ans Vorlesen wagt und an schwierigen Wörtern herumstottert. Wenn er aber gar vorliest: »Für Maria hatte Joseph einen Esel herbeigeschafft, den sie von Nazareth nach Bethlehem tragen sollte« anstatt »der sie von Nazareth nach Bethlehem tragen sollte«, dann bricht natürlich das stille Gekicher in helles Lachen aus. Gleichwohl kommt der weltliche Sinn am heiligen Abend nicht recht auf. Allerdings der Drittelknecht, ein leichtblütiges Bürschl, probiert es und bringt sein Büchlein mit den Schnaderhüpfeln. Aber alles erhebt sich dagegen: »Dös ghört sie für'n heilign Abend nöt!« Abermals wird die Legende gelesen; einige merken auch jetzt noch auf, während andere bereits entschlummern, »einnatzen« wie der Bayer sagt.

Endlich um halb zwölf Uhr füllt sich die Stube mit Ehehalten und großen Kindern, draußen wandeln schon Leute im knirschenden Schnee, nun klingen auch die sämtlichen Turmglocken in die sternflimmernde Nacht hinein. »Ins Mettenamt!« ruft der Bauer und die Stube leert sich. Nur mehr die Hausfrau bleibt, die sich in Speisgewölb und

Küche umtut, und der handfeste Oberknecht, der am Ofen sitzt: vor sich die Legende und das geladene Hausgewehr, die »Schuißn«. Draußen im und um den Hof herum ist nämlich der gezottelte halbhohe Sultan der Wächter, im Hause aber der Oberknecht in Waffen. In diesem Augenblicke freilich obliegt er einem hohen Friedenswerk! er schiebt nämlich eben den »Mettenstock« in den Ofen. Es ist das ein Prachtwurzelklotz aus verwimmertem Kien, eigens schon beim Ausklaftern für die Mettennacht erkoren und zur Seite gelegt. Er gibt ein geschäftiges Feuerlein, macht »wacherlwarm« und hält »mentisch« nach.

Der Oberknecht liest abwechselnd in der Legende, dann greift er wieder und wieder nach der Flinte, geht in den sternhellen Hof hinaus, hält in die Höhe und schießt das Christkindl an. Das vielliebe Jesulein wird nämlich bei den katholischen Bayern als ein Königsprinz behandelt und erhält in der Mettennacht seine Wiegensalve. Im Christkindanschießen wetteifert alt und jung.

Der Bursche zieht, man weiß gar nicht wie oft sein Terzerol aus der Joppentasche und entsendet einen krachenden Schuß in die Christnacht. Der Hausherr selbst hält seinen Zwilling zum Fenster hinaus: Bum! Bum! Ja sogar der Ähnl legt seine alte

Steinmuskete nochmal an die Backe und schießt das Christkindlein an. Der tapfere bayerische Range aber feuert mit seiner Schlüsselbüchse, die ihm gar gern, wenn er voll Ungeduld in die Zündpfanne bläst, den ganzen Speiteufl ins Gesicht wirft. Wenn aber der wachende Oberknecht in den Christnächten seine Flinte entladet, so dient das zweien Zwecken zugleich: erstens dem hohen Welterlöserlein, der Christkindmajestät, zur Huldigung und zweitens der polizeiwidrigen Menschheit, die etwa nach der Mettensau angelt, zum Signal, daß der bayerische Großhof bestens armiert ist.

Dieses Christkindanschießen pflegt dem einen oder andern Altbayer bisweilen auch einen Spott und Volksscherz zu stiften, z. B. 1870 auf einer Zweibauern-Einöde in einer linksländischen Donautalbucht. Der eine Bauer von ihnen kam schon in seinen Hof vor der allgemeinen Wehrpflicht; so wurde er zwangsweise nicht in der Waffe geübt, er selbst und aus freien Stücken hält aber sorgfältig seine Hand von einem jeden Trumm, welches losgeht, kracht, Feuer und Tod speit. Aber einmal in jedem Jahr, wenn er die hausamtliche Mettenwacht hat, muß er von Zeit zu Zeit schießen. So lud er denn auch 1870 wieder den alten Hausroller nicht mit abgewogener Patrone, sondern auf Augenmaß, indem er »eine Händvoll Pulver aus dem Haferl« nahm und in die verrostete Krachröhre schüttete, trat hernach hinaus auf die Gred und hielt sein überladenes Trumm so weit wie nur möglich vom Leib mit den zwei Händen in die stockdunkle Mettennacht hinein: »bummm« und der Bauer hatte im Hui nichts mehr in seinen Pfoten. In jähem Schreck duckte er flugs seinen breiten Schmalzbuckel und trottelte dann eilig von der Gred zurück in die sichere Stube: »No, Bruader, da war i aber bald hing'wen«, vertraute er seinem besten Dutzfreund, welchem er sein Weihnachtsabenteuer erzählte. In Stücke

war das alte Gewehr nicht gegangen, aber über das Ausnahmshaus geflogen; am Morgen fanden es die Knechte weit unten im Garten.

In der Christmetten selbst liegt ein besonderer Reiz von ewiger Frische. Die einzige Mitternacht mit hochfeierlichem Gottesdienst, die ganze Dorfkirche in flimmerndem Kerzenschein und eingedrückt voll katholischen Volks, auf der Musikempore die vielliebe Hirtenmesse, bei welcher die Orgelpfeife zur Schalmei wird und das Gloria zum Kuhreigen; jeder Altar mit seinem Christkindl und namentlich das auf dem Hochaltare im langen goldverbrämten Hemdlein, mit dem rechten Händchen segnend und in dem linken die blaue Weltkugel tragend, ein allerliebst feines rotwangiges Gesichtlein, die Augenweide aller Mütter, Jungfrauen und Mädchen. Das bayerische Mettenamt bringt geistliche und leibliche Freuden: es führt zur morgenländischen Wiege des Christkindleins und von da zum blauweißheimatlichen Tafelgenuß.

Kaum hat sich die warme Stube mit der heimkehrenden Familie gefüllt, so stellt die Hausfrau schon die duftig abgebräunte Mettenblunze auf den Tisch, zu der sich nach unrüttelbarem alten Herkommen die Leberwürste gesellen, das gesottene Schweinerne mit Kraut und das hochfesttägliche Weißbrot. Dieser nächtliche Christschmaus endet köstlich vergeltend das strenge heilige Vorfasten. Und nun wechseln die Wachtposten: die vor der Metten aufgeblieben, legen sich jetzt schlafen.

Bloß ein kurzer Schlummer, denn alsbald erklingt die Glocke zum Morgenamt und abermals ist die Dorfkirche voll Andächtiger. Der katholische Bayer wird nicht müde, am Weihnachtstag zur Kirche zu gehen. Seine schöne Religion beschenkt ihn am heiligen Christtage mit drei Weihnachtsmessen; es ist jedem Bayer eine religiöse Herzensangelegenheit, am Christtage fein ja gewiß die drei

Messen zu bekommen. Die Heimkehr aus dem Morgenamte bringt ein neues Weihnachtsereignis: die Kinderwelt in freudigster Aufregung. Die kleine Ware ist aus den Federn, steht um den kerzleinflimmernden Tisch und hüpft um die gabengefüllte Schüssel. Zu den Kleinen gesellen sich die Großen, ebenfalls Neugierde und Mitfreude in den Blicken. Wirklich hat das Christkind in der Mettennacht schön viel eingenikelt: Schürzchen, Wollstrümpfe, Rockpers, Halstüchlein, hölzerne Gäulchen mit Farbenpracht und Schweifpfeife, Puppenküche, Lesbüchlein, allerhand köstliches Backwerk in Gestalt von Bretzeln, Flachsrasteln, Widerhacken und Zöpfeln, eine Spende Äpfel, Birnen, Dörrzwetschgen, Hasel- und Welschnüsse und eine frische Strafrute.

Als leibliches Labsal schiebt sich zwischen Frühamt und Hauptgottesdienst die speckige Morgensuppe; um halb neun Uhr erklingt abermals die Glocke. Was an Altarschmuck, Paramenten und Kirchenmusik aufzubringen ist, wird zum Weihnachtshochamte aufgeboten. Katholisches Bayernvolk erfüllt Körper an Körper die Kirche: in Pelz, Wolle, Tuch und Seide.

Der Christmittag ist ein bayerischer Rauhnachts-tisch mit Bier und Schweinsbraten in Hülle und Fülle. Nachmittags ist Hochvesper und Kripperlschau. Die Weihnachtskrippe gilt bei den Bayern ihren Batzen. Der Vater führt nun seine wohl behosten, bewammsten und gestiefelten Buben zur Kirche, die Mutter ihre winterlich ausstaffierten Mädchen. Klein und groß schaut mit unersättlichem Auge. Aber das Kripperl sieht sich auch so heimisch an; es ist ja gerade, als sei das majestätreiche Jesulein nicht im wildfremden Morgenland, sondern justweg im trauten Bayerlandl auf die Welt gekommen! Das Kripperl-Bethlehem ist ein durchaus bayerisches Stadtl mit merklich vielen Bräuhäusern, zum Schornstein guckt der Rauchfangkehrer heraus, ja eine Strecke von der Stadt ragt ein blauweißer Straßenzeiger mit der Aufschrift: »Nach Vilsbiburg«. Von Palmen keine Spur, aber Fichten mit muntern Eichkätzlein. Und gar erst wenn nach Heiligendreikönig der Kripperlmeister die Hochzeit von Kana aufrichtet! Das ist auf und nieder die bayerische Bauernhochzeit: der dicke Wirt mit dem Sammtkäppchen, die hemdärmelige Kellnerin mit der weißen Schürze und dem goldenen Mieder, schäumendes Malgersdorfer Bier und Bratwürsteln so gut bayerisch, als kämen sie eben aus der Regensburger »Wurstkuchl«.

Zu lärmender Unterhaltung sind diese Nächte und Tage zu heilig; im ganzen hält der Altbayer dieses ein, bisweilen auch ist das leidenschaftliche Blut stärker als das Gewissen. In einem abgelegenen Dörfchen der Hallertau (in jener Pfarrei, aus welcher das Abensflüßchen entspringt) taten sich um die Zeit 1850 sechs Knechte, erpichte Eisschützen, zusammen und schossen, daß ihre eisenumringten Stöcke auf dem Kirchenweiher hin- und herfuhren, mit unbändiger Spielwut: war ein altes »Bot« aus, immer wieder ein neues, durch die ganze sternenhelle Nacht durch, volle achtzehn Stunden, von drei Uhr nachmittags bis sechs Uhr morgens, aus dem Christ- in den Steffelstag hinein, von der Christvesper bis zum Steffelsfrühamt. Und noch wäre keiner vom Eise gegangen, denn die Spielleidenschaft hatte in ihnen jeden heiligen Gedanken erstickt; aber nun geschah etwas Seltsames: sechs Eisschützen waren es, aber seit die Glocken zur Kirche riefen, flog immer auch ein siebenter Eisstock unter den ihrigen hinaus. Keiner sah einen siebenten Eisschützen. »Wos tuat denn jetz' der fremd' Stock da?« frug einer den andern; man warf ihn öfter zum Weiher hinaus, aber umsonst. Endlich begann ein alter Knecht seinen grauen Kopf zu schütteln; er schwang seinen Eisstock auf den Buckel und ging nach Hause: »Da tuat noch ein anderer mit, der g'fallt mir nöt«, brummelte er. Er meinte den Höllischen, denn er schlug ein heiliges

Kreuz über sich; die andern taten es ihm nach. Aus dem Mund eines überzeugten Wieder-und-wiedererzählers niedergelegt in dieses Altbayernbuch, ohne jedoch dem buchstäblichen Glauben daran das Wort zu reden, weil ja nicht am Tag und Ort zur Stelle, um den Tatbestand selbst einzusehen und zu prüfen. Ob eine wahre Begebenheit, ob nur eine bedeutsame Sage: das religiöse Gewissen ist es, welches darin ein kräftiges, plastisches Volkskleid anzieht; es ist die schöne Lehre, welch' eine fromme Feierruhe am erhabenen Christfeste dem Tag wie der Nacht geziemt, und daß es nicht sehr zu wundern wäre, wenn wirklich der geisterhafte Urfeind aller Guten und Urfreund aller Bösen sich unter die Weihnachtsschänder gesellt mit seinem höhnischen Spuk und Schabernack.

Joseph Schlicht

Das Kindl bei den Patres Augustinern in München

In München hat es ein berühmtes, vom Volk verehrtes Christkindl gegeben; das heißt, dieses Kindl gibt es immer noch, das Augustiner-Christkind im Bürgersaal. Wer kennt nicht die sogenannten Fatschenkindl, diese liegenden, eingefatschten, eingewickelten wächsernen Christkindlfiguren? Man hat sie genauso gewickelt wie die kleinen Kinder vor zweihundert und mehr Jahren auch. Gerade diese Figuren mit den wächsernen Köpfen, in gläsernen, zum Teil reichgeschnitzten, vergoldeten Schreinen, sind in vielen bayerischen Bürgerhäusern sorgsam verwahrt worden, vor allem in der

Landeshaupt- und Residenzstadt München. Sie alle waren Nachbildungen des berühmten, sogenannten Augustinerkindls, das auch in unseren Tagen, während der Weihnachtszeit in der Bürgersaalkirche noch immer ausgestellt wird.
Früher einmal ist es im alten Augustinerkloster in München verehrt worden. Dieses Kloster war bis zur Säkularisation in der Neuhausergasse, nahe dem Schönen Turm. Den hohen, langgestreckten, gotischen Kirchenbau kann man noch immer sehen. Wo das Kloster gestanden ist, befindet sich heute das Polizeipräsidium. In dieser Kirche nun

ist das kleine gewickelte Christkindl seit 1624, also mitten im Dreißigjährigen Krieg, verehrt worden. Fromme Münchner Bürger haben es, so wird erzählt, den Augustinern geschenkt.

Von diesem Kindl weiß man eine recht sonderbare Geschichte: Da war bei den Augustiner Barfüßern ein neugieriger Frater, zwar fromm und gottesfürchtig, aber etwas geschäftig und eben neugierig. Dieser Frater sieht eines Tages das Christkindl im Schrein liegen. Er kann es nicht vergessen, immer und immer wieder muß er daran denken, es läßt ihm keine Ruhe, keinen Tag und keine Nacht. Darum will er es einmal von allen Seiten sehen und wenigstens einmal in seinen Händen halten. Und so geht der Frater in einer Nacht scheu und leise in die Sakristei, in der das Kindl im Schrank verwahrt ist. Es wird ja nur zur Weihnachtszeit in der Kirche zur Verehrung ausgestellt. Ängstlich öffnet er vorsichtig den Schrank, zitternd schließt er den kleinen Schrein auf und nimmt das Kindl heraus. Das alles macht der Frater zwar sehr behutsam, aber wie es oft geht, schon gar in den Augenblicken, in denen man etwas tut, was man nicht tun soll; der zitternde Ordensmann läßt das kleine, zierliche Fatschenkindl fallen und das kleine wächserne Köpfchen zerbricht in tausend kleine Stücke. Kreidebleich, entsetzt, hilflos und völlig verstört steht der Frater da. Kaum aber hat er sich von dem Schrecken erholt, sammelt er im Schein einer flackernden Kerze aufgeregt und ängstlich die Scherben zusammen, legt sie hastig in den kleinen Schrein, schließt ihn, versperrt auch den Kasten und läuft dann davon in seine Zelle. Nächtelang macht er kein Auge zu. Nacht für Nacht wälzt er sich auf seiner mit Stroh aufgeschütteten Holzpritsche. Er betet, er fleht Gott um Hilfe an, er möge ihm doch helfen in seiner Not. Er ist verstört, ängstlich, hilflos, aber das einzige, was er tun sollte, das tut er nicht: er geht nicht zu seinem Ordensoberen, um ihm zu sagen,

was er angerichtet hat. Im Gegenteil, er nimmt sich in seiner Angst sogar vor, ihm auch nie etwas davon zu sagen. Eines Tages, spätestens am Heiligen Abend, wenn er das gefatschte Christkind in die Kirche tragen und dem Volk zeigen will, wird er ganz von selbst merken, was geschehen ist.

So vergehen die Monate, die Tage. Die Adventszeit kommt, Weihnachten rückt näher und näher. Da werden die Nächte lang für den Frater, unruhig geht er in seiner Zelle auf und ab, er bringt nicht einmal mehr ein Gebet zustande. Gewissensbisse plagen ihn und langsam gerät sein Vorsatz, nie etwas davon zu sagen, doch ins Wanken.

Als dann der Heilige Abend endlich vor der Tür steht, an dem wie alle Jahre das Christkindl auf dem Altar ausgesetzt werden soll, da hält es ihn nicht länger. Ängstlich geht er zu seinem Propst, zitternd wirft er sich vor ihm auf die Knie, um endlich doch zu beichten, was er angerichtet hat. Da geht der Propst mit ihm in die Sakristei, um zu sehen wie groß der Schaden ist. Als der Frater zitternd den Schrank öffnet, da liegt das kleine Kindl heil vor ihnen. Es liegt im goldenen Schrein und sieht aus, als wäre nie etwas passiert. Nur ganz kleine Sprünge hat das Kindl von dem Sturz behalten, gleich hauchdünnen, feinen kleinen Äderchen an der Schläfe, zum Zeichen dafür, was geschehen. Die Geschichte von der wunderbaren Heilung des Augustinerkindls hat sich in Windeseile in der herzoglichen Haupt- und Residenzstadt München herumgesprochen, und das hat natürlich das Zutrauen zu diesem Christkindl nur gestärkt. Die Liebe der Münchner und des bayerischen Oberlandes hat sich damals diesem Christkindl ganz besonders zugewandt. Und es hat in jener Zeit kein größeres Lob für ein neugeborenes Münchner Kindl gegeben, als von ihm zu sagen, es sei so schön wie das Kindl bei den Patres Augustinern in der Neuhausergasse.   *P. E. R.*

Von scheanen und schiachen Perchten

Wie oft bringt man bei uns Perchten und Perchtentänze mit dem Advent in Zusammenhang! Dabei ist das ein großer Irrtum. Die Perchten haben in den zwölf Rauhnächten ihr Unwesen getrieben, am meisten in der Nacht vor dem Dreikönigstag, am häufigsten im Salzburgischen und in der oberbayerischen Nachbarschaft. Es ist nicht von ungefähr, daß eine der wenigen Schilderungen eines Perchtentanzes aus Zell am See stammt. Dort hat ihn Eduard Kremser 1903 am Vorabend von Dreikönig in einer Bauernstube erlebt.

»Zuerst erschien ein maskierter Bauernbursche in der ortsüblichen Tracht. Trippelnd und sich vorsichtig umsehend kam er herein, lief im Kreis herum, sah den Leuten argwöhnlich ins Gesicht, ob auch kein Unberufener zugegen sei, schlug mehrere Male auf den Boden, gleichsam seinen Entsendern ein Zeichen gebend und sprang dann hinaus. Hierauf kam ein anderer Bursche herein, der im Herumgehen eine Kuhglocke ... läutete. Nach dessen Abgang traten endlich die vier Berchtentänzer auf den Plan, in ortsüblicher Kleidung, das Hemd jedoch blusenartig herausgezogen und überall mit grellroten Flicken benäht ..., auf dem Kopf einen mit Goldpapier überzogenen Reif, der vorn, über der Stirn, einen ovalen Spiegel trug und mit 10–12 etwas schief nach innen einwärts gesteckten ca. 30 cm langen weißen und roten Federn kronenartig geschmückt war. In der herabhängenden rechten Hand hielt jeder Tänzer ein weißes Tuch, welches, wie das Hemd, mit roten Flicken versehen war. Die Berchtentänzer kamen lautlos herein und nahezu lautlos führten sie ihren einfachen Tanz aus. Sie hupften und trippelten zumeist mit einander zugekehrten Gesichtern im Reigen, führten Kniebeugen und Umdrehungen in der eigenen Achse aus, und zwar anfangs ohne musikalische Begleitung. Plötzlich trat die rauhe Weise auf einem Stierhorn mit Holzmundstück geblasen, hinzu; nachdem sie drei bis viermal wiederholt worden war, entfernten sich die Tänzer nach kurzem, lautlosem Herumhüpfen – geheimnisvoll, wie sie gekommen waren.«

Was sind nun Perchten? Wer ist die Frau Bercht, von der in diesem Zusammenhang immer wieder die Rede ist? Um es gleich zu sagen: alle Erklärungen sind ein bißchen gefährlich, denn im Grund sind alle, auch die gelehrtesten Leute hier auf Vermutungen angewiesen. Wer weiß schon, was vor fünfhundert, tausend, fünfzehnhundert Jahren Brauch war? Im Wörterbuch der Deutschen Volkskunde lesen wir unter Bercht: »Auf altbayerischem und dem angrenzenden österreichischen Gebiet bis an die Südgrenze Kärntens wird noch heute von der Bercht, Berschtl, Perchten, Frau Bert, Schnabelpercht und Eisenberta erzählt, die in den Zwölften, besonders vor Dreikönig, in der Berchtnacht, umzieht, die Spinnerinnen prüft, Mägde und Kinder schreckt, aber auch als Butzenbercht und Budlfrau Gabenbringerin gleich dem Christkind ist ...«

Soweit das Zitat. Dann werden zwar gescheite Vermutungen ausgesprochen, aber sicherer wird diese Aussage deshalb auch nicht. Die einen vermuten, daß der althochdeutschen Bezeichnung giperahtanaht, mittelhochdeutsch perhtenaht oder Berhtag, die Personifikation des Festnamens Epiphanias zugrundeliegt. Andere vermuten, daß hinter dem Namen eine ältere Gestalt aus der germanischen Welt steckt. Im oben bereits erwähnten Wörterbuch der Deutschen Volkskunde steht dazu mit Recht, daß man dafür allerdings »keine Zeugnisse« besitze.

Wenn wir in dem gleichen Wörterbuch der Volkskunde unter dem Wort »Perchten« nachschlagen, so steht da: »Nach der Führerin des Geisterzuges, Bercht, sind die Perchten benannt wie die Holden nach Frau Holle. Die berühmten Masken, die Umzüge … gehören allerdings auch in Oberösterreich und Salzburg ganz der Vergangenheit an. Daß ihr Gebiet früher weiter reichte, zeigt der badische und schweizerische Bächtelistag und die alte Nürnberger ›Bergnacht‹. Nach Marie Andree-Eysn war schon das Salzburger Perchtenlaufen von 1902 zu einer Aufführung verblaßt …«

Zu so einer Aufführung hat eine Annonce im »Salzburger Volksblatt« eingeladen – und das mitten im April! »Die Pinzgauer Perchten/erlauben sich dem P. T. Publikum/anzuzeigen, daß sie am/Sonntag den 13. April 1902/in Hallein erscheinen und in/Mayrs Saallokalitäten ihre/originellen Perchten-Tänze/zur Aufführung gelangen./Anfang 3 Uhr nachmittags./Eintritt 40 Heller./Es laden dazu freundlichst ein/die Pinzgauer Perchten.«

Daß man mit so einem Perchtentanz im Jahr 1902 mitten im April in ein Wirtshaus gegangen ist, hat wohl kaum jemanden gestört, am wenigsten die Perchtentänzer selber, die schon damals allem Anschein nach das Gefühl dafür verloren gehabt haben, daß so ein Perchtentanz eben nur in der Zeit zwischen Weihnachten und Dreikönig, vor allem aber am Vorabend des Dreikönigstages getanzt wird.

Zu der Zeit, als die Pinzgauer Perchten in dem Halleiner Wirtshaus tanzen, befaßte sich Marie Andree-Eysn lange schon mit dem Perchtenbrauch. »Noch lebt Frau Percht im Glauben des salzburgischen Gebirgsbewohners, sie erscheint gleichzeitig mit dem wilden Gjaid in den Zwölften.« – Das ist in den zwölf Nächten vom Weihnachtsabend bis zum Perchtentag, dem 6. Januar. »Die Frau Perchta erscheint in zwiefacher, sehr verschiedener Gestalt, einmal als lichtes holdes, und zweitens als dunkles, unholdes Wesen, segnend und fruchtbar, oder verheerend und schadend … Im Salzburgischen kennt man diese lichte, liebliche Erscheinung, wie sie durch das Fenster sieht, ob eine sorgsame Hausfrau am Herde waltet, wie sie als wunderschöne, holde Frau in hell leuchtendem, glänzendem Gewande durch die Luft daher schwebt, oft inmitten einer Schar kleiner, nur mit einem Hemdchen bekleideter Kinder, um die sie schützend ihren blauen Mantel hält, denn sterben Kinder ungetauft, so kommen sie zur Percht und müssen mit ihr umziehen. Von Hundsdorf, im Mühlviertel Oberösterreichs, ging am

›unschuldigen Kindltag‹ eine Schar Wallfahrer nach Maria-Schnee in Böhmen. Da sahen sie vor sich her auf der Straße einen großen Zug kleiner Kinder, das letzte verfing sich beständig in dem Zipfel seines weißen Hemdchens, fiel und stand auf, fiel und erhob sich wieder und kam so in Gefahr zurückzubleiben. Das sah eine Wallfahrerin und empfand Mitleid mit dem kleinen Kind, das schon zu weinen anfing und sprach: ›Wart nur, mein Zuserbeutlein, ich bind dir den Hemdzipfel hinauf!‹ Da antwortete das Kind: ›Gottlob, nun hab ich auch einen Namen‹ …« Der Seidenschwanz hat nämlich in manchen Gegenden Österreichs aufgrund seiner zwitschernden Stimme »Zuserl« geheißen. Und sogar mit so einem ausgefallenen Namen war das Kind erlöst.

Wie glänzend sich das Volk noch vor dem Ersten Weltkrieg die Frau Percht vorgestellt hat, mag man ermessen, wenn man Marie Andree-Eysn erzählen hört, daß im Salzburgischen sogar das Elmsfeuer der Frau Bercht zugeschrieben worden ist. Elmsfeuer aber sind Glimmentladungen der Erdelektrizität. »… Als einmal Besucher der meteorologischen Station auf dem 3100 Meter hohen Sonnblickgipfel an der salzburg-kärntnerischen Grenze das ihnen neue, herrliche Leuchten des Elmsfeuers dort oben beobachteten, und als sie dann den Knappen des unterhalb liegenden Rauriser-Goldbergwerkes erzählten, hörte ich die Knappen sagen: ›das kennen wir wohl, das ist das Perchtenfeuer‹.«

Nun erscheint aber die Frau Percht viel häufiger in ihrer düsteren Gestalt in der Nacht, bei Sturm und Wind, dunkel und unheimlich, mit zerrauftem Haar und langer Nase. Sie straft die faulen und schlampigen Spinnerinnen, indem sie ihnen das nicht abgesponnene Werg um den Arm windet und dann an ihnen abbrennt. Sie schneidet der faulen Dirn den Bauch auf und stopft ihn mit dem Dreck, den sie in den Winkeln des Hauses hat liegen lassen. Den Kindern hat man mit ihr gedroht und es hat einmal eine Zeit gegeben, da hat man das alles fest geglaubt. Damals glaubte man auch, daß in einem Stall, in dem sich die Frau Percht zeigt, bestimmt eine Krankheit unter dem Vieh ausbricht und daß man diese Krankheit beziehungsweise die Frau Percht nur dann bannen kann, wenn man bereits am Walpurgisabend zwei Hölzer in Form eines Andreaskreuzes vor die Stalltür gesteckt hat. Im kärntnerischen Gailtal hat man sich eine eigenartige Geschichte erzählt: Am Vorabend des Perchtentages, also am Vorabend von Dreikönig, sind ein paar Bauernleut bis spät am Abend draußen im Freien. Da hören sie von weitem eine Kuhschelle, die ungewohnt und ganz unheimlich klingt. Sie können es sich nicht erklären, denn schließlich ist um diese Jahreszeit das Vieh im Stall. Schnell laufen sie ins nächste Haus und schlagen die Tür zu. Aber da rumpelt es schon an der Tür und es poltert und schlägt und kratzt. Kreidebleich schauen sie sich an und voller Schrecken sagt einer: »Das ist die Perchtl.« Aber zum Glück hat ein anderer Bursch ein Messer, auf dessen Klinge der Name Jesu geschlagen ist, und das steckt er in die Tür, und tatsächlich ist mit einem Schlag Stille. Die Perchtl ist verschwunden. Aber am nächsten Tag, als es hell war, hat man sehen können, daß die Tür von oben bis unten zerkratzt war.

Noch in den Jahren vor dem Ersten Weltkrieg war der Glaube an die Frau Percht in einem Ausmaß lebendig, daß wir uns das heute gar nicht mehr vorstellen können. Da hat es in den sogenannten »Zwölften« einige Bräuche gegeben, die in einem unmittelbaren Zusammenhang mit ihr gestanden sind. So sieht man noch um die Jahrhundertwende am Bachltag, das ist der Heilige Abend, ängstlich darauf, daß der Rocken abgesponnen ist. Haus und Hof werden so peinlich gesäubert wie sonst das ganze Jahr nicht. Das Vieh wird früher versorgt als sonst. Würde man nämlich das Wasser vom Brunnen erst holen, wenn es dunkel ist, dann geistert es längst, und das Wasser würde das Vieh verderben. Der Stall wird sorgfältiger als sonst verwahrt und Stroh auf die Türschwelle gestreut, sonst findet man am nächsten Tag früh am Bauch der Ziegen und der Schafe runde Stellen ihres Felles ausgeschoren. Und man war damals fest davon überzeugt, daß diese abgeschorenen Haare in den Eisschlossen des Hagelschlags im Sommer wieder kommen. So hat es jedenfalls um 1900 der alte Heustaller Bauer in der Rauris der Volkskundlerin Marie Andree-Eysn erzählt. Und sie schreibt eigens dazu: »... eine Mitteilung, die mir von anderen ganz ähnlich wiederholt wurde.«

Das war um die Jahrhundertwende und kurz danach. Und damals ist es auch in der Rauris noch Brauch, daß die Bauern Tage vorher aus der weiten Umgebung Eibenzweige heimschleppen; und nur dort, wo es keine Eiben gibt, trägt man Fichtenzweige nach Hause. Mit ihnen schmückt man die Heiligenbilder im Herrgottswinkel, den Spiegel und die geschnitzten Hirsch- oder Gamsköpfe. Diese Zweige waren durchaus keine Vorläufer des

Christbaumes oder des Adventszweiges, sie haben vielmehr den etwas unheimlichen Namen Bachl- oder Berchtelboschen gehabt.

Marie Andree-Eysn hat in der salzburgischen Waldordnung des Erzbischofs Sigismund vom Jahr 1755 einen Artikel entdeckt, der sich mit diesen Boschen befaßt. »Artikel 29 ... Es ist zwar schon den 17. Mai 1729 die dermaßen gebräuchlich geweste schädlich und unwaldmännische Verhack und Bringung der sogenannten Bachl- und Weihnachsboschen verboten gewesen, dessen aber ungeachtet wird dieser höchst schädliche Miesbrauch noch fürbas ausgeübt, und mit derley waldnachtheiliger Verhackung überhin noch zu abergläubischen Gebräuch fortgefahren. Der hierüber schreitende Untertan wird gerichtlich angehalten, von jedem Boschen 1 Fl. unnachlässige Strafe zu bezahlen.«

Die Frau Percht tritt also verschieden auf: Als hilfsbereite Frau den einen, als strafende, grobe, bauchaufschlitzende den Faulen. Und folgerichtig gibt es bei den Perchten auch schöne und schiache, also häßliche. Zuerst von den schiachen Perchten. Ein alter Knappe aus dem Rauriser Goldbergwerk, der Jungers Hans, der in der ersten Hälfte des 19. Jahrhunderts das Perchtenlaufen noch selbst mitgemacht hat, ehe es mit aller Strenge verboten worden ist, hat einmal erzählt, daß 50 bis 60 Burschen aus den Nachbarorten schon zu Beginn des Advents einen Treffpunkt ausgemacht und besprochen haben, zu welchen Dörfern und Einöden sie an den drei Donnerstagen im Advent laufen wollen. Das war also eine Vermengung von Perchtenlaufen und Klöpfeln oder Klöckelngehen. Aber folgen wir hier noch einmal Marie Andree-Eysn: »Am Abend der Ausführung hatten alle sich Leinwandfetzen, in denen Löcher für Augen und Mund geschnitten waren, vor das Gesicht gebunden. Sie trugen über ihrer gewöhnlichen Kleidung ein grobleinenes Hemd, ›a rupfanns

Pfoad‹, das von einem breiten Ledergurt zusammengehalten wurde. Zwölf Burschen aber, die eigentlichen Perchten, waren in schwarze Schaffelle gehüllt, hatten zu Hauben genähte Dachsfelle auf dem Kopfe und holzgeschnitzte Masken mit groben, menschlichen Gesichtszügen, langen Zähnen, Hörnern oder solche von fabelhaften Tieren mit Schnäbeln und Borsten oder beweglichen Kiefern vor dem Gesicht. Aber alle trugen an ihren breiten ledernen Gürteln kleine und größere Schellen, ›Rollen‹. Oft zeigen diese einen Durchmesser von 20 bis 24 Zentimeter und viele kleine gegossene Glocken …«

Den Zug der Perchten eröffnet ein Mann mit der großen Trommel, der sogenannten »Bumms«. Ihm folgen Burschen mit mächtigen Kienfackeln und Laternen, die an hohen Stangen hängen. Ihnen schließt sich der Narr an, »der Lapp«, und die Närrin, »die Lappin«, ebenfalls ein Bursche in Weiberkleidern, denn »Weiberleit« haben bei den Perchten nichts zu suchen. Der Narr trägt eine mit Schafwolle gefüllte, aus bunten Fetzen zusammengenähte, wurstartige Rolle in der Hand. Mit dieser »Wurst« schlägt er auf alle weiblichen Personen ein, die er kennt, wenn sie nur neugierig aus der Tür treten und das Fenster öffnen. Zu diesem Zug der Perchten gehört auch seit eh und je ein Quacksalber, der sogenannte »Öltrager«. Einen mächtigen Korb trägt er auf dem Rücken, vollbepackt mit Salbentiegeln und Flascherln, gefüllt mit Theriak und Mithridat; und überall preist er seine probaten Mittel gegen die diversen Krankheiten. Der Zug wird lautstark begleitet vom Krachen der langen, kurzstieligen Peitschen, vom Tuten der Kuhhörner. Sogar Holzgestelle tragen diese Perchten mit, an denen 30 bis 40 Zentimeter hohe geschmiedete Glocken, »Kunglglocken«, hängen.

Es ist also ein Zug gewesen, ähnlich den Dreikönigsumzügen, wie sie sich, vereinzelt zwar, im Oberösterreichischen noch längere Zeit erhalten haben. Es soll zuweilen vorgekommen sein, daß ein ähnlich vermummter Bursch unter so einen Perchtenzug auf einmal mitgelaufen ist, und ihn die anderen in abergläubischer Furcht niedergeschlagen oder gar erschlagen haben. Und der Volksmund hat gesagt, wenn einer beim Perchtenlaufen in der Teufelslarven, im Perchtengwand, erschlagen wird, dann hat er ein Begräbnis auf christlichem Friedhof verwirkt. Und solche, denen das geschehen, würden unter einem der steinernen Sühnekreuze liegen, deren es ja auch in Oberbayern eine Menge gibt, und von denen Andree-Eysn im Salzburgischen über ein halbes Hundert gezählt hat.

Nun aber auch etwas von den schönen; den »scheana« Perchten, die bereits um 1900, zwar noch am »hellen Tag«, am Perchtentag, dem 6. Januar, gelaufen sind, aber schon nicht mehr, wie es sich eigentlich gehört hätte, alle Jahre, sondern in Zwischenräumen von vier bis sieben und noch mehr Jahren. Es ist damals sogar schon Übung geworden, daß sie auch an den beiden folgenden Sonntagen, wie zu einer richtigen Vorstellung, gelaufen sind.

In diesem Zusammenhang sind wohl am interessantesten die Pongauer »schönen Perchten«. Sie haben einen eigenartigen Kopfputz und heißen deswegen auch Kappenperchten. Sie tragen die alte Tracht, die schwarze lederne Bundhose, weiße Strümpfe, eine kurze dunkelgrüne Jacke, eine weiße Schürze, deren einer Zipfel umgeschlagen und unter den Gürtel gesteckt wird. Das großartigste Kleidungsstück aber ist die Perchtenkappe. Sie ist von einem bis zu drei Meter hohen Rahmenwerk überragt, das mit grellrotem Stoff überzogen ist. Meist sind zwei Quadrate mit der Spitze übereinander gestellt, von denen das unterste oft einen Quadratmeter groß ist und stets in der Mitte einen Spiegel zeigt, der, symmetrisch mit

174

Schild, dicht besteckt mit Fichten- oder Tannenzweigen, und auf diese grüne Wand sind Rehgwichtl gehängt, Gamskrickl, ausgestopfte Vögel, vom Finken und Spatzen bis zum Spielhahn oder gar zum Auerhahn, schließlich sogar Raubvögel wie Bussarde, Habichte oder Falken.

Diese Perchtenkappen sind eineinhalb bis zweimal so groß wie der Bursch, der sie trägt. So ein Kopfputz hat ein Gewicht von 40 bis 50 Pfund; aufrecht halten kann so ein Perchtenläufer das ganze Gestell nur, weil es mit Hilfe eines eisernen Gerüstes auf seinen Schultern aufliegt, und weil eine Eisenschiene über den Rücken hinunterläuft und im Gürtel steckt, kann dieser Riesenaufbau nicht umkippen. Marie Andree-Eysn schreibt darüber noch vor dem Ersten Weltkrieg: »Der Wert einer solchen Kappe erreicht die ansehnliche Summe von 500 bis 1000 österreichischen Kronen; da selbst der wohlhabendste Bauer nicht so viele Schmuckgegenstände zum Ausputz einer solchen Kopfbedeckung sein eigen nennt, so wird der Silberschmuck für den jeweiligen Umzug von anderen Bauern entliehen ...«

Die »schöne« Percht von St. Johann im Pongau, also der junge Bursch, der diese riesige Kappe aufhat, der trägt noch einen gezogenen Säbel an seiner Seite. Auch hinter der sogenannten »Gsellin« steckt ein junger Bursch in Weiberkleidern. Und so eine Gsellin, so ein junger Bauernbursch, benimmt sich dabei sehr zurückhaltend, sehr züchtig. Und interessant ist, daß weder die »schöne Percht« noch die »Gsellin« Larven tragen. Diesen »schönen Perchten« folgen einige Teufelgestalten, in holzgeschnitzten Teufelsmasken mit mächtigen Bockshörnern und zwar oft gleich mehreren. Daneben gibt es aber auch in Felle gehüllte und mit Tierlarven vermummte Gestalten. Eine trägt einen Hirschkopf mit einem mächtig ausladenden Geweih, eine andere, im schwarzen Schafsfell, hat sich einen hölzernen

zahlreichen glänzenden Schmuckstücken umgeben, umhängt ist: silberne Halsketten, Anhänger, Schaumünzen, Rosetten aus Silberfiligran. Die Rückseite ist entweder mit Leinwand überspannt, die irgendein Dorfmaler bemalt hat, mit einem Almabtrieb zum Beispiel, oder sie ist mit bunten seidenen Tüchern, mit Bändern und künstlichen Blumen besteckt. Ganz oben auf dem Spitz der oberen Tafel ist eine Krone, ein Stern oder eine Sonne, aus Messing geschnitten, oder Büschl aus Gockel- oder gar aus Pfauenfedern. Daneben gibt es auch andere riesige Perchtenkappen: Eine Tafel, ähnlich einer großen Raute oder einem hohen

Bärenschädel über den Kopf gestülpt und ein Treiber läßt sie an der Kette tanzen. Von einer Fülle solcher Begleitgestalten erzählt uns Marie Andree-Eysn: »Eine weitere Gestalt, deren Vermummung sich nicht deuten läßt, ist bemüht, mit einer Schnur die Kiefer ihrer Maske auf- und zuzuklappen; Schnabelpercht wird sie geheißen. Auch … Handwerker … sind unter den Verkleideten vertreten, ›Kaminenkehrer‹ schmieren die Zuschauer schwarz an und ›Müller‹ machen sie weiß. Ein Schneider näht unbemerkt Zuschauern geschwind die Kleider zusammen, ein Quacksalber bietet ihnen fragwürdige Pillen an. Dazu gibt es Wildschützen und Rastelbinder, Scherenschleifer und Kapuziner mit einem riesigen Rosenkranz, in Bartflechten vermummte Wildmännergestalten, Zigeuner, ein Türkenpaar …« Also alles Begleitgestalten, die heute viel mehr an Fastnacht erinnern als an die zwölf Rauhnächte und an Perchtenumzüge, an den Dreikönigstag. Damit aber kommen wir zu Fastnachtsumzügen, die den Perchtenumzügen verwandt sind.

Alle Umzüge um diese Jahreszeit, im 19. Jahrhundert bis hin zur Jahrhundertwende, deren Teilnehmer meist bei den Bauern Gaben heischen, werden ganz zu Unrecht mit den Perchten in Verbindung gebracht. So nennt man im Pinzgau die um diese Zeit bei den Bauern bettelnden, dürftig maskierten Kinder »Brotperchten«. Und am Murnauer Moor nennt man den Brauch des Klöpfelngehens noch heute »Berchtln«. Echte Perchten haben aber nie um Gaben gebettelt. Auch Marie Andree-Eysn überschreibt Abschnitte, in denen sie andere Maskenumzüge mit Perchtenumzügen vergleicht, vorsichtig: »Umzüge verwandter Masken«.

»Wohl schon in der Zeit des Übergangs vom Heidentum zum Christentum werden solche Umzüge mit Vermummungen in Tiergestalten erwähnt und von der christlichen Geistlichkeit bekämpft. Sicher sind sie durch Predigten aus dem 6. und 7. Jahrhundert belegt … Es mag sein, daß sich hier römisches, keltisches und germanisches Heidentum begegnet ist und vermischt hat: jedenfalls war die Sache sehr verbreitet, da zahlreiche Verbote dagegen vorlagen, wofür … für deutsche Lande der heilige Burghard von Würzburg, Burchard von Worms und Regino von Prünn die Belege liefern. In einer jener erwähnten Predigten ist davon die Rede, daß von den drei Kalenden des Januars die Heiden als unanständige Mißgestalten sich kleiden, monströse Gesichter vornehmen, den Hirsch spielen, in Tierfelle sich kleiden und Tierhäupter sich aufsetzen. Was die Übereinstimmung mit den Perchten und den später anzuführenden Umzügen und Vermummungen auffallend gestaltet, ist, daß vor 1300 Jahren deutsche Männer bereits Frauenkleider anziehen, sich weibisch gebärdeten und dabei sakrilegische Tänze aufgeführt werden. Die Prediger forderten weiterhin die Leute auf, nicht zu gestatten, daß diese nach Art der Tiere verkleideten Tänzer vor ihren Häusern erschienen, denn das alles seien Überbleibsel heidnischer Gewohnheit. Auch der heilige Eligius hat davor gewarnt, daß man an den Kalenden des Januars abscheuliche Riesen- und Tiergestalten annehme …«

In die gleiche Reihe maskierter Umzüge gehört das Schembartlaufen zu Nürnberg; und Scheme heißt ja soviel wie Maske. Dann gehört dazu das Huttlerlaufen zu Hall in Tirol und das Schemenlaufen zu Imst in Tirol, bei denen man ganz ähnliche Kopfbedeckungen finden kann. Allen diesen Umzügen sind aber gemeinsam die Tanz-, die Teufels- und Tiermaske sowie die Benutzung einer Rute, die vor allem gegen die weiblichen Zuschauer benutzt wird.

Nun ist diese Rute natürlich nicht die Peitsche, von der es heißt, daß man sie nicht vergessen soll, wenn man zum Weibe geht. Es ist kein Stecken zum Zuhauen, es ist eben nur eine Rute. Der Schlag, der leichte Streich mit der Rute, ist ja ein

Fruchtbarkeitsbrauch gewesen. Man hat nämlich geglaubt, daß den Mädchen und Frauen der Schlag mit der Rute Fruchtbarkeit sichert oder gibt. Genauso wie man fest geglaubt hat, daß, um ein Beispiel zu nennen, auf den Feldern, wo die Imster Schemenläufer drüberlaufen und springen, der Mais und der Flachs besonders wachsen und gedeihen.

Es ist unmöglich, all die Bräuche auch nur aufzuzählen, bei denen man Verbindung zum Perchtenbrauch vermutet, und das sogar mit einem gewissen Recht. Einige wenige Beispiele seien aber doch noch genannt. Ein Name ist ja schon gefallen: das Schemenlaufen in Imst. Früher einmal hat es alle Jahre stattgefunden, denn nur so hat es ja seinen Sinn gehabt. Heute findet es nur mehr alle drei Jahre statt. Lange Zeit, bis zum Zweiten Weltkrieg, hat sich dort noch ein Brauch erhalten, der aber gezeigt hat, daß es den Schemenlaufern, den Rollern, den Schellern und den vielen Begleitfiguren hinter ihren Larven und bei ihrer Aufgabe nicht so ganz wohl war. Auch damals haben sie sich alle beim Hirschenwirt gesammelt und dort bis zum Zwölfuhrläuten gewartet. Dann haben sie die Larven abgenommen, das Vaterunser und Ave Maria gebetet. Nach dem Amen haben sie erst die Larven wieder aufgesetzt und dann erst ist es hinausgegangen zur Tür. Noch heute halten sich die Schellenrührer in Mittenwald streng daran. Zuerst warten sie das Zwölfuhrläuten ab, und erst wenn das vorbei ist, springen sie in ihrer Sommertracht mit dem buntbestickten Stoffhosenträger, der kurzen Lederhose, der Holzlarve vor dem Gesicht und den Kuhschellen auf dem Rücken durch Mittenwald.

Aus dem altbayerisch-schwäbischen Grenzgebiet erzählt uns Karl von Leoprechting in seinem Büchlein »Aus dem Lechrain« von ähnlichen Bräuchen um 1850: »Die Buben des einen Dorfes besuchen das andere, alle verkleidet und durch Bemalung des Gesichtes mit Mehl und Ruess unkenntlich gemacht. In Leilachen verhüllt, den Schellenkranz der Rosse um den Leib, das Haupt mit Hahnenfedern geziert, das sind die gewöhnlichen Masken ... Einer ist allzeit der Anführer, der Schellenruerer genannt ...«

Was war nun der Grund dieser Umzüge? Sinn und Zweck lassen sich heute schwer erkennen. Den echten Perchtenlauf gibt es ja seit langer Zeit nicht mehr. Verwandte Maschkera-Umzüge lassen sie noch viel weniger erkennen. Beide aber haben so manchen gemeinsamen Charakter. Sie sind wohl, das kann man, glaub ich, bei aller Vorsicht sagen, abgehalten worden, um Dämonen, um das Böse überhaupt zu vertreiben oder wenigstens fernzuhalten, um die Fruchtbarkeit zu wecken und zu sichern. Dafür spricht, daß das Erscheinen der Perchtenläufer, der Schemenläufer, der Schellenrührer oder wie sie auch heißen mögen, mit Freuden begrüßt worden ist, daß es geheißen hat, wenn sie kommen, so gibt es ein gutes Jahr. So hoch sie springen, so hoch wird in diesem Jahr der Flachs wachsen. Und kommen sie nicht, dann ist eben zu befürchten, daß es eine schlechte Ernte gibt. Dieser Glaube ist zumindest noch um die Jahrhundertwende recht verbreitet, gerade bei den Tiroler Bauern. Je mehr Perchten laufen, je mehr Schemenläufer unterwegs sind, desto besser, desto fruchtbarer würde das Jahr. Gerade deshalb bewirtet man diese Gestalten mit Schnaps und Kletzenbrot. Aber wer weiß das heute noch, obwohl der Glaube an dämonische Kräfte auch heute in unserer so aufgeklarten Zeit noch immer nicht ausgestorben ist. Er ist nur anders. Man braucht nur die Zeitung zu lesen, um immer wieder festzustellen, daß es auch heute noch Menschen gibt, die sich ihren Aberglauben durchaus nicht nehmen lassen

P. E. R.

177

Von Rauh- und Rauchnächten

Die zwölf Rauchnächte sind sehr geheimnisvolle Nächte, von denen eigentlich niemand genau sagen kann, was sie tatsächlich bedeuten, wie sie entstanden sind, wie all das, was das Volk darum herumgemacht hat, hergewachsen ist. Wenn wir im Wörterbuch der deutschen Volkskunde nachschlagen, können wir unter Rauchnächten lesen: »Die Zeit der Zwölften wird in Bayern und Österreich als Rauchnächte bezeichnet. Ursprünglich galt der Name nur den drei oder vier Rauchnächten (Thomas, Weihnachten, Neujahr, Dreikönig). Man denkt heute bei dem Wort an die Räucherung, die in diesen Nächten üblich ist, aber älter sind wohl ohne Zweifel die ›Rauhnächte‹, Lärm- und Maskenumzüge, die auch geographisch sich mit dem Gebiet des Perchtenlaufens berühren. Rauh, mundartlich rauch, ist die Bezeichnung des Wilden, Haarigen, mit Fell Bekleideten.«

Wenn wir im gleichen Wörterbuch der Volkskunde unter den »Zwölften« nachschauen, wird das alles um nichts klarer. Auf jeden Fall sind Rauchnächte die zwischen Thomas und Dreikönig; aber »in Schlesien versteht man unter dieser Zeit die zwölf Tage vor Weihnachten, in Bayern die Zeit vom Thomastag bis Neujahr, in Franken und Mecklenburg auch die zwölf Tage nach Neujahr«. – Und wenn dann von vorchristlicher Zeit von indogermanischen Bräuchen und gar vom Jul die Rede ist, dann wird das alles auf keinen Fall übersichtlicher. Wie dem auch sei, trennen wir hier einmal die zwölf Rauhnächte von den Rauchnächten und setzen wir die 12 Rauhnächte

zwischen Weihnachten und Dreikönig, und nennen wir Rauchnächte die Nächte, in denen man im Haus räuchern gegangen ist oder heute noch geht. Franz Joseph Bronner schildert um 1870 so eine Rauchnacht, wo man eben im Haus Räuchern gegangen ist, aus der eigenen Kindheitserinnerung: »… Da durfte ich auf vieles Bitten die Schaufel oder den Weidling mit glühenden Kohlen und den glimmenden Kräuterresten tragen, die von dem am Maria Himmelfahrtstage – dem 15. August – geweihten Wurzbüschen aufbewahrt worden waren. Mit dem ›Glütl‹ oder ›Rauche‹, zu dem die Mutter noch Weihrauchkörner, Schlehdornzweige oder etliche Wacholderbeeren warf, wanderten wir, zwölf Vaterunser und den Glauben betend, durch Haus und Stall, damit von Pferd und Kind etc. und allen Inwohnern des Hauses möglichst alles Unglück ferngehalten bleibe. Die Mutter machte den Mesner, schritt mit dem Weihbrunnkessel hinter mir her und sprengte Weihwasser in jeden Winkel hinein, besprizte Milchkasten und Hühnerstall …«

Vielleicht – man weiß es nicht genau – ist man ehedem in jeder der zwölf Nächte räuchern gegangen. In unserer Zeit jedenfalls ist das nur mehr in den Hauptrauchnächten geschehen, in der Nacht vor Thomas, am Silvesterabend und in der Nacht vor Heiligdreikönig; in Niederbayern und Südtirol vielfach auch am Heiligen Abend. Wieder woanders ist man mit der Räucherpfanne nur an den Donnerstagabenden der Rauhnächte gegangen oder gar nur am letzten Abend vor Heiligdreikönig. Das war nirgends gleich. Und dort, wo das Räuchergehen noch vor einem Menschenalter ganz allgemein Brauch war, ist es heute eh weitgehend verschwunden.

In den Rauhnächten, so hat man fest geglaubt, war die Macht des Unheils besonders stark, die Macht der Hexen, die Macht der bösen Geister, und folglich hat man sich auch überlegt, wie man dieses Böse vertreiben kann. Das hat man zunächst mit viel Lärm und Krach versucht, und zwar ohne Zweifel schon längst in heidnischen Zeiten. Nicht umsonst hat sich das Wort vom Heidenlärm bis in unsere Zeit erhalten, und vom Höllenspektakel reden wir noch heute. Der heilige Maximus wettert in einer Predigt, die erhalten ist, gegen diesen Unfug. Sinngemäß sagte er: Vor mehreren Tagen ist nach Einbruch der Dunkelheit ein solcher Höllenlärm gewesen – ein Geschrei, dessen Gottlosigkeit gegen den Himmel vorgedrungen ist. Und als ich gefragt habe, was das alles zu bedeuten habe, da hat man mir gesagt, daß dieses Gebrüll dem geplagten, dem sich verfinsternden Mond zu Hilfe käme. Soweit der heilige Maximus. Dieses Lärmen und Krachmachen und Schreien und Kuhglockenscheppern hat sich vereinzelt bis in unser

Jahrhundert erhalten, ja sogar bis in unsere Tage. Als dann das Schießpulver erfunden worden ist, hat man gegen das Böse, gegen das Unheil geschossen. Daran denkt man heute nur nicht mehr. Seit es das Schießen in den sogenannten heiligen Zeiten, also am Thomastag, in der Christ-, in der Neujahrs- und in der Dreikönigsnacht – seit es das Schießen in diesen Zeiten gibt, gibt es auch Verbote. So ist ein kurfürstlich-bayerischer Befehl aus dem Jahr 1674 erhalten, der dieses Schießen verbietet, und weiter gibt es einen Erlaß des Kurfürsten Max Emanuel, der 1717 betreffs des »Schießens und Plenkelns aus den Häusern in den heiligen Nächten« diesen Befehl bestätigt.

Um noch einmal kurz beim Krachmachen mit der Büchsen zu bleiben: das geschieht ja heute noch. Denken Sie an die Berchtesgadener Weihnachtsschützen, denken Sie an das Peitschenknallen, das sogenannte Aperschnalzen, denken Sie an das Schellenlaufen im Werdenfelser Land oder an das Grasausläuten im Inntal. All diese Bräuche werden zum Teil heute noch aus einem Gefühl der Tradition gewahrt, oder sie werden, wie das Aperschnalzen, zum Sport. Die Gespenster von heut lassen sich nicht mehr mit solch einfachen Mit-

teln vertreiben, und im übrigen sind die meisten Bräuche, die mit diesen Nächten verbunden waren, eh verschwunden; man glaubt längst nicht mehr dran. Wer käme heute noch auf den Gedanken, in diesen Nächten die Obstbäume zu schütteln, sie zu fitzeln, das heißt nach ihnen mit der Geißel zu schlagen, vor allem nach den Zweigen, damit sie viel Äpfel tragen oder Birn? Man hat die Baumstämme umarmt, hat sie mit Strohbändern umwickelt, um sie vor bösen Geistern, vor Frost und Raupenfraß zu schützen und fruchtbar zu machen. Das Stroh haben möglichst ein dicker Knecht und eine unbescholtene Magd um den Stamm wickeln müssen. Warum, das ist nicht überliefert. In diesen Nächten hat man viel Geheimnisvolles getan, im Allgäu hat man Brosamen in den Garten gestreut, damit das Kraut recht gut wächst, und im Egerland hat man Tischreste unter die Bäume gelegt. So füttert man die Geister, hat man dazu gesagt. Ein Büschel Grummet oder Nachheu vor die Tür gelegt, war ein sicheres Mittel für ein üppiges Futter im nächsten Sommer. Nun, an all das hat man zum guten Teil um die letzte Jahrhundertwende noch geglaubt. Wir mögen heut darüber schmunzeln, aber wie ist es mit dem Aberglauben heute? Gibt es ihn wirklich nicht mehr? Oder ist er nur anders geworden?

All diese Bräuche während der zwölf Rauchnächte oder in den sogenannten Rauhnächten haben ein Ziel gehabt: Sie sollten Glück und Segen fürs Haus, für den Stall, für die Felder erflehen, sichern, fast erzwingen, auf jeden Fall aber das Unglück abwehren. In diesen Nächten, in diesen zwölf Tagen, hat man auch das Wetter für das kommende Jahr erkennen können. Der gewissenhafte Bauer hat sich das Wetter dieser zwölf Tage genau aufgezeichnet, und wie es an den zwölf Tagen war, so hat man erwartet, daß es in den kommenden zwölf Monaten werden wird. Ist es am ersten dieser sogenannten Lostage am Vormittag schön gewesen, am Nachmittag aber schlecht, so war der Januar in den ersten beiden Wochen schön, in den andern beiden aber nicht. Um zu dieser Erkenntnis zu kommen, hat es in der Rhön, auch drüben im Allgäu, folgende Sitte gegeben: Die Bäuerin hat in der Christnacht vor der Mette eine Zwiebel in der Mitte auseinandergeschnitten. Dann hat sie von innen heraus aus jeder Hälfte sechs kleine Schalen abgelöst, nebeneinander auf ein Brett gelegt und in jede dieser zwölf kleinen Schalen ein paar Körndl altes Dreikönigssalz gelegt. Nach der Christmette hat sie nachgeschaut, wieviel Salz zergangen war. Dementsprechend hat sie abgelesen, welcher Monat trocken und welcher regnerisch ausfallen wird.

Unter den Zwölfen gilt die Neujahrsnacht noch heut als die Nacht, in der man die Zukunft erforschen kann. Denken Sie an das Bleigießen. In wievielen Häusern ist es heute noch Brauch! Und wenn dann das Blei so zusammenläuft, daß man ein unangenehmes Symbol daraus lesen könnte, dann mag der Betroffene unserer Tage zwar beteuern, daß er an einen solchen Hokuspokus eh nicht glaubt, aber sein Lachen darüber klingt doch nicht so glaubwürdig.

Noch ein paar Bräuche, die mit diesen Tagen zu tun haben: In den Spinnstuben der Rhön, und nicht nur der Rhön, hat man zwischen Weihnachten und Neujahr beziehungsweise Dreikönig nicht gesponnen. Wer in dieser Zeit spinnt oder flickt, dem dreht die Frau Holle den Hals um, hat man gesagt. Allgemein verbreitet war der Glaube, man dürfe auf keinen Fall in den zwölf Nächten vor Weihnachten waschen, sonst stirbt im kommenden Jahr jemand aus der Familie.

Diese zwölf Nächte sind auch die Nächte der Wintersonnenwende, in denen gewöhnlich die Stürme am heftigsten um das Haus toben und an den Fensterläden nackeln. Daß mit diesen Stürmen auch die Vorstellung von der wilden Jagd verbunden war, braucht einen eigentlich nicht zu wundern. Die wilde Jagd, das wilde Gejaid, das wütende Heer, das Geisterheer, das über das Land jagt, über die Häuser, über die Dörfer, das alles niederwirft, was sich in den Weg stellt. Um sich dagegen wehren zu können, hat es anderer Mittel bedurft, als Schießen und Krachmachen, dazu war geistlicher Beistand nötig, und deshalb ist man eben Räuchern gegangen. Wenn wir von den Rauchnächten sprechen, dann muß zum Schluß auch die letzte genannt werden, die Nacht vor Dreikönig, in der nicht nur die Sternsinger von Haus zu Haus gezogen sind, sondern auch arme Leut oder vermummte Gestalten. Im Bayerischen Wald zum Beispiel. Sie haben an die Türe und an die Fensterläden geklopft und ihren Spruch heruntergeleiert: »Heunt is die Rauhnacht / wer hat's aufbracht? / A stoioida Mo / der hots eahm to / is über d' Stiagn naufkrocha / hat si's Boi abrocha.« Sicher haben sich die Sänger so wenig darunter vorstellen können wie wir, aber es ist halt immer so geleiert worden und schließlich war die Hauptsache, daß die bösen Geister vertrieben waren und die Anklopfer Schmalznudeln und ein Gselchtes gekriegt haben.

Was an diesem Abend, in dieser Nacht im Berchtesgadener Land Brauch war, zum Teil noch immer Brauch ist, hat einmal Anton Helm festgehalten, aufgrund von Angaben, die ihm der Tewes Sebald zusammengestellt hat: »Ein kleines Tischchen oder Hocker ist in der Bauernstube als Rauchtischchen bereitgestellt. Dieses ist mit einem Deckchen versehen, welches mit den Buchstaben ›IHS‹ bestickt ist. Darauf befindet sich ein Gefäß mit Weihwasser, der Rauchwecken, die Mettenkerze, Weihrauch und Speik. Der Rauchwecken, ein Gebäck aus Schwarzbrotteig (häufig gewürzt), dessen Enden Kopfform und dessen Mitte eine Ausbuchtung besitzt, der also die Gestalt eines Fatschenkindes nachahmt, hatte

früher in der Mitte eine Höhlung, in die man die Mettenkerze gesteckt hat ... Speik war der Ersatz für die teure Myrrhe ...«

Speik wird im Berchtesgadener Land noch heute als Zusatz zum Weihrauch benutzt. Er wird aus der Wurzel des Alpenbaldrians oder der sogenannten Speiknarde gewonnen. Hier muß man eigentlich noch einfügen, daß am 5. Januar, oft schon am Vormittag, in den Kirchen das Dreikönigswasser, der Weihrauch und die Kreide geweiht werden. Zum Teil hat sich bis in unsere Tage der Glaube erhalten, man müsse an diesem Tag das Dreikönigswasser aus drei verschiedenen Kirchen holen, dann nämlich erst habe es eine ganz besondere Heilkraft, nicht zuletzt gegen das Halsweh. Dieses Dreikönigswasser gilt noch heute mehr als das übliche Weihwasser, und weil man ihm diese besondere Kraft zuschreibt, wird es auch in größeren Mengen mit nach Hause genommen, nicht immer in den würdigsten Gefäßen, in Bierflaschen zum Beispiel oder in Milchkannen. Während die Hausbewohner, vor allem die Frauen und die Kinder, in der Stube den Rosenkranz beten, meistens auf dem Boden kniend, die Arme auf die Bank oder den Stuhl gestützt, und, wie meist, bei einem brennenden Wachsstock – während dieser Zeit ist im Berchtesgadener Land der Bauer mit den übrigen Mannsbildern »zum Rauchen« gegangen – zum Ausräuchern gegen böse Geister, gegen Unglück im Haus, gegen Brand, Seuche und Verwünschungen. »Dabei schwingt er die Rauchpfanne, einen durchlöcherten Metallbehälter, der der Luft Zutritt zum Weihrauch und Speik gestattet. Während dieses Aktes beten die Männer: ›Im Namen der Heiligsten Dreifaltigkeit, Gottes, des Vaters, des Sohnes und des Heiligen Geistes‹. Anschließend beten sie den Glauben an Gott und den Rosenkranz. Zunächst wird ein Gang um das Haus unternommen, dann tritt man in sämtliche Räume des Hauses mit Stall und Stadl, wobei auch mit Weihwasser gesprengt wird.«

So schreibt Rudolf Kriss in seinem 1963 wieder erschienenen Buch über Sitte und Brauch im Berchtesgadener Land. Dieser Brauch hat noch heute seine Anhänger, sehr zum Trotz eines Aufklärungsapostels, der im Jahr 1784 ein kleines Buch herausgebracht hat. Es heißt »Bildergalerie katholischer Misbräuche«. Der Autor schreibt sich Joseph Richter und hat sein Opus unter dem Pseudonym »Obermayr« veröffentlicht. Der Verlag verschweigt wohlweislich seinen Namen. In jenem Büchl handelt das zweite Kapitel »Ueber das Räuchern gehen«: »Der schwache menschliche Geist ist schon von Natur für das Wunderbare geneigt. Wenn sich nun außerordentliche Fälle ereignen, von denen er die geheimen Triebfedern nicht gleich ergründen kann, so können und müs-

sen sie in seinen Augen nichts anders als Wirkungen einer übernatürlichen Macht seyn, daher so viele Mirakel, daher die Teufeln, Hexen, Kobolde usw. Die Kuh gibt verdorbene Milch – gleich muß sie verhext seyn. Der Hagel zerschlägt die Felder – das hat der böse Feind gethan. Die Thüre kracht, es wird also jemand aus der Familie sterben. – Die Mönche, die wohl wissen, zu was der Teufel ihnen gut seyn mag, haben nicht ermangelt, diesen Hang zum Wunderbaren durch ihre Hexengeschichten, Exorzismen, und falsche Wunderwerke noch mehr zu nähren; aber sie haben sich auch das Vertrauen der Layen dadurch zu gewinnen gesucht, daß sie sich zugleich als Befehlshaber über den Teufel aufwarfen …«

So meint der aufgeklärte Autor jenes Büchls auch, wenn in irgendeinem Schloß der Schreiber, in ein weißes Leinentuch gehüllt, der schönen Verwalterstochter nachts einen Besuch gemacht hat, oder wenn sich der Knecht bei der Magd im Kuhstall oder in der Kammer als Gespenst hat sehen lassen – dann – ja – dann hat man allsogleich einen ehrwürdigen Kapuziner geholt – und er hat die Wände mit Weihwasser bespritzt, den stinkenden Stall, wie es heißt, mit einem ebenfalls stinkenden Rauch ausgeräuchert, »… und er las seinen lateinischen Exorzismus (denn der ärgste Teufel soll das Mönchlatein nicht eine Minute aushalten können)«.

In seiner Ereiferung hat der hitzige Kämpfer der Aufklärung aber vergessen, daß auch damals Geistergläubige an einen Geist, an ein Gespenst erst dann wirklich und vollkommen geglaubt haben, wenn es um Mitternacht gespukt hat. Und ob der zitierte Schloßschreiber wirklich auf die Uhr geschaut hat? Nun – blättern wir noch einmal in dem Büchl des feurigen Aufklärers.

»Erschien das Gespenst nach der Hand wieder, so wars kein Teufel mehr, sondern eine arme Seele, für die zu wenig Messen gelesen wurden – gemeiniglich aber blieb das Gespenst auf die erste citation weg. – Der verliebte Schreiber entdeckte dem guten Pater seine Liebe zur Verwalterstochter – der Pater, dem daran lag, daß sein Kloster nicht das Renommée des Teufelbannens verlor, mußte (öfters that ers gern) in dieser kitzlichen Sache noch den Unterhändler machen, und das Gespenst wurde lebenslänglich in die Arme der schönen Verwalterstochter gebannt. – Wir mußten diese kleine Einleitung vorausschicken, weil das Räuchern, von dem wir in diesem Kapitel reden wollen, seinen Ursprung aus dieser Hexen- und Teufelsperiode herschreibt …«

Der Herr Joseph Richter, alias Obermayr, ist giftig und er meint, daß man nun – also im Jahr 1784 – nichts mehr von solchen Erscheinungen wüßte, denn seit man angefangen habe, den Teufel mit Stockschlägen zu vertreiben, seitdem müßte der Teufel ein närrischer Teufel sein, wenn er sich noch sehen ließe. Seinem Räsonieren über einen solchen Volksbrauch verdanken wir immerhin das Wissen um den Brauch seiner Zeit, daß die Geistlichen im weißen Chorhemd, begleitet von zwei Kirchendienern, zum Räuchern gekommen sind; der eine hat das Rauchfaß getragen, der andere einen Bund Heiligdreikönigszettel und die geweihte Kreide. So erfahren wir auch, daß diese Drei am Vorabend des Christtags, am Silvesterabend und am Vorabend von Heiligdreikönig von Haus zu Haus gezogen sind, und selbst unser bissiger Schreiber muß bekennen: »Was man diesem Räuchern zum Ruhme nachsagen muß, ist, daß sie sich mit ihrem Rauchfaß Niemanden aufdringen«. Aber schon sticht ihn wieder der Hafer und er giftet sich, daß sie halt nur in die Häuser gehen, wo sie auf gute Einnahmen rechnen könnten und daß es »wider alle christliche Liebe sey, diese ungebetenen Inwohner nur aus den reichen Häusern zu vertreiben, in den armen aber ungestört logieren zu lassen«.

Nun, wie dem auch sei – soviel hat unser aufgeklärter, weltverbessernder Geist gar nicht gegen das Räuchern spotten und wettern können, daß er am End' etwas damit ausgerichtet hätte. Er wettert gegen den »Handlungszweig des kirchlichen Kommerzes« und er hofft, daß die Religion von diesem »schädlichen Gaukelspiel« gereinigt werden möge. Nun kann man aber schlecht von einem Geschäft der Kirche reden, wenn ein Bauer wie eh und je solchen Brauch selbst vollzieht. Und wie in den beiden anderen Rauchnächten geht so mancher Bauer auch heute noch auf einem Weg, den er sich eigens aus dem Schnee geschaufelt hat, auf den Acker hinaus und beräuchert ihn dreimal, wirft ein Stück glühende Kohle aus der Pfanne auf die Erde und sprengt sie gleichfalls mit Weihwasser. Andere wiederum räuchern zum Andenken an ihre Verstorbenen in der Richtung zum Friedhof und werfen die Kohle mit den Worten: »Im Namen des Vaters, des Sohnes und des Heiligen Geistes für die armen Seelen« aus der Pfanne. Sagen Sie nun aber nicht, das war einmal, das gibt es doch nicht mehr. – Denn dann müßte ich Ihnen sagen, daß dieser Brauch draußen am Land zwar nimmer so ausschließlich geübt wird, wie das einmal war, aber verschwunden ist er noch lange nicht.

Wenn in einem Berchtesgadener Bauernhaus – Lehen heißen sie ja meist – »Loschi-Leute« sind, also Mieter, dann räuchert der Bauer als deren Hausherr auch deren Wohnung und dafür wird er von den Mietern mit Kletzenbrot bewirtet und mit Schnaps. In der Stube ist unterdessen die Mettenkerze angezündet worden, und so eine Mettenkerze hat eine ansehnliche Größe; 75 bis 100 cm ist sie hoch und die kleinste hat immerhin ein Mindestgewicht von einem halben Pfund; sie ist mit Efeu- und Tannenzweigen oder mit Misteln geschmückt. Sind der Bauer und seine Begleiter dann mit dem Räuchern fertig – sie sind ja auch über den Hof und in den Stall gegangen – dann kommen sie in die Stube und beten den Rosenkranz mit. Drei Rosenkränze werden gebetet, und hat der Bauer, ehe er zum »Räuchern« gegangen ist, drei Schüsse abgegeben, mit dem Gewehr, dem Terzerol oder dem Handböller, so gibt er nach dem Rosenkranz noch einmal drei Schüsse ab. Rauchschüsse sagt man dazu. – Wie gesagt, so allgemein gültig ist der Brauch des Räucherns nimmer, aber es gibt ihn immer noch. Für viele Menschen ist dieser Brauch nicht nur eine liebe Gewohnheit – sie üben ihn wohl in dem richtigen Fühlen, daß es so manche Dinge zwischen Himmel und Erde gibt, die nicht zu verstehen sind, die nicht meßbar, nicht errechenbar sind. *P. E. R.*

Silvesterabend im Bayerischen Wald

Obschon ein Bärenwinter unter den Stiefeln knirschte und glitzerte, so lag doch in einem volkreichen Marktflecken am Regenfluß die sämtliche Ortsbewohnerschaft an den offenen Fenstern; man horchte und spähte nach dem nächtlichen Neujahrssänger.

Und er kam auch, und zwar in jede Gasse: der biedere »Spatzerer«, so lautete sein Spitzname. Er war ein Siebziger, trug auf seinem Rücken einen stattlichen angestammten Buckel, in der rechten Hand aber die mörderische Sicherheits-Hellebarde, denn er war der bürgerliche Nachtwächter. Zur Seite ging ihm sein schönstes Töchterlein, die »Spatzenliese«. Die brauchte er notwendig, damit er ohne Familienverstöße und mit der gehörigen Amtshöflichkeit vor jedem Markthause seinen Neujahrswunsch in Gesang oder Spruch tadellos anbrachte.

Das war nichts Leichtes. Er mußte nämlich jedes Familienglied dienstlich wohlgesetzt angratulieren, den Säugling in der Wiege so gut wie den Herrn des Hauses. Und das tat der Spatzerer denn auch mit solcher Gewissenhaftigkeit, daß er selbst die kleinen Hosentrompeter als »Herrn« ansprach. Kam er vor Häuser mit vielnamigen Familien, so fragte er seine Liese zuvor um die verschiedenen Namen. Dabei gab es nette Zwiegespräche, die man stets belauschen konnte.

Spatzerer: »Wöi hoißn denn 'n Herrn Assessor seine Diandla?«

Spatzenliese: »Nesterl und Nellerl!«

Spatzerer: »Jessas, dö habn ja Nam as wöi d' Hund!« Nach diesem hochklassischen Komplimente sang der biedere Spatzerer den beiden blühenden Mädchen seinen zierlichsten Neujahrswunsch. Die Mädchen hießen nämlich Ernestine und Petronelle; der Herr Assessor sah selbst zum Fenster heraus und lachte herzlichst zur Exklamation des Spatzerers.

Um den Spatzerer drehte sich in der Silvesternacht der ganze Marktflecken. Männlich wie Weiblich war auf den eigenen Hauswunsch begierig und war er überstanden, dann klatschte und baste man: »Jetzt will ich doch sehen, was der

Spatzerer sagt bei *dem* Haus und bei *der* Familie und bei *der* Strohjungfer!« Und richtig, sei es aus harmloser Unwissenheit, sei es in einem Zungenverstoß, sei es aus arger Tölpelei oder gar in einem Anfluge plötzlichen Witzes: der biedere Spatzerer titulierte bald in dieser bald in jener Gasse eine entblumte Marktschönheit als »Jungfrau«, obschon sie drei und vier Rangen um sich hatte. Allgemeines Gekicher und Gelächter waren natürlich jedesmal die Folge. Umsonst schimpfte die geprangerte entblätterte Rose; es war geschehen. Aber schon vielleicht beim nächsten Haus erreichte den Spatzerer die Rache. Darin hauste möglicherweise eine kernfeste Handwerkersfrau mit vielen Kindern und wenig Geld, die dann wie eine Löwin zum Fenster herauswetterte: »I brauch dei Gschroi nöt!« Und der Spatzerer geriet nach und nach in Furcht und Zittern und wagte sich an mehrere Häuser gar nicht mehr. Aber damit stach er erst in's Wespennest. Andern Tags ging das

Geföppel los: »Ihr seid mir die rechten, euch hat nöt einmal mehr der Spatzerer das Neujahr angratuliert!« Der Spatzerer mußte natürlich dann den bösen Brei auslöffeln. Noch nicht genug. Die Baserei dauerte die ganze Neujahrswoche im Marktflecken fort: »Von dir hat er dös gsagt, von dir dös usw.« Und nun kamen allerlei Verstöße zum Vorschein, Dummheiten, Tölpelstücke, ja selbst Ehrenkränkungen schwieriger Art.

Doch der biedere Spatzerer saß bereits daheim am warmen Ofen, ließ die böse Welt klatschen und grollen und tröstete sich mit seinem vollgespickten Geldbeutel. Nachdem er gut und schlecht die Silvesternacht mit ihrem heiklen Spruch und Gesang überstanden, trat er am Neujahrstage selbst in aller Form Rechtens in die einzelnen Marktsfamilien dem Rang und der Reihe nach und erhielt nun von ihnen den Taler, Gulden, Halbgulden, Zwanziger und Zwölfer für seine schönen Neujahrsgratulationen.   *Joseph Schlicht*

A glückseligs neis Jahr

»Ei, so wünsch ich euch fürwahr, ein glückseliges neues Jahr. Gott möcht euch geben Gnad, Gluck und Segen und lassen im 1999. Jahr in Frieden euch leben fürwahr!«

Diesen Vers hat einmal der Nachtwächter einer kleinen, alten bayerischen Stadt gesungen, als die Turmuhr der Stadtpfarrkirche nach den vier Stundenschlägen die Mitternachtsstunde verkündet hat und damit auch das neue Jahr.

Ganz genauso hat er natürlich nicht gesungen, denn das Jahr 1999 hat er ja nun wirklich nicht verkünden können. Und wenn er es heute verkünden möchte, falls es ihn überhaupt noch gäbe, den Nachtwächter, so würde ihn im Krach der Raketen und Knallfrösche niemand mehr verstehen. Das soll natürlich hinwiederum nicht bedeuten, daß man früher zu so einer Stunde keinen Lärm gemacht hat. Da ist sehr wohl das neue Jahr auch angeschossen worden. Und es ist überliefert, daß Schützen von Haus zu Haus gezogen, das neue Jahr angeschossen und dann laut den folgenden Vers hergesagt oder gar gesungen haben:

»Gött möcht uns beschützen das künftige Jahr
Vor Donner und Blitzen, vor Krankheitsgefahr,
Vor Hunger und Pest, Krieg und viel Not
Und endlich auch vor dem ewigen Tod.«

Und wenn man wissen will, was im Niederbayerischen Brauch war, muß man in Joseph Schlichts »Bayerisch Land und Bayerisch Volk« nachschauen, denn der Schloßbenefiziat hat sich seine Umgebung, seine Landsleut, ihre Sitten und Gebräuche genau angeschaut. Über vieles wüßten wir heute nichts, hätte er es nicht aufgeschrieben: »Der Neujahrstag ist innerhalb des Bauernhauses laut belebt durch das sogenannte ›Neujahr abgewinnen‹; eine Volkssitte, welche die Häuser mit verworrenem Geschrei und Lachen erfüllt. Nämlich jedes Familienglied beeilt sich, vor allen andern zu rufen: ›Glückseligs neu's Jahr!‹ Die Kinder haben dann noch eine Extrafreude: dem Vater das neue Jahr abzugewinnen. Knaben und Mädchen lauern also, bis der aufgestandene Vater sich niederläßt in seinen Lehnstuhl, sei es um die Bändlein seiner Lederhose zu knüpfen, sei es um in seine Stiefel zu fahren. Flugs sind nun die Kinder hinter ihm und ›drosseln‹ auf gut bayrisch den lieben Vater, das heißt der Reihe nach umfaßt jedes mit beiden Händen den väterlichen Hals, schüttelt ihn aus Leibeskräften und ruft: ›Glückseligs neu's Jahr!‹. Für diesen kräftigen Segenswunsch, den nur eine bayerische Vaterkehle tapfer aushält, beschenkt der Bauer seine Buben und Mädchen mit funkelnden Neujahrskreuzerln.«
Beim Neujahrsansingen spielt natürlich nach wie vor das Christkind eine Rolle, manchmal auch schon die Heiligen Drei Könige. Das mag daher

kommen, daß man früher einmal Weihnachten als Jahreswechsel begangen hat, später dann den Dreikönigstag. Nicht umsonst hat man deshalb zu Dreikönig einmal Hochneujahr gesagt und nicht umsonst darf man sich von Neujahr bis Dreikönig noch ein »gutes neues Jahr« wünschen. Aber blättern wir weiter in Joseph Schlichts »Bayerisch Land und Bayerisch Volk«: »Außerhalb des Hauses in Dorf und Land ist der Neujahrstag belebt durch das sogenannte Neujahr anschreien, ein Erwerbszweig der armen Gemeindehauskinder. Sie sind hiezu ausgerüstet mit Spruchvers und Melodie, mit Sack und Stecken; sie gehen bei den Honoratioren herum.
Glückseligs neu's Jahr,
's Christkindl im krausten Haar,
a langs Lebn, a guats Lebn
'n Himmel danebn.
I wünsch dem Bauern an goldenen Rock
daß er ihm steht wie a Nagerlstock!
Und i wünsch der Bäuerin a goldene Haubn,
Daß ihr steht wia a Turteltaubn!«
Es sind im Grund die gleichen Lieder, wie sie im Advent in Klöpfelnächten auch gesungen worden sind, die Texte sind ja weitverbreitet. Man kennt sie im Böhmischen und in Schlesien, bis hinunter nach Südtirol, natürlich mit kleinen Varianten. Fast überall gibt es die immer wiederkehrenden Reime vom goldenen Tisch »auf an jed'n Eck an goldana Fisch« und »a Glasl Wein in die Mitten hinein, es soll an Hausherrn sei G'sundheit sein.« Auch Peter Rosegger erzählt davon. Er hat ein Buch über Volksbräuche in der Steiermark geschrieben, das eine Quelle ersten Ranges ist. In diesem Buch überliefert uns Rosegger ein Neujahrslied mit einem besonders netten Text: »Kaum sitzt der Hausvater in seinem festlichen Anzug bei der Morgensuppe, so wird es vor dem Haus lebendig. Arme Kinder der Nachbarschaft haben sich vor der Tür versammelt und singen:

Wos soll mar in Hausherrn dann wünsch zan an
neugn Johr?
Mai wern an wünschen an guldanan Tisch
Auf an iadn Eck an guldanan Fisch
Bei da Mitt a Glasl Wein,
das sull in Hausherrn sei Gsundheit sein.
Dös wünschn ma mit Holl und Scholl
zan an neugn Johr!

Was soll ma da Hausfrau dann wünschn
zan an neugn Johr?
A neugs Christkindl aufs Hocholdor;
A neugs Christkindl is nouch nit gnua
A guldani Heidl wünsch mar ah dazua;
Mir wünschn ihr an guldanan Wogn,
damit s kan in Himmi fohrn.
Dös wünsch ma mit Holl und Scholl
zan an neugn Johr!

Was sull ma da Tochta dann wünschn
zan an neugn Johr?
Mia wünschn ihr an Bräutigam mit brinnroti
Housn
Wou in iadn Säckl viel Dokadn lousn.
Das wünsch mar ihr mit Holl und Scholl
zan an neugn Johr!

Wos sull mar in jungen Herrn dann wünschn
zan an neugn Johr?
Mia wünschn eahm a feindselige Braut,
de n alli Wochn sibn mol haut;
Und wünschn eahm an eisnan Ruckn
daß er d' Schläg konn owi druckn;
Dös wünsch mar eahm mit Holl und Scholl
zan an neugn Johr!

Und zum Schluß wird dann die Allgemeinheit mit
einer Strophe pauschal abgefertigt:

Wos sull mar in Ondern dann wünschn
zan an neugn Johr?
De ma nit kina ban Noma nenna,
Wird Goud da Herr in Himmi dakenna
Dös wünsch mar eahm mit Holl und Scholl
zan an neugn Johr!«

Diese steierischen Anwünscher, die dieses lange
Lied gesungen oder heruntergesagt, heruntergeleiert haben, haben Krapfen gekriegt. Die Bäuerin hat
sie eigens für diesen Zweck zu diesem Tag heraus-
gebacken; und waren es Kinder aus der Verwandtschaft oder der näheren Bekanntschaft, oder haben
sie besonders schön gesungen, dann haben sie
noch Geldstückl dazubekommen.
Neujahr beziehungsweise die Silvesternacht war
eine der Losnächte, eine von den Nächten, von
denen man geglaubt hat, man könne etwas von der
Zukunft erfragen. Denken Sie an das Bleigießen in
dieser Nacht, das ja heute noch weit verbreitet

ist. Denken Sie an die Knallbonbons, in denen bestimmte Zeichen waren, die Glück bringen sollten. Rosegger erzählt, daß man in seiner Kindheit oft die Zukunft aus den Eisblumen an den Fenstern hat herauslesen wollen. Man hat halt bestimmte abstrakte Formen zu deuten versucht: »Die Flammen auf dem Herde müssen auch betrachtet werden, ob sie hoch aufflackern, oder welche Farbe sie haben.« Leider schreibt er nicht dazu, was man daraus hat lesen wollen. Ähnlich schreibt er von den Hühnern, aber leider auch hier nicht, was das einzelne bedeutet:

»Selbst die Hühner wissen in diesen Dingen mehr als der Mensch; wenn sie schreien, oder in die Höhe flattern, oder sich im engen Kreis versammeln, alles hat seinen Grund und seine Auslegung. Sogar an seinen eigenen Kleidern kann der Mensch heute lesen. Wenn sich der Rockkragen aufstülpt, so heißt das viel Verdruß im Jahr; wenn sich ein Schuhband lockert und von selbst löst, steht der Bruch einer Verlobung oder, wie andere sagen, eine Hochzeit bevor«.

Es ist ganz interessant, auch einmal zu erfahren, seit wann man Neujahr am 1. Januar feiert. Das ist nämlich noch gar nicht so lang her, als man glauben könnte. Zu Zeiten Karls des Großen, also um das Jahr 800, hat das Jahr noch mit dem 25. März begonnen, und aus der Zeit Kaiser Konrads II. – er hat von 1024 bis 1039 regiert – gibt es Urkunden, die das Jahr von Weihnachten an rechnen. Und später noch, bis ins 12. Jahrhundert, war zum Beispiel sowohl in Köln als auch in Basel und in der ganzen Schweiz der erste Ostertag zugleich der erste Tag des neuen Jahres. Wenn wir nach Italien und Spanien schauen, ist es ähnlich. In Venedig hat man im Jahr 1652 noch den ersten März als Neujahrstag gefeiert und in Florenz gar hat Kaiser Franz I. im Jahr 1745 befehlen müssen, man solle endlich am 1. Januar und nicht am 25. März Neujahr feiern. Aber der Bevölkerung war dieser Befehl

gleichgültig, sie hat, wie die in Pisa auch, bis zum Jahr 1794 ihr Neujahr am 25. März gefeiert. In Spanien wird erst durch König Philipp II. im Jahr 1575 der 1. Januar zum Neujahrstag bestimmt. In England hat man lange Zeit in drei verschiedenen Jahren gedacht, nämlich in einem historischen, das am 1. Januar begonnen hat, dann in einem bürgerlichen, das am 25. März gefeiert worden ist, und endlich in einem dritten, einem kirchlichen, das am 1. Adventssonntag begonnen hat.

Der Ausgangspunkt für den Jahresbeginn am 1. Januar ist der sogenannte Gregorianische Kalender gewesen, der deshalb eingeführt wurde, weil das Sonnenjahr dem gewöhnlichen Jahr immer um 11 Minuten und 13 Sekunden vorausging. Aber damit kommen wir zu weit in die Wissenschaft der Chronologie. Jedenfalls sollte der Gregorianische Kalender diesen Unterschied, der damals bereits zehn volle Tage ausgemacht hat, ausgleichen. Um aber wieder zum Brauch zurückzukommen: Die Ostkirche hat den Gregorianischen Kalender, der 1582 zustande gekommen ist, nicht anerkannt, weil er von Rom ausging. Deshalb feiert die Ostkirche ihr Weihnachten später, nämlich nach dem Julianischen Kalender. Das können alle miterleben, in deren Stadt eine orthodoxe Gemeinde lebt.

Als Franz Joseph Bronner um 1900 sein Buch »Von deutscher Sitt' und Art« schreibt, kann er das Kapitel über das neue Jahr beginnen: »Bei der altbayrischen, ländlichen Bevölkerung heißt der Kalender noch häufig ›der Pratti‹. War er doch einmal als practica (Praktik) die Summe aller Lebensweisheit: der wichtigsten ökonomischen, astrologischen und meteorologischen Regeln, kurz aller praktischen, gemeinnützigen Lebensvorschläge für ein Jahr.« Auch Bronner gehört zu unseren wichtigen Quellen. Er war Lehrer und muß ein unerhört interessierter Mann gewesen sein, sowohl an der Vergangenheit wie an seiner Gegen-

wart. Was für uns heute seine Arbeiten so wertvoll macht, sind seine Schilderungen als Zeitgenosse. Zum Thema Kalender wäre noch zu sagen, daß in jedes Bauernhaus, und ist es noch so armselig, am Jahresende der neue Kalender gekommen ist. Das ist zum guten und größeren Teil heute noch so. Sogar in den letzten und höchsten Bergbauernhöfen hat es, wenn schon sonst kein Buch und keine Zeitung zu finden gewesen ist, ein Christliches Legendbuch und einen Kalender gegeben. Und was ist in so einem Kalender, wenn er was taugt, alles dringestanden? Die Monate natürlich, dann der Hundertjährige Kalender, auf den man Stein und Bein geschworen hat. Dazu noch eigene Wetterregeln. Aber das war eigentlich überflüssig, denn die hat man weitgehend sowieso gewußt. Aber auch Gesundheitsregeln hat ein anständiger Kalender, der was getaugt hat, ins Haus gebracht und Ratschläge, wann man das Vieh am besten zur Ader läßt. Natürlich haben auch Prophezeiungen dazugehört, die einen das Gruseln gelehrt haben.
Doch zurück zu unseren Neujahrsbräuchen! Die Sitte, sich zum neuen Jahr zu schreiben, sich Glück zu wünschen, ist ein alter Brauch, wenn Sie wollen, sogar längst ein Mißbrauch, wenn Sie an

die Flut gedruckter Neujahrsglückwünsche unserer Tage denken. Bereits in der Biedermeierzeit ist das Neujahranwünschen fast eine Modeerscheinung geworden. In unserer Familie, bei einem weitschichtigen Vetter, hat sich so ein kleiner Glückwunschzettel erhalten. Auf der Vorderseite ein paar Veilchen, schön gemalt, darunter steht:

»Sey immer fromm und gut
Auch wenn dich niemand sieht,
So wie das Veilchen, das
stets im Verborgnen blüht.«

Auf der Rückseite steht »deine getreue Mutter Johanna Elisabetha Pöblin zum Jahr 1824«. Es ist die Schrift meiner Ururgroßmutter.
Schauen wir noch einmal zu unseren Nachbarn im Süden. Blättern wir dazu in dem Buch »Tiroler Volksleben« von Ludwig von Hörmann, um zu sehen, was er von Bräuchen zum neuen Jahr zu erzählen weiß. Es ist nicht viel: »Der letzte und der erste Tag des Jahres, Sylvester und Neujahr, welche im bürgerlichen Leben eine so große Rolle spielen, lassen das bäuerliche fast unberührt. Sieht man von dem Vorgang des »Räucherns« am Sylvestertag abends als der zweiten Rauchnacht ab, so verlaufen diese zwei Tage, soweit nicht städtisches Treiben auf die nächste Umgebung eingewirkt hat, ziemlich eintönig und werktäglich. Nur in der Gegend von Meran ziehen in der Neujahrsnacht Burschen und Mädchen singend und musizierend zu den Häusern wohlhabender Bauern, um für ihre Glückwünsche sich eine gute Bewirtung oder etwas Geld herauszuschlagen. Das Neujahr des Bauern trifft erst sechs Tage später ein, nämlich am ›Perchten‹ – oder Dreikönigstag.« So geschrieben 1909.
Auch aus der Steiermark gibt es um die gleiche Zeit nichts Sonderliches zu berichten. Rosegger muß bekennen: »Ich hab in der Steiermark ver-

hältnismäßig wenig Silvester- und Neujahrsbräuche gefunden. Der Bauer geht am Silvesterabend um neun Uhr zu Bett, schläft ein und wenn er erwacht, ist die Milchsuppe fertig und das neue Jahr. Er steht auf, gähnt und sagt: »Hiazt hon i lach a ganzes Johr gschlofn. Vorigs Johr hon i mi niedaglegt und heuer bin i erst aufgstanden!« Sonst weiß er nur zu berichten, daß der Bauer genau schaut, daß ja keine alte Frau an diesem Tag ins Haus kommt, sonst hätte man das ganze Jahr über nur ein elendes Gefrett. Aber ein junger Bub, der anklopft, dem stehen Tür und Tor offen, den lädt man gleich ein. Man war nämlich damals voll und ganz davon überzeugt, daß damit für das ganze Jahr Glück und Segen in diesem Haus sicher seien.

Aber lassen wir noch einmal Franz Joseph Bronner erzählen: »Ein hübscher Brauch, worauf ich mich aus meinen Jugendtagen noch mit Freuden entsinne, war ›das Neujahransingen‹ in der Silvesternacht.« Das »besorgte in meinem Heimatort in Höchstädt der Nachtwächter mit einer sangeskundigen Tochter. Um die mitternächtige Stunde begann er mit ihr eine Rundreise; sie schritten von Bürgerhaus zu Bürgerhaus und ließen in den stillen, feierlichen Morgen hinein ihren gereimten Glückwunsch für jedes Mitglied der Familie ertönen. War das eine Ehre, wenn man schon so groß geworden war, daß einen der Sänger des Titels Herr und Wohlgeboren würdigte! Er verfuhr dabei allerdings nicht zu streng. Sein Lied lautete:
›Ei, so wünsch ich auch den – oder der Wohlgebornen – … fürwahr
ein freudenreiches, glückseliges, neues Jahr.
Gott mög ihm – oder ihr – geben
Gnad, Glück und Segen
und wolle ihn – oder sie – im eintausendachthundertundachtzigsten Jahr
mit gesundem Leib
im Frieden lassen leben.‹«

Um bei dem Nachtwächter in Höchstädt zu bleiben: Er hat nicht gleich beim Ansingen sein Trinkgeld gekriegt, sondern hat vielmehr am Neujahrstag nach dem Hochamt seinen Weg noch einmal gehen müssen, von Haus zu Haus, um sein Trinkgeld einzusammeln. Und das ist recht verschieden ausgefallen, je nach der gesellschaftlichen Stellung oder auch nach der Zufriedenheit mit der Anrede. Der Vermögensstand hat natürlich auch eine Rolle gespielt; aber ein Sechser (das waren um 1900 vergleichsweise 20 Pfennig), das war schon das Mindeste. Der Nachtwächter war der erste, der am Neujahrstag an den Haustüren anklopfen durfte. Kaum aber hat er die Türklinke aus der Hand gelassen, da sind die Kinder gelaufen gekommen und hinterdrein auch die armen Leute. Für sie war an diesem Tag Gelegenheit, ein paar Pfennige dazu zu verdienen. Von Haus zu Haus sind sie gelaufen, rein in den Hausgang, und dann haben sie ihren mehr als kurzen Spruch heruntergeleiert:

»Mir wünsch' ma a glückseligs neis Jahr,
und 's Christkindl im krausn Haar.«

Und wenn gar welche fleißiger waren, dann haben sie noch dazu gesungen:

»Viel Glück ins Haus
und 's Unglück oben 'naus!«

Am Neujahrstag, vor dem Kirchgang, haben dann die Kinder immer zum Herrn oder der Frau Dot, dem Herrn Paten oder der Frau Patin gehen müssen, zu Onkeln, Tanten und Vettersleuten, um ihnen das »Neujahr anzuwünschen«. Und Bronner erzählt: »Viel Spaß machte es uns Kindern und den Dienstboten im Hause immer, sich gegenseitig das ›Neujahr abzugewinnen‹, das heißt, mit dem Glückwunsch zuvor zu kommen ...« Vor einem Haus, in dem ein heiratsfähiges Mädchen daheim war, hat noch um 1900 der Herr Bräutigam das Neujahr angeschossen. »Aufgehört aber hat sich«, so schreibt Bronner, »der Brauch des Neujahranblasens, der in meiner Kindheit noch üblich war. Vier Stadtmusiker vom Kirchenchore, zwei Hornisten und zwei Posaunisten, gingen von Haus zu Haus, und bliesen dem Hausherrn und der Hausmutter zu Ehren in der Stube einen Choral vor.«
Aber Bronner berichtet nicht nur von seiner Heimat. Er kommt im alten Königreich herum, und überall fragt er nach Volksbräuchen, läßt sich davon erzählen, erlebt sie gar selbst, und macht seine Notizen. Zum folgenden Anwünschspruch schreibt er als gewissenhafter Sammler dazu: »Nach glaubwürdiger Mitteilung stellten sich die Wünschenden früher auf den Düngerhaufen«:

»Glückseligs neis Jahr,
A Christkindl im krausten Haar!
A langs Lebn, a guats Lebn
Und an Himmi danebn!
Und wir taatn enk aa bittn, um a Stückl Fleisch!«
P. E. R.

Vom Propheten Balaam und den Heiligen Drei Königen

In einem alten Volkslied, das im Pinzgau aufgezeichnet wurde, heißt es: »Wie der Prophet Balaam geweissaget hat: Es wird ein Stern aufgehen aus der Jakob-Stadt, eine Rute wird entsprossen aus Israel, wird schlagen den Fürsten in der Moraliel.« Und in der übernächsten Strophe heißt es dann: »Sobald Gottes Sohn geborn in dem Stall, geschehen große Wunder, zu sehen überall: der Weinberg so schön blühet, der längst abgedorrt, drei Sonnen man siehet in Spanien alldort.« Es sind wohl die drei Sonnen, von denen die Legende der Heiligen Drei Könige auch erzählt: »Eine Rute wird entsprossen aus Israel, wird schlagen den Fürsten in der Moraliel.« Hier ist der Fürst der Moabiter gemeint, der mit Israel im Streit gelegen ist und der wohl den Propheten Balaam gekannt hat. Diesen Propheten Balaam hat es nämlich wirklich gegeben und all die Aussagen der Kirchenväter, im Osten wie im Westen, über unsere Heiligen Drei Könige sind nur zu verstehen, wenn man um diesen Heidenpropheten Balaam weiß. Seiner Herkunft nach, so ist es jedenfalls überliefert, war er Mesopotamier. Er lebte am Euphrat und zwar zu der Zeit, als Moses sein Volk ins gelobte Land geführt hat. Das war vor mehr als 3200 Jahren. Balaam war heidnischer Priester, er hat die Sterne gekannt und ihren Lauf gedeutet, und das zu einer Zeit, als die Astronomen und Astrologen eine für uns unvorstellbare Macht besaßen, eine Macht nicht nur über einzelne Menschen, sondern über ganze Völker und Staaten. Denn die Götter selbst haben sich in den Sternen gezeigt und ihren Willen durch die Sterne gekündet. So hat man jedenfalls fest geglaubt.

Deshalb stehen damals in den großen Städten Babylons, unmittelbar bei den Tempeln, Sternwarten und von ihnen aus werden alle Himmelserscheinungen beobachtet und gedeutet. Die Deutung eines Wahrsagepriesters entscheidet gar oft über Krieg und Frieden. Balaam ist so ein Wahrsagepriester und Sterndeuter. Er ist tief beeindruckt von den Wundern, die Gott an Israel vollbracht hat: Vom Zug des Gottesvolkes durch das Rote Meer und dann durch die Wüste. Da will sich Balaam dem Gott Israels weihen, der mächtiger und stärker ist als die anderen Götter.

Die Prophezeiungen Balaams waren auch im Morgenland gelobt und gefürchtet. Es ist damals die Zeit, in der das Volk der Moabiter mit Israel Krieg führt. Da fordert Balak, das ist der König der Moabiter, den Propheten auf, zu ihm zu kommen. Der Prophet kommt und Balak verlangt von ihm, er solle das Volk Israel verfluchen, denn ein Fluch Balaams gilt als der stärkste und sicherste, unfehlbarste Bundesgenosse im Kampf gegen den Feind. Balaam ist bereit, den Wunsch des Fürsten zu erfüllen. Aber in der Nacht erscheint ihm Gott im Traum und untersagt ihm diesen Fluch. Da verkündet Balaam: »Ein Stern geht auf/Ein Zepter reckt sich aus Israel/Moabs Schläfen wird er zerschmettern: Seths Söhne vernichten allesamt.« Moses übernimmt diese Prophezeiung und gibt sie weiter. So findet sie Eingang im jüdischen Glauben und damit in der Heiligen Schrift. Und das,

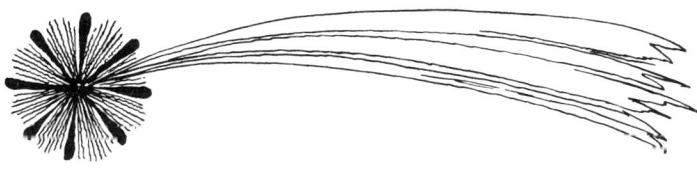

obwohl Balaam vom jüdischen Volk später wegen seiner Untreue verflucht und getötet wird. Aber auf seine Aussage beziehen sich auch die Kirchenväter. Als seine Nachkommen gelten die drei Magier, von denen man annimmt, daß sie ebenfalls die Gabe der Weissagung hatten, die Sterne kannten und ihren Lauf deuten konnten. Und daß der Stern, der sie nach Bethlehem führte, der Stern war, von dem Balaam geweissagt hat: »Er wird aufgehen in der Jakob-Stadt.«

Im Morgenland und im Abendland lobt, ehrt und verehrt man die Heiligen Drei Könige, obwohl in der Heiligen Schrift nichts von Königen geschrieben steht, sondern vielmehr von Magiern, von Weisen. Und es sind auch nicht drei genannt, die dem göttlichen Kind im Stall zu Bethlehem huldigen. Die Heilige Schrift nennt keine Zahl, sie überliefert uns auch nicht, woher die Weisen gekommen sind. Alles, was man von ihnen erzählt, ist wohl Legende. So auch die Geschichte, daß in jener Nacht, als Gott Mensch wird, die drei heiligen Männer auf einen Berg gehen, um zu beten. Jeder aus einer anderen Richtung. Jeder aus seinem Land. Als sie sich aber oben auf dem Berg treffen, wird es mit einem Mal heller als der lichteste Tag. Drei Sonnen gehen auf, jede aus der Richtung, aus der auch die weisen Könige gekommen sind. Diese drei Sonnen vereinigen sich zu einem mächtigen, feurigen Ball, als wollten sie Zeugnis ablegen dafür, daß Gott der Vater und Gott der Sohn und Gott der Heilige Geist eins sind. Und in dieser einen blendenden Sonne

erscheint ihnen ein Kind und es spricht zu ihnen: Macht euch auf den Weg, Gottes eingeborenen Sohn zu suchen. Ein Stern wird euch führen und ihr werdet ihn finden in einer Krippe liegend, bei Ochs und Esel in einem Stall. Und sie machen sich auf den Weg mit großem Gefolge und 13 Tage dauert ihre Reise, dann knien sie vor dem göttlichen Kind im Stall von Bethlehem.

Unter den vielen, die im Morgen- und Abendland über die Heiligen Drei Könige geschrieben haben, ist auch Johannes von Hildesheim, und er erzählt von ihnen und ihren Reichen: In dem ersten Indien lag das Königreich Nubien. Dort herrschte zu der Zeit, als das göttliche Kind in Bethlehem geboren wurde, König Melchior, der dem Herrn das Gold geschenkt hat. Ihm gehörte auch das Reich Arabien, in dem der Berg Sinai liegt. Im zweiten Indien lag das Königreich Godolien. Dort herrschte zu der Zeit, als das göttliche Kind in Bethlehem geboren wurde, König Balthasar, der dem Herrn den Weihrauch geschenkt hat. Ihm war

auch das alte Königreich Saba untertan. Dort gab es gar viele kostbare Gewürze und eben auch Weihrauch. In dem dritten Indien ist das Reich Tharsis gelegen und dort herrschte König Caspar und ihm gehörte auch die berühmte Insel Egrisoulla, auf der jetzt der Leichnam des heiligen Apostels Thomas bestattet ist.

König Melchior war von kleiner, Balthasar von mittlerer Gestalt, Caspar aber, ein schwarzer Äthiopier, war der größte unter ihnen. Und sie fanden das Kind in bitterer Armut in einer verfallenen Hütte, doch in einem strahlenden Licht, so als ob sie alle im Feuer stünden. Geblendet und verwirrt schenkten die Könige aus den vollen Truhen dem Kind das, was ihnen gerade in die Hände kam. König Melchior hat dem Kind dreißig goldene Pfennige und einen kleinen goldenen Apfel, Balthasar Weihrauch, und König Caspar, der Schwarze, mit Tränen in den Augen, ein Gefäß voller Myrrhe gegeben.

Als der heilige Apostel Thomas auszieht, das Evangelium zu verkünden, kommt er auch nach Indien, durch Länder, Provinzen und auf Inseln. Mit dem Kreuzzeichen treibt er Dämonen aus. Er bekehrt heidnische Priester zum christlichen Glauben und er tauft auch die Heiligen Drei Könige im Namen des Herrn. Da sind auch sie vom Heiligen Geist erfüllt und verkünden, zusammen mit dem Apostel Thomas, das Wort Gottes, und erzählen von ihrer Reise nach Bethlehem, wie sie der Stern geführt und was sie im Stall von Bethlehem gesehen haben. So wenden sich alle Menschen in diesen Königreichen dem christlichen Glauben zu. Der heilige Thomas weiht sie sogar noch zu Erzbischöfen und sie wiederum wählen fromme Bischöfe und Priester aus ihren Völkern und bauen viele Kirchen. – Und Johannes von Hildesheim erzählt weiter, daß die Heiligen Drei Könige nach ihrem Tod Zeichen und Wunder getan hätten und daß ihre Körper nicht wie

tot, sondern wie schlafend im Grab gelegen seien. Heute wissen wir, daß dieser Stern, der die drei Könige nach Bethlehem geführt hat, nicht nur Legende ist, sondern daß zur Zeit der Geburt Christi tatsächlich eine höchst eigenartige, bemerkenswerte Konstellation der Gestirne bestand. Johannes Kepler, der Professor der Mathematik und kaiserliche Hofastronom – 1630 ist er in Regensburg gestorben – hat sie errechnet. Im Buch eines spanischen Juden fand er eines Tages die Bemerkung, daß das astrologische Zeichen für die Ankunft des jüdischen Messias eine Konjunktur von Jupiter und Saturn im Sternbild der Fische sei. Daraufhin versucht Kepler festzustellen, ob zur Zeit der Geburt Christi eine solche Konjunktion stattgefunden hat. Und weil er nach unserem Wissen der erste Mensch ist, der die Formel kennt, mit der man eine längst vergangene Planetenkonjunktion bestimmen kann, so errechnet er, daß im Jahr sieben nach Christi tatsächlich so eine Planetenkonjunktion gewesen ist. Diese Berechnung Johannes Keplers wird im 19. Jahrhundert nachgerechnet und bestätigt. Zudem findet man im Jahr 1925 in der Keilschriftbibliothek der babyloni-

schen Sternwarte von Sippar eine Aufzeichnung, die diese Begegnung von Saturn und Jupiter im Zeichen der Fische für das Jahr 7 nach Christi bestätigt. Sollten da die sternkundigen Weisen nicht diese Begegnung der Planeten so ausgelegt haben, daß jetzt der Messias geboren ist? Daß man ihn suchen muß? Ist das nicht noch erklärlicher, wenn man weiß, daß in der alten Welt Sternbilder auch geographische Bedeutung gehabt haben, daß die Fische zum Beispiel Gleichnis für das Land im Westen, das Land am Meer, das Land der Juden waren? Und war das kein Wink für die Richtung, in der die Reise gehen sollte? Selbst die Überlieferung, die erzählt, daß der Stern verschwunden war, als die drei Weisen bei König Herodes in Jerusalem nach dem neugeborenen König der Juden fragen, wird durch die Astronomen glaubhaft. Sie haben nämlich errechnet, daß die Konstellation Jupiter – Saturn, die zuerst sichtbar war, dann eine Zeitlang von der Sonne verdunkelt worden ist und erst später von Jerusalem aus über Bethlehem zu sehen war.

Viele alte alpenländische Volkslieder erzählen von den Drei Heiligen Königen, wie sie vor den Palast des Herodes reiten, wie König Herodes zum Fenster herausschaut und wie sie ihn endlich fragen, wo sie das »Kiniglein« finden könnten, um es gebührend zu verehren. Unter all diesen Liedern ist aber eines mit einer sonderbaren Schlußstrophe. Die Könige haben das Kind im Stall gefunden, auf dem Schoß der Mutter Gottes, zwischen Ochs und Esel, haben ihre Schätze niedergelegt und sich niedergekniet, um es anzubeten: »Das Kindelein schappelt am Beutel voll Geld/und wirft seine Taler herum in die Welt/dann zogen die drei Kini alleine/in ihr Land nach Köln am Rheine.«
Für manchen unserer Landsleute mag sich das mit dem Land der Heiligen Drei Könige in Köln am Rheine wohl etwas sonderbar anhören, denn

schließlich stammen sie ja aus dem Morgenland. Und doch hat es mit ihrem »Land zu Köllen am Rheine« seine Bewandtnis. Das hängt zusammen mit den Reliquien der Heiligen Drei Könige. Auch hier sind wir weitgehend auf die mündliche Überlieferung angewiesen, vor allem für die Zeit vor 1158. In diesem Jahr nämlich zieht Kaiser Friedrich Barbarossa zum zweiten Mal nach Italien gegen die lombardischen Städte, die ihre eigene Gerichtsbarkeit, eigene Steuern, einen eigenen Heerbann und viele eigene Rechte haben. Da bergen die Mailänder, im gleichen Jahr, angesichts der Belagerung durch den Kaiser, in der Eustorgiuskirche draußen vor der Stadt aus einem Marmorsarkophag drei Särge mit Reliquien. Sie gelten seit Menschengedenken als die Reliquien der Heiligen Drei Könige. Bischof Eustorgius I. soll sie zu Beginn des 4. Jahrhunderts aus Konstantinopel mitgebracht haben. Kurz vorher sollen sie von der Kaiserin Helena der berühmten Sophienkirche in Konstantinopel geschenkt worden sein.
In Mailand hat man Münzen gefunden, die es

jedoch viel wahrscheinlicher machen, daß die Reliquien erst unter Kaiser Zeno, im ausgehenden 5. Jahrhundert, nach Konstantinopel und dann durch Bischof Eustorgius II., der im Jahr 518 starb, nach Mailand gekommen sind. Wie nun 1158 Kaiser Friedrich Barbarossa zum zweiten Mal nach Italien zieht, um die freien, selbständigen oberitalienischen Städte zu unterwerfen, überführen die Mailänder die Reliquien der Heiligen Drei Könige in ihre Stadt. Die Rechte des Reiches werden so festgelegt, daß künftig kaiserliche Beamte die einzelnen Städte verwalten sollen. Der Krone werden beachtliche finanzielle Einnahmen gesichert. Da empört sich Mailand. Aber nach fast einjähriger Belagerung muß sich die Stadt im März 1162 bedingungslos ergeben und wird zerstört.

Rainald von Dassel, dem einflußreichen Kanzler des Kaisers, der seit 1159 Erzbischof von Köln und damit auch Erzkanzler des Reiches für Italien war, gelang es im Jahre 1164, die Reliquien der drei heiligen Könige als die kostbarste Kriegsbeute an sich zu bringen und seiner Stadt Köln zu schenken.

Es ist eine Schrift erhalten, in der Erzbischof Rainald seinem Domkapitel und den Bürgern seiner Stadt die Überbringung der Dreikönigsreliquien ankündet: »Rainald von Gottes Gnaden Erwählter der kölnischen Kirche und Erzkanzler für Italien, den geliebtesten Söhnen und Freunden in Christo ... Wir thuen Euerer geliebtesten Gesammtheit zu wissen, daß ... wir ... einen glücklichen Anfang unserer Reise gemacht haben. Denn mit der gütigen Erlaubnis unseres allerdurchlauchtigsten Herrn Kaisers ... sind ... wir ... mit ... so großen Gaben ... geehrt worden, daß nichts hier auf Erden damit in Vergleich treten kann. Unter den übrigen Erweisen seiner Freigebigkeit ... hat er jetzt uns drei kostbare Geschenke verliehen, nämlich die ausgezeichneten Leiber der heiligen drei Weisen und Könige, welche die Erstlinge der Heiden ... dem Herrn in der Krippe kost-

bare Gaben darbrachten, deren hochheilige Leiber, jeglicher Verehrung würdig zu Mailand in der Kirche des hl. Bekenners und Bischofs Eustorgius feierlich und ruhmreich beigesetzt waren ... Wir werden ... weil der Weg uns ... verdächtig ist, unsere Reise durch Burgund und die gallischen Provinzen bis zu Euch nehmen ... indem wir an dem nämlichen Tage gegen Turin und die Alpen des Mont Cenis mit den vorgenannten heiligsten und ehrwürdigsten Reliquien so schnell wie möglich voran eilen werden ...« Um den Zug des Erzkanzlers und Erzbischofs mit seinen Dreikönigsreliquien gibt es so manche Geschichte und Legende. In jener Zeit war man versessen auf Heiligenreliquien, schon gleich auf Reliquien der Heiligen Drei Könige, und Rainald von Dassel ist auf geheimen Wegen über die Alpen, wo Freunde des Papstes, es war Alexander III., ihm seinen großen Schatz abjagen wollten. Es wird erzählt, Erzbischof Rainald habe die drei Särge auf drei einachsigen Fuhrwerken mitführen lassen, jedes mit

einem Pferd bespannt und allem Volk sei erzählt worden, in diesen Särgen lägen drei im Kampf vor Mailand gefallene Freunde des Erzbischofs. Durch Burgund ist der Weg gegangen, durch linksrheinisches Gebiet, und überall dort, wo man auf dem langen Weg Rast gemacht hat, seien Gasthäuser entstanden, zur Erinnerung an die Heiligen Drei Könige. Diese Gasthäuser seien die ersten gewesen, die den Namen dieser Könige getragen haben. In Remagen hat Erzbischof Rainald die Gebeine des heiligen Apollinaris, die er in Ravenna erbeutet hatte, zurückgelassen, Köln aber hat den Reliquien der Heiligen Drei Könige einen feierlichen Empfang bereitet. Die kleine Dreikönigspforte bei Maria im Kapitol bezeichnet die Stelle, an der man den alten römischen Mauerring durchschritten und die Stadt betreten hat.

Die Reliquien der Heiligen Drei Könige sollten in einen kostbaren Schrein gelegt werden. Philipp von Hainsberg, der Nachfolger von Rainald von Dassel, hat begonnen, Mittel für dieses Gehäuse zu sammeln. Fünfzig Jahre soll an diesem größten und reichsten Goldschmiedewerk des deutschen Mittelalters gearbeitet worden sein, und kein Heiliger, kein Kaiser und kein König des Abendlandes hat je einen ähnlich kostbaren Goldsarkophag erhalten. Groß und klein sind zu den Reliquien der Drei Heiligen Könige gewallfahrtet und über diesem Heiltumsschatz sollte nun ein neuer Dom entstehen.

So sind eben doch, wie das alte alpenländische Volkslied erzählt, »... die Dreikini alleine in ihr Land nach Kölln am Rheine« gekommen. *P. E. R.*

Die heiling drei Kini mit ihrigem Stern

1. Die heiling drei Kini mit ihrigem Stern
Will ich euch besingen, ihr Frauen und Herrn!
Ihr Sterne gab Allen den Scheine,
Ein neues Jahr geht uns hereine.

2. Sie wallfahrten aus ihrem Dörfel hinaus,
Der Melcher der flankelt die Fastang voraus,
Und beten und singa gar lobsam
Sanktdritter das Kyrieleisan.

3. Sie zogen links um 's Herodes sein Haus;
Da schreit der Kalfakter zum Guzerl heraus:
»Hereine, Zigeuner, hereine!«
Der Sterne geit ihna den Scheine.

4. Der Kaschper, der sprach: »A fuiriga Mo
Führt uns schled auf Sankt Salvada hino!«
Der Sterne verlieret den Scheine
Und ließ die drei Kini alleine.

5. Herodes hofiert sie mit Branntwein und Bier.
Sie sprocha: »Wir suecha a Königlein hier.
Ein Königlein ist uns gebora,
Süst tat uns da Teufel all hola.«

6. Herodes zürnt zornigli über das Ding
und dradelt am Finger dreimal 'n Fozring
Und schicket um d' Schörgn und d' Leviten.
Die kama all flugs unter d' Schmitten.

7. »Geht, suchet zu Bethlehem 's Königlein dort
Und, findet ihr 's Kindelein, zeigt mir den Ort!
Dann geh ich dahin auch wallfahrten.«
So wollt er die Schelmerei karten.

8. Ein Engelein aber erwittert den Wind
Und sprach: »Zoagts iehm d' Feigen anstatt des
Christkind!

Der Schelm wur den Kreuzweg abbeten
Und 's Königlein martern und tödten.«

9. Sobald wir kama zum Falltor hinaus,
Guckt wieda der Stern aus da Wolka heraus
Und führt uns hinab auf das Mösel
In's Krippel zum Ochsen und Esel.

10. Dort hören wir 's Gori in Elsaß darin
Und san uns gar machti viel Engerln daschien'n,
Maria legt 's Kindel in d' Wiagen,
Sankt Joseph verwadelt die Fliagen.

11. Raps zieht König Hausel die Geldbladern raus,
Sankt Melcher der opfert an Mirachenstrauß,
Sankt Kaschper drei Pfund Hexenrauche.
Da lachelt das Kindelein schlauche.

12. »Iezt Mueda und Vodarl, iezt bfüat önk
halt Gott!
Nemmts! Kafts önk a Fatscha, Milch, Schmalz
und a Brot!
Laßt 's Kindlein an Rodes nit seha!
Ade! Wir müaßn iezt hoamgeha.«

13. Das Kindelein schappelt am Beutel voll Geld
Und wirft seine Taler herum in die Welt.
Dann zogn die drei Kini alleine
In ihr Land nach Köln am Rheine.

Quellen

Cochem, Martin von: Großes Leben Christi/Oder: Ausführliche/andächtige und bewegliche/gantz vollkommene Beschreibung/deß allerheiligsten Lebens und bittern Leidens unsercs/HERRN JEsu Christi/Und seiner Glorwürdigsten Lieben Mutter Mariae. Frankfurt am Main 1697.

Cochem, Martin von: Verbesserte Legend der Heiligen, das ist: Eine schöne, klare und anmüthige Beschreibung des Lebens, Leydens und Sterbens von den lieben Heiligen Gottes. Auf alle und jede Täg des ganzen Jahres ... München und Mindelheim, ohne Jahr (um 1740).

Hartmann, August: Weihnachtslied- und Weihnachtsspiel in Oberbayern. Sonderdruck aus »Oberbayerisches Archiv« Bd. 34. München 1875.

Hartmann, August und Abele, Hyacinth: Volkslieder. In Bayern, Tirol und Land Salzburg gesammelt. Erster Band: Volksthümliche Weihnachtlieder. Leipzig 1884.

Hörmann, Ludwig von: Tiroler Volksleben. Stuttgart, ohne Jahr (1909).

Peinkofer, Max – Aus: Ders.: Der Brunnkorb. Passau [4]1988.
© SüdOst Verlag Waldkirchen.

Schlicht, Joseph: Bayerisch Land und Bayerisch Volk. Straubing 1875. Nachdruck Rosenheim 1973.

Spengler, Karl – Aus: Döderlein-Grastorf: Krippengeschichten. München 1963.
Mit freundlicher Genehmigung von Frau Spengler Jakob.

Weitere Publikationen von Paul Ernst Rattelmüller

Ein immerwährender Kalender

für Feste in Familie und Freundschaft
mit zwölf Monatsbildern
von Paul Ernst Rattelmüller

Ein vortreffliches Präsent, in dem Jahrestage,
Geburtstage und Namenstage,
die jedes Jahr am selben Tag wiederkehren,
für immer festgehalten werden können, oder das
man auch als Tagebuch verwenden kann.

128 Seiten, Format 20 x 13 cm, 12 Farbbilder,
Leseband, farbig bedruckter Schuber

ISBN 3-89251-210-8

Christkindl

Das Buch erzählt von Legenden und Volksbräu-
chen um die Gnadenbilder der europäischen
Christkindlwallfahrten. Mit zahlreichen
Abbildungen dieser so liebevoll ausgestatteten
Christkindl und anderer Gegenstände der
Volksfrömmigkeit.

144 Seiten, Format 23 x 22 cm,
105 teils farbige Abbildungen

ISBN 3-89251-195-0

Die Volkstracht in Bayern

Einhundert von Paul Ernst Rattelmüller geschaffene Aquarelle
mit rund 370 Figurinen zeigen originalgetreue Trachten aus
den Städten und vom Land, die etwa zwischen 1800 und 1930
im heutigen Bayern getragen wurden. Ein einzigartiges Werk,
das erstmals eine grundlegende Gesamtschau der Kleidung
unserer Vorfahren präsentiert.

208 Seiten, Format 24 x 27 cm, 100 farbige Abbildungen, Leinenband mit
farbigem Schutzumschlag

ISBN 3-89251-252-3